베트남 투자여행

개인투자자를 위한 투자 가이드

베트남 투자 여행

황상석

우리는 미국이 달러를 찍어대듯이 원화를 마구 찍을 수 없다. 원화는 국내에서만 통용되며 해외에선 잘 받아주지 않는다. 원화를 마구 발행하면 물가, 부동산, 금값만 오른다. 우리나라는 미국, 캐나다, 브라질, 호주 같은 자원 부국이 아니다. 인구 대국도 못 된다. 해외로 인력이 진출하고, 제품을 수출해 돈을 벌었다. 수출로 나름 부유한 나라가 된 것이다. 농업국가에 안주했다면 이렇게 살 수 있었을까? 또 국내시장만으로 지금처럼 풍족하게 살 수 있었을까?

우리나라도 처음엔 광부, 간호사 등 해외 노동력 진출로 귀중한 달러를 벌었다. 가발, 신발, 섬유를 수출해 달러를 또 모았다. 이제 자동차, 조선, IT, 반도체로 돈을 벌어들이고 있다. 기업들은 아예 해외에 공장을 지으며 진출한다. 국내에 축적된 자본은 넘쳐나고 투자할 곳은 포화 상태다. 금융회사들도 해외로 진출하고 있다. 축적된 자본이 국내에 머물면 부동산을 자극하고, 물가를 자극하기 쉽다. 가용 국토 대비 인구가 많고 자금은 쏠림 현상으로 여기저기 부작용을 낳는다.

이제 자금이 해외로 진출해야 하는 시기다. 개개인의 민간자본도 해외로 진출할 시기다. 외화가 필요한 나라에서 서로가 윈-윈 하는 투자, 해외에서 돈이 돈을 버는 그런 세상에 대한 이야기를 펼쳐보고 싶다.

개인투자자들의 해외진출은 여러 갈래가 있다. 금융회사를 통한 해외주식 거래, 주식펀드나 ETF, 부동산 펀드나 리츠 가입 등 간접투자도 있다. 국내에서 해외투자를 하는 형태다. 해외로 직접 나가서 하는 투자도 있다. 해외 부동산투자, 예금, 주식·채권 거래, 심지어 요식업, 카페 등 자영업도 대상이다.

금융회사도 개인투자자의 역할을 도와주고 대신한다. 하지만 국내투자나 해외투자를 막론하고 금융회사가 취급(중개 또는 모집)하는 상품 위주로 추천한다. 부동산 전망이 좋다면서 부동산 펀드·리츠를 추천할지라도 개별 주택이나 토지, 건물을 추천하지는 않을 것이다. 따라서 스스로 독립해 투자할 수 있는 안목을 키워야 한다. 금융회사가 커버하지 못하는 투자영역이 많기 때문이다.

우리에겐 '돌격 앞으로'라는 전투적 기질이 있다. 가난을 겪으면서, 치열한 경쟁에서 익힌 근성일 것이다. 세계 어딜 가도 못할 게 없다. 하지만 정교한 상술은 배우지 못했다. 애써 열심히 배운 지식은 '투자'와 관련이 별로 없는 분야가 많다. 기업에 입사하거나 공무원이 돼서 월급 받기를 바라고 공부한 셈이다. 돈을 버는, 사업하는, 특히 해외투자 공부는 애써 무시하고 무관심했다.

60세까지 정년을 연장했지만 공무원, 공기업, 대기업 등 소수 몇 곳만 혜택이 따른다. 대부분 50세를 전후해서 직장을 그만둔다. 그리고 남은 인생절반을 무엇을 해야 할지 고민하는데 사실 별로 할 게 없다. 무위도식 연명에 가까운 삶이 될 수 있다. 70세까지 취업해서 근로소득으로 살아간다 해도 남은 40여 년을 어떻게 무엇으로 살아갈 것인가? 사회생활을 갓 출발하는 사람도 이러한 미래를 생각해야 한다. 인생에서 여러 가지 기회를 찾고, 공부하고, 경험해야 한다. 해외투자도 여러 기회 중 하나이고, 스스로의 미래를 위해 꾸준히 관심을 가지고 체험해야 할 분야다. 받아들이는 세계화보다 나아가는 세계화인 것이다.

한 사람이나 가족으로서 살아갈 수 있는 원천은 근로소득과 자산소득(예금·채권의 이자소득, 부동산 임대소득, 주식투자, 부동산투자 등), 사업이윤, 연금과 상속이 있다. 해외투자 대상은 자산소득과 사업이윤이다.

이제 우리나라에서는 이자로 살아가기엔 어렵다. 이자율이 너무 낮기 때문이다. 또 화폐가치는 더 떨어지고 있다. 만 원 한 장으로 점심 먹고 커피 한잔하기도 빠듯하다. 국내는 자금(화폐)공급 과잉이다. 부동산 가격을 올리고, 물가를 올려서 부작용이 만만치 않다. 해외로 눈을 돌려야 한다. 자본이 충분히 축적된 선진 자본주의 국가(과거엔 식민지 수탈로 축적한 자본이지만)의 자본은 해외로 나가 외화를 벌어들이고 있다. 사람과 더불어 자본이 해외로 나가는 것인데, 이는 기업과 기관투자자의 전유물이 아니다. 우리 개인들도 여기에 동참해야 한다. 자금이 필요한 나라, 자금이 부족한 나라, 고도성장이 지속되는 나라에서 서로 윈-윈 해야 한다.

'투자'에 대해 얘기하면 많은 사람이 투자할 돈이 없다면서 고개를 내젓고 만다. 그러면서도 귀찮고 힘든 마음 한편에 돈은 벌고 싶은 이중적인 내면이 있다. 노력 없이 성적이 좋아지길 바라는 마음이다. 투자를 하려면 자금이 있어야 한다는 고정관념이 있는데, 지렛대효과라는 게 있다. '자금'만 지렛대효과가 있는 게 아니다. '시간'이라는 지렛대도 활용할 수 있어야 한다.

베트남 투자여행

투자에는 장기간 인내가 필요하다. 오랜 시간 꾸준히 관찰하고 연구해야 미래를 짚어볼 수 있는 지혜를 갖는다. 베트남 투자도 마찬가지다. 늦었다고 생각할 수 있다. 늦었다고 생각할 때가 시작이라는 것을 우리는 경험으로 안다. 80년대 이후 "주식이 너무 올랐어", "주택가격이 꼭대기"라며 더 이상 오르지 않을 것이라 이야기했다. 하지만 어떤가, 지금도 꾸준히 오른다. 경제성장과 화폐발행, 수요공급이 밀어 올리는 힘이었다. 적게는 10년에서 40여 년의 긴 세월이 흘렀다. 늦었다고 생각했던 그때보다 대부분의 (화폐) 가격이 모두 올랐다. 급여도 올랐고, 음식값도 오르고, 집값도 올랐다. 올라도 너무 올랐다. 앞으로도 그럴 것인가. 스스로 판단해 보기 바란다. 투자는 어느 힘찬 말에 올라탈 것인가를 고르는 일이다.

베트남의 미래가 어떨 것인지는 한국과 베트남을 서로 비추어 보면 좀 더 가늠하기 쉽다. 사람이든 국가든 좋은 시절이 있으면 안 좋은 시련기도 따른다. 한국을 보면 베트남의 미래가 엿보이고 베트남을 보면 한국의 과거를 추억할 수 있다. 베트남은 우리보다 더 혹독하고 긴 역사의 시련기를 보냈다. 프랑스의 침략과 식민지배가 우리가 일본에 당한 것보다 길었다. 또 2차 세계대전 종전 후 프랑스가 다시 지배하겠다는 야욕에 10년 가까이 독립전쟁(1차 인도차이나전쟁)을 치렀다. 평화도 잠시 다시 미국과 10년 이상 통일전쟁을 치렀다. 중국과도 전쟁을 치렀다. 이제 과거 적대국과 교류하고 시장을 개방하고 있다.

베트남은 강력한 지도력으로 성장하고 있다. 베트남은 사회주의 국가임에도 오히려 폐쇄적인 자본주의 국가보다 더 과감하게 개방하며 외화를 불러들이고 있다. 개방과 개혁에 저항할 수밖에 없는 기득권이 있겠지만 궁핍을 겪어본 국민들의 열망이 있어서일 것이다. 외세 침탈이라는 피해의식을 떨쳐버리고 과감히 해외투자를 받아들이고 있다. 기득권 보호를 위해 개방과 경쟁을 하지 못하는 나라와 대비된다. 베트남이 고속 성장하는 이유다.

베트남 여행을 하다 보면 30~40여 년 전 우리의 어린 시절 또는 부모세대의 모습을 보고 연민과 애틋함을 느낀다. 뭔가 우리와 정서가 비슷함도 느낀다. 무엇이 우리와 비슷할까? 무엇이 세계가 베트남을 주목하게 할까? 그게 바로 베트남 투자여행의 시작이었다. 해외투자에 관한 한 개인투자자는 정보비대칭과 경험 부족에 놓여 있다. 이 책은 베트남에 호기심이 많은 개인투자자에게 초점을 맞추고 있다.

여행·이민을 가든 그 나라를 알고 가면 적응하기가 쉽다. 하물며 해외투자라면 더 많이 배우고 짚어보고 경험해야 한다. 그 나라의 미래를 나름 예측하고, 위험을 피하고(Risk Hedge), 기회를 포착(Taking Chances)하기 위함이다. 투자에서 위험을 모르는 것과 위험을 예측하고 그 위험을 감수(Risk Taking)하는 것에는 차이가 있다.

투자는 미래를 보는 것, 과거와 현재의 모습에서 미래의 그림자를 보는 것이다. 해외투자라면 몰라서 두렵고 행동이 선뜻 따르지 않는다. 하지만 세상을 한 번 살면서 여러 분야를 경험하는 것도 보람있는 일이라는 생각이 든다.

책을 내면서 항상 두려운 마음이 조금은 있다. 독자들에게 과연 도움이 될까, 자찬의 나열은 아닐까, 오류는 없을까, 보는 시각에 따라 다르진 않을까. 많은 충고와 제언을 바란다. 고맙게 받아들이고 수정하고 보완할 것이다.

마지막으로 부모님께 존경과 감사를 드린다. 책을 만들기까지 마음으로 많이 응원해 준 아내와 아이 부부에게도 고마움을 전한다. 출판까지 정성을 다해 주신 밥북 출판사 주계수 대표, 편집자 전은정 씨에게도 깊은 감사를 드리지 않을 수 없다.

— 황상석

차례

머리말   4

제1부　왜 베트남 투자인가?

베트남의 미래와 투자여행	14
도약하는 베트남, 이웃 나라 필리핀	24
호찌민과 도이모이(刷新)의 나라	30
계속되는 개혁의 바람	43

제2부　베트남 부동산시장과 투자

외국인의 부동산투자와 개발	50
부동산·주택시장 전망	63
분양, 매매, 임대	76
분양 등 계약절차와 거래	87
분양(매매)대금 결제와 주택담보대출	100
분양 등 부동산 계약서 작성과 체결	105
아파트 임대와 오피스텔, 외국인 매입 금지 주택	114
매입·보유·임대·매도에 따른 부동산 제세(諸稅)	123
건축과 주거문화	127

제3부 베트남 화폐·환율과 금융제도

베트남 동화(VND)와 화폐개혁	132
화폐발행과 환율	144
중앙·국영은행과 금융개혁	151
베트남 투자와 환율	167
예금과 송금, 이자율	175

제4부 베트남 주식·채권시장과 기업 민영화

베트남 주식시장 개황 1	188
베트남 주식시장 개황 2	198
주식투자 방식과 세제	206
국유기업 개혁 역사와 형태	211
국유기업 매각과 민영화	221
베트남 채권시장 현황	226
베트남 국가신용등급과 국채	233
베트남 채권시장 전망	241

제5부   베트남의 외국인 투자제도와 조세

투자법과 기업법   254
투자자가 알아야 할 베트남 조세제도   267
투자유치를 위한 조세 인센티브   285

제6부   자영업과 법인 등 베트남 투자 절차와 운영

식당, 카페 등 자영업 투자 유의점   292
법인 설립과 영업허가   302
계좌개설, 이익 송금 등 금융거래   310
계약의 형식과 절차 및 유의점   316
베트남 변호사제도와 법률자문, 소송   324
베트남 신분증 제도와 날인(서명), 번역·공증, 통역   333

제7부   베트남 취업과 근로조건

외국인의 취업과 거주   344
베트남 최저임금제도와 근로시간 및 수당   350
주요 노동계약 조건과 3대 보험   360

제1부

왜 베트남 투자인가?

베트남의 미래와 투자여행

_ 기회를 찾아가는 해외투자 여행

'항산항심(恒産恒心)'이라는 말이 있다. 중국 전국시대(B.C.403~B.C.221) 사상가 맹자(孟子)가 한 말이다. 일정한 생산이 있으면 마음이 변하지 않는다는 뜻이다. 즉 일정한 '직업'과 '재산'을 가진 사람은 마음에 그만큼 여유가 있으나 그렇지 않은 사람은 '정신적으로 늘 불안'하여 하찮은 일에도 동요하게 된다는 의미다. 소득과 재산이 없으면 사람은 늘 불안하다고 맹자는 일찍이 간파하고 부국강병은 곧 백성들이 부유하게 잘살게 하는 것이라고 역설했다. 오늘날에도 여전히 절실하다. 퇴직해 근로소득이 사라지면 투자수익(소득)과 연금으로 살아가야 한다. 근로소득을 위해 열심히 일은 하지만 투자에는 잘 신경 쓰지 못한다. 미래 걱정은 하면서 신경 쓰기는 싫은 것이 투자다. '나와 상관없는 이야기', '투자할 돈이 없어', '투자엔 관심 없어' 또는 '돈 욕심 없어'라는 핑계를 대며 외면한다. 돈에 집착하는 말이라도 할라치면 천하게 여기기도 한다. 하지만 가족을 위해, 노후를 위해 열심히 돈 벌러 직장에 다닌다.

누구나 여러 형태의 모임이 있다. 모임이 있으면 대화가 있다. 대화는 주로 학교, 회사, 친구, 가족 그리고 신변잡기로 이어진다. 투자 이야기를 하더라도 '한 건 했다'는 식의 영웅담이다. 부러워하거나 질투를 삼키며 곧 화재를 돌린다. 돈이 많으면 투자할 이유가 없다. 스스로 하고 싶은 분야만 열심히 하면 된다. 자녀교육, 결혼자금, 노후 준비 자금을 위해 투자에 관심을 끌게 된다. 돈이 적으면 적은 대로 각자 수준에 맞춘 투자를 하게 된다.

해외로 눈을 돌리면 우리보다 훨씬 성장 속도가 빠른 나라가 많다. 해외는 국내보다 넓고 많은 기회와 위험요인을 품고 있다. 보석을 캐듯, 광산을 개발하듯 관심과 노력이 필요하다. 국내는 화폐(또는 자본) 공급 과잉이다. 물가와 부동산가격을 밀어 올려서 불균형과 불만을 낳기도 한다. 돈은 남아돌지만 마땅히 수익을 낼 수 있는 투자처가 사라지고 있다. 해외로 눈을 돌려야 하는 이유다. 해외투자는 고용감소 등 일부 부작용이 있긴 하지만 기업이건 개인이건 장려해야 할 일이다. 사람(노동력)이 해외로 나가서 돈을 벌기도 하지만 돈(자금)이 해외로 가서 돈을 벌어야 하는 시대가 됐다. 자본 공급 잉여 국가이기 때문이다.

잘사는 나라는 해외 인력진출보다 수출과 해외투자로 돈을 번다. 해외투자는 눈에 보이지 않는 많은 리스크가 있지만 더 많은 기회를 발견하기도 한다. 해외투자는 탐험이다. 지금 잘 나가는 서구 유럽은 16세기 이후 범선을 타고 남의 나라를 침략·약탈·무역으로 부를 축적했다고 해도 지나치지 않다. 총·대포와 돈이 동시에 진출했다. 지금 시대엔 남의 나라를 약탈할 수 없다. 돈과 인력과 상품 및 용역만이 해외로 진출할 수 있다.

우리도 이제 해외여행을 자주 간다. 단순 해외여행보다 투자를 겸한 여행이면 더욱 좋다. 세상은 넓고 '기회'는 많다고 누군가가 말했다. 그 기회를 찾아가는 여행이 투자 여행이다.

세계 표준이 있다. 우리나라에는 우리 표준이 있다. 사람은 각자의 습관과 가치관, 생각이 있다. 과학과 숫자에서 표준은 세계적이다. 이외의 문화, 법률, 관습 등은 세계적 표준이라고 말하기 어렵다. 단지 지역적 특성과 본보기가 있을 뿐이다. 우리는 가끔 해외에 나가면 우리나라와 자연스럽게 비교한다. 여행을 가던 사업차 또는 이민을 가던 마찬가지다. 우리와 많이 다른 점을 발견한다. 선진국은 우리보다 좋은 점이 많이 보여 부러워한다. 이와 반대로 개도국은 우리보다 못한 점이 많이 눈에 띈다. 특히 기후와 사회체제가 다르다면 더욱 그렇다. 우리는 우리 문화나 관습과 제품을 기준으로 보기 때문이다. 그러면서 자기 기준이나 표준에 맞지 않으면 다름을 인정하기 전에 비판과 불만을 드러낸다.

필자도 해외생활 초기엔 그 차이와 다름에 대해 불평했다. 하지만 내 생각과 기준을 바꾸면 달리 보인다. '더워 못 살겠다'에서 '땀과 친하게 지내자'로 마음을 바꿔봤다. 땀 흘리기를 피하기 보다 일상에서 땀 흘리는 것을 자연스럽게 받아들이고자 노력했다. 땀을 흘리게 되면 흘리고 나중에 시원하게 샤워하시 라고 생각했다. 더위와 땀에 익숙하게 됐다. 그 나라에 사업이나 투자를 한다면 그 나라의 사정(문화, 관습, 상거래, 법률)을 잘 이해하고 거기에 맞추어 가야 한다. 불평과 불만보다 이해하고 적응하고 극복하는 방법을 찾아야 한다. 산골짜기에 살면서 험난한 산을 옮길 수 없다면 산을 잘 타고 적응해야 한다. 또 투자에 관한 한 꽉 짜여 빈틈이 없는 선진국 보다 뭔가 빈틈이 많지만 활기차게 성장하는 나라에서 더 많은 기회를 찾을 수 있다.

_ 베트남, '금' 지불수단 금지와 '달러' 거래 금지… 오직 동화로만 거래

베트남이 과거 주택거래 대금으로 '금'을 주고받았다는 이야기를 듣고 놀랐던 적이 있다. 그럼 베트남 화폐(동화)는 무슨 역할을 했다는 뜻인가. 이런 의문이 베트남에 대한 호기심으로 다가왔다. 베트남 정부가 2012년 4월 지불수단으로서 금 거래를 금지하기까지 주택 매매 등 고가 거래에서 '진공 포장된 금괴'로 대금을 주고받았다.

이에 앞서 베트남 정부는 2009년 12월 30일 금거래소를 전격 폐쇄했다. 사실상 2010년부터 민간의 금 거래가 위축됐다. 이 이전까지 주택 등 규모가 큰 거래의 경우 '금'으로 대금을 지불했다. 모든 금괴(골드바)가 지불수단은 아니다. 금괴를 제작하는 회사의 마크(SJC)가 찍힌 '금괴'만 신뢰하고 거래 지불수단으로 사용됐다. 회사마크가 찍힌 진공 포장된 금을 무게 단위로 거래했다. 포장이 뜯기거나 진공상태가 아니면 제값을 받지 못할 정도였다. 현대사회에서 금으로 거래(대금지불)한다는 사실은 화폐(지폐) 가치에 대한 불안감과 불신에서 비롯된다. 2012년 금의 지불수단 금지 조치 이전까지 동화는 거래수단뿐만 아니라 가치저장, 가치척도 수단으로서 받아들여지지 못했다는 의미다. 동(VND)화는 보유할수록 그 (교환)가치가 떨어지기 때문이었다. 사실 인플레이션이 매우 심했다. 베트남 정부는 전격적으로 금 거래를 금지했지만 동화 가치가 갑작스레 안정된 것은 아니다. 금 거래 금지와 동시에 동화 가치를 안정시키겠다는 정부의 의지를 담았다. 지금은 대부분의 거래가 동화(VND)로 이루어지고 있다. 심지어 동화 거래를 강제하기 위해 아파트 분양대금 일체를 현금(동화, 달러)으로 주고받지 못하고 '동화'로만 이체하게 했다.

베트남 화폐 동(Dong, VND)은 한동안 자유롭게 환전되지 않았다. 1975년 사회주의 국가로 통일되면서 미국을 비롯한 서방국가와 무역이 단절됐기 때문이다. 2011년부터 달러 대비 동의 가격 조정에서 평가조정환율제(A Crawling Peg System)를 채택했다. 달러 대비 베트남 동화 공식 환율은 미리 정해진 거래범위 내(최근 ±3%)에서 거래된다. 그리고 정기적으로 달러 대비 평가절하되도록 했다. 베트남 중앙은행(SBV)은 미리 정해진 범위 내에서 달러 대비 베트남 동을 유지하기 위해 자국 내 외환시장에 개입하고 있다. 개방 이후 베트남은 경제성장을 위해 달러 유치가 필요했다. 우리나라가 70년대까지 달러 해외 반출을 엄격히 금지하던 시절의 복사판이다.

베트남 정부는 2008년 미국발 금융위기 이후 치솟는 환율(동화가치 하락)을 방어하고 동화 거래 활성화를 위해 자국 내에서 동화로만 거래하게 했다. 또 달러 비축을 위해 개인의 달러 거래를 금지했다. 달러로 예금하면 이자를 지급하지 않고 있다. 동화로 예금하면 약 6% 내외의 이자를 지급하는 것과 대조적이다. 또한 사사로운 달러 송금이나 이체를 불허하고 있다. 사실상 달러는 보관도 거래도 하지 말고 동화로 환전해서 예금하고 서래하라는 뜻이다.

베트남 중앙은행과 금괴

투자대상으로 금은 여전히 거래되고 있으나 지불수단으로서 금 거래는 철저히 차단했다. 달러 또한 마찬가지로 정부와 기업의 대외 지급수단으로서 집중 보관하고 민간에서는 수출입을 제외하고 동화로만 거래하도록 하고 있다. 그 후 동화는 비교적 안정적으로 유통되고 있으며 환율도 상당히 안정적이다. 지폐 가치가 떨어지면 모두가 궁핍해진다. 경제가 불안하면 지폐 가치 또한 불안해진다. 화폐가치 불안은 경제 불안과 동행한다. 금과 화폐의 상반된 역사 속에서 베트남 국민과 정부는 고통스러운 과거를 겪었을 것이다.

_ 베트남 전후 세대… 노동력·구매력, 도시화로 이어져

베트남 현대사는 전쟁과 독립을 빼놓을 수 없다. 베트남 경제, 인구문제도 전쟁과 불가분 관계다. 1978년 2월 베트남·중국 국경지대에서 중국과 벌인 전쟁이 마지막이다. 이 전쟁에서 중국이 자진 철수하면서 1979년부터 전쟁이 없는 평화의 시대가 도래했다.

6·25전쟁은 3년간(1950년~1953년) 치른 전쟁이다. 모든 강산이 잿더미로 변했다. 수백만 명이 이 전쟁에서 희생됐다. 우리나라는 휴전 이후인 1954년부터 전후 세대가 된다. 1955년부터 1963년까지를 베이비붐 세대라 부른다. 베트남의 경우 모든 전쟁이 종식된 1979년 이후 출생한 세대가 전후 세대가 되는 셈이다. 1980년대와 1990년대 생이 인구의 주축을 이루고 있다. 30대 이하의 젊은 세대다. 이들이 노동력의 중심 세대이고 결혼과 주택 수요가 많은 세대다.

미국 CIA 자료에 따르면 2018년 7월 현재 베트남 인구는 약 9,700만 명으

로 세계 15위다. 노동력 인구에 해당하는 25~54세 인구가 전체의 45.67%로 가장 많으며 다음은 0~14세로 23.27%다. 세 번째로는 15~24세로 15.81%이며 55~64세 8.9%, 65세 이상 6.35% 순이다. 24세 이하를 합하면 전체의 39.08%를 차지한다. 평균연령은 30.9세다. 가히 청년세대의 나라라 할 수 있다. 평균연령 30.9세가 60세가 되는 30년 후에는 베트남도 초고령 사회에 접어들게 된다. 이들 젊은 세대가 지나가는 길목에는 늘 병목현상이 생기기 마련이다. 우리 베이비붐 세대가 지나온 길이기도 하다.

① 우선 과밀 학급과 교실·교사 부족이 생긴다.
② 취업연령이 되면 취업난이 생긴다. 베트남 경제가 지금처럼 6.5% 내외로 성장한다면 이를 충분히 흡수할 수 있을 것이다.
③ 결혼 시기가 되면 주택난에 시달린다. 주택공급보다 주택수요가 급격히 늘어나고 가구당 주택면적도 넓어진다. 건축기술이 발달해 많은 주택을 신속하게 지을 수 있지만 경험상 한동안 만성적인 공급 부족에 시달린다. 따라서 가수요가 겹치면서 주택가격이 소득수준 이상으로 높아진다. 주택가격은 물가상승과 경제성장을 고스란히 반영하고도 추가 프리미엄이 붙게 된다. 베트남이 여기에 몰려 있다. 베트남은 아직 인프라와 제조업 투자자금이 부족하다. 경제성장이 이어지는 동안 만성적인 자금 부족에 시달린다. 즉 돈의 수요(개인대출, 기업대출, 인프라투자 등)보다 돈의 공급(정부지출, 대출 및 투자)이 늘 부족할 것이다. 여기까지가 베트남이 당장 해결해야 할 과제다. 고령화 사회의 노인 빈곤문제, 저출산 문제는 좀 더 미래의 문제다.

우리나라는 저출산에 따른 인구 정체(또는 점진적 감소)와 은퇴·고령화로 도시인구가 정체 또는 감소하면서 도시 외곽이 축소되고 있다. 베드타운이라 불렸던 위성도시가 위축되고 있다. 신도시를 개발해도 예전 같지가 않다. 도심 집중화 현상이다. 7~80년대 아파트는 15층이 고작이었으나 90년대에 접어들면서 20~25층으로 높아졌다. 지하는 더 깊이 내려갔다. 지금은 웬만하면 35층 이상이다. 그만큼 건축기술이 좋아지면서 토지 용적률이 높아졌다. 도심 집중화 주요 원인이다. 외곽으로 뻗어나던 도시가 인구 정체와 고층화로 도심 집중화로 이어진 것이다. 한 도시 내에서도 도심과 외곽의 주택가격이 들쭉날쭉한 이유다. 베트남 아파트는 처음부터 25층 이상의 고층이다. 하지만 지하층은 아직 미미하다. 토지가격이 저렴하고 자가용보다 오토바이가 대세이기 때문에 공사비가 많이 드는 지하 토목공사는 아직 필요성을 못 느낀다. 주차난이 심각해지고 토지가격이 오르면 지하층은 필수가 될 것이다. 2000년대 초 중국이 아파트를 짓기 시작할 즈음에도 지하층을 잘 파지 않았다. 건축비가 더 들고, 지하 토목공사 기술도 부족하고, 굳이 지하를 파서 주차장이나 상가를 할 정도로 땅이 부족하지 않았기 때문이다.

개발도상국에서 젊은층 비율이 높다는 이 한 가지만으로 장밋빛 전망을 할 수 없다. 개발도상국은 평균수명이 OECD 국가보다 짧다. 따라서 노년층 인구가 적기 때문에 젊은 층의 비율이 상대적으로 높아 보이기도 한다.

젊은 층이라고 모두 양질의 노동력은 아니다. 노동생산성이 상대적으로 낮다. 캐디의 예를 들어보자. 동남아 국가에 가면 1인 1캐디지만 서비스는 한국의 4인 1캐디가 능숙하다는 것을 느낄 수 있을 것이다. 하지만 인건비는 캐디 4명을 합(약 4~6만원)해도 한국의 1인 캐디 인건비(12만원)에 미치지 못한다. 동남아 국가가 노동력이 풍부하고 인건비가 저렴하지만 노동생산성이 낮을 수 있음을 의미한다. 노동생산성에는 교육훈련뿐만 아니라 기후의 영향이 크다. 매우 덥기 때문에 야외 노동생산성이 좋아지기 어렵다. 인건비가 싸다고 좋은 게 아니다. 노동생산성이 높으면서 인건비가 싸야 한다. 베트남이 여기에 해당한다고 할 수 있다. 유교적 가치관으로 교육열이 높고 상대적으로 근면 성실하기 때문이다.

젊은 노동력이 풍부하다고 해서 구매력이 높은 건 아니다. 노동력이 풍부하다는 의미는 실업자가 넘쳐난다는 것을 의미하기도 한다. 우선 취업이 잘 돼야 구매력으로 이어진다. 다음은 임금이 높아야 실질 구매력이 높아진다. 그 나라의 산업(제조업, 서비스업, 농업 등)이 얼마나 성장해 주느냐에 따라 젊은 층이 노동력으로 흡수된다. 베트남은 매년 6% 이상의 경제성장을 이루고 있다. 경제가 성장할수록 구매력도 점차 높아질 것이다.

한 사람이 성인이 돼 취업을 하고 결혼을 하면서 일어나는 구매는 음식료품과 의류·가구에서 자녀 양육비와 학비, 의료비 등으로 이어진다. 소득 수준이 높아질수록 음식료품과 의류 등 소비재 구입 비중이 떨어지고 주택, 자동차 등 구입 비중이 높아진다. 그리고 자산을 비축할 여유가 생기면 주택 이외 부동산, 주식, 채권, 금 등 투자 상품으로 이어진다. 구매는 의·식·주(衣·食·住) 순이 아니라 식·의·주(食·衣·住) 순이 된다. 생존 필수품이 충족되면 부의 축적과 과시에 대한 욕구가 이어진다. 베트남이 이 과정으로 질주하고 있다.

그 나라의 도시화율은 투자자에게 많은 것을 상상하게 한다. 주택수요, 도로·전철, 상·하수도, 교육·문화시설 등 도시문제는 곧 개발과 투자로 연결된다. 도시의 미래 모습을 상상하긴 그렇게 어렵지 않다. 선진 도시를 보면 낡은 도시의 미래가 보인다. 물론 개발의지와 투자자금 확보가 전제 조건이다.

우리나라 도시화율을 보면 더 쉽게 알 수 있다. 국토해양부 자료에 따르면 1960년 도시화율은 39.1%였다. 2008년 90.5%, 2011년 91.1%에 이르면서 안정기에 접어들었다. 10명 중 9명 이상이 도시에 거주하는 셈이다. 물론 '도시화'의 기준에 따라 통계기관에 따라 도시화율이 조금씩 다르긴 하지만 대동소이하다. 도시화율 세계평균은 약 57%다. 베트남 도시화율의 급속한 증가는 현재진행형이다. 베트남 하노이, 호찌민, 다낭 등 대도시 개발과 높아지는 도시화율 속에 투자대상을 찾아낼 수 있어야 한다.

도시화율은 도시로 인구집중을 의미한다. CIA 자료에서 2018년 베트남 도시화율은 35.9%다. 2000년 24.6%보다 10% 이상 증가하였다. 베트남 경제가 발전할수록 도시화율은 점점 높아진다. 베트남 최대 도시는 호찌민시로 2015년 현재 822만 명이다. 그다음으로 하노이시가 644만 명이다. 호찌민시의 경우 지금 같은 추세라면 머지않아 인구 1천만이 넘는 거대 도시가 될 것이다. 베트남 정부는 인구 1천만에 대비한 도시계획을 그리고 있을 것이다. 외곽으로 계속 확장되는 도시계획이다. 주택이 확장되고 중심상가와 학교도 확대된다. 도로, 전철, 공항이 덩달아 넓어지고 길어진다.

도약하는 베트남,
이웃 나라 필리핀

_ 필리핀과 베트남의 다른 출발… 베트남의 맹추격

필자가 필리핀에 근무할 때, 필리핀 사람들은 베트남을 자기들보다 못사는 공산주의 국가로 인식하고 있었다. 이제 베트남이 필리핀을 급속도로 따라잡고 있다. 추월도 시간문제일 뿐이라 여겨진다.

베트남은 1945년 제2차 세계대전 이후 오랜 독립전쟁과 통일전쟁으로 극심한 고통을 겪었다. 1975년 통일국가가 되었지만 남북 모두 사회주의 시스템을 도입했다. 공산화로 개인재산이 몰수당해 축적할 수도 없었다. 사회주의는 인간의 이기심(경제적 욕구)을 철저히 배제했다. 90년대 초까지 국민들은 궁핍과 무기력에 시달렸다.

이웃 나라 필리핀은 제2차 세계대전 이후 적어도 60년대 말까지 아시아에서 일본 다음으로 부유하게 살았다. 미국으로부터 해방됐지만 미군이 수빅과 클락에 주둔하면서 미국의 경제적 군사적 도움이 컸다. 무엇보다도 미국으로부터 영향을 받은 자본주의적, 민주주의적 시스템이 필리핀을 부유하게 했다. 70년대 후반기부터 수만 명의 베트남 보트피플이 필리핀에 밀려왔다. 지금도 필리핀 바탄반도에 베트남 보트피플을 수용하던 대규모 난민 캠프시설이 빈 채로 남아 있다. 필리핀은 베트남 난민을 수용하고, 쌀 재배기술을 전수해 주는 등 우월적 지위를 누렸다.

1994년 미군이 필리핀에서 철수하면서 미군이 주둔하던 클락과 수빅 인근 도시 경제는 주저앉았다. 미군을 통해 들어오던 미국의 대중문화인 팝송, 영화도 여기까지였다. 2010년대 후반기, 베트남과 필리핀의 경제 상황이 서서히 바뀌고 있다.

베트남은 1986년 도이모이정책 선언 이후 시장경제 체제를 받아들이면서 유연해졌다. 필리핀은 자본주의 병폐인 소수가 부와 권력을 독점하면서 빈부 격차가 커졌고, 국민들의 생활수준은 좀처럼 나아지지 않았다.

베트남은 경제를 개방하고 외국인투자를 끌어들였다. 외국인(기업) 100% 지분소유가 가능하게 됐다. 국유기업에도 외국인투자를 허용했다. 필리핀은 여전히 대규모 외국인투자는 대통령의 허가를 받아야 하는 제한적 상태다. 일반적인 투자(토지 포함)에서 외국 지분이 40% 넘지 못하도록 제한하고 있다. 자국 기업 보호와 외국자본의 침투를 방지하기 위한 명분이다. 결과는 기득권 보호가 됐고, 자국 기업은 안주하고 해외 투자가 줄고 실업은 만성화됐다. 좋은 명분이 선한 결과를 낳지 못하는 경우다. 필리핀은 저임금과 실업에 허덕인다. 지구상 누구든 투자를 하되 경영권을 행사하지 못한다면 투자는 망설여지게 마련이다.

필리핀은 소수 가문(Clans)이 정치와 경제를 지배한다고 해도 과언이 아니다. 코라손 여사와 노이노이 모자(母子)가 모두 대통령을 지냈다. 이들은 필리핀 최대 가문 중 하나인 후앙코 가문 출신이다. 코라손 대통령 당시 외국인의 필리핀 투자지분을 40% 이내로 제한하는 내용을 헌법 경제조항에 추가시켰다. 해외투자자의 투자가 줄고 외국과의 경쟁이 사라지면서 필리핀 경제는 정체되고 말았다. 필리핀 경제가 좀처럼 나아가지 못하는 결정적 역할을 하고 있는 것이다.

필리핀도 태국, 말레이시아, 인도네시아 등과 마찬가지로 화교가 상권을 장악하고 있다. 후앙코 가문도 화교계다. 극소수의 스페인계 재벌을 제외하고 대부분 화교계 재벌이다. 베트남처럼 사유재산을 몰수당한 적이 없다. 필리핀 화교는 부(富)의 정점을 이루고 있다.

북부 베트남은 호찌민이 독립을 선언하면서 공산국가가 됐다. 개인재산이 몰수되고 농촌은 집단농장화되고 기업은 국유화됐다. 기득권이 사라지고 오직 공산당만이 권력을 장악했다. 1975년에는 전국이 사회주의화 되면서 남부 베트남에서도 재산을 몰수당하고 기업은 국유화됐다. 이 와중에 화교계 재산도 몰수되면서 부유한 화교들도 재산을 정리하고 보프피플이 되어 서둘러 베트남을 탈출했다. 빈부 격차가 사라졌지만 부(富)도 사라지고 빈곤만 남게 됐다.

1986년 베트남 국회에서 채택된 도이모이 선언이 결정적 전환점이 됐다. 우선 농민에게 토지를 분배해 농사를 짓게 했다. 그 후 태국 다음으로 세계 쌀 수출국 2위가 됐다. 국영기업은 국유기업(주식화)화해서 상장하거나 지분을 팔고 있다. 그리고 민간의 기업 활동을 허용했다. 베트남은 비록 늦은 출발이지만 경제적인 면에서 부의 독점이나 기득권이 없는 제로 베이스에서 출발한 셈이다.

베트남은 제조업 육성으로 경제성장을 이루고 실업을 해소하고 있다. 적극적인 외자 유치로 제조업을 육성하고 있다. 베트남 최대 수출기업이 삼성 휴대폰 공장이다. 게다가 엄청난 인력을 고용하고 있다. 외자유치, 제조업, 수출기업 육성으로 요약된다. 제약 없이 기업을 지배하고 경영을 보장해주는 게 외자유치 첫 번째 조건임을 보여주고 있다.

    필리핀은 유통·상업 위주의 경제다. 필리핀 재벌은 유통에서 성장했다. 재벌은 쇼핑몰 등 유통을 장악했다. SM, 아얄라가 대표적인 기업이면서 쇼핑몰이다. 이들 유통그룹이 금융, 건설 등을 지배하고 있다. 우리와 같은 금산분리가 적용되지 않는다. 쇼핑몰에 가면 외국산 상품이 넘친다. 요즘은 중국산 제품이 주류를 이룬다. 가격이 싸기 때문이다. 상품 구입 후 계산도 달러로 이루어진다. 수입상품이 많기 때문이다. 계산대에 서면 우선 달러로 집계한다. 그리고 그날그날 환율에 맞춰 필리핀 페소화로 결제한다.

    제조업이 약하다면 경제구조는 취약하기 마련이다. 필리핀에서 생필품에 이르기까지 외국제품 일색이다. 원자재나 기계장치의 수입은 국내에서 확대 재생산되지만 소비제품 수입은 외화가 해외로 나가버리는 역할을 한다. 필리핀은 수백만 명에 이르는 재외근로자가 본국으로 외화를 송금하고 있다. 이로 인해 국제수지는 양호하다. 또 본국 송금이 필리핀 페소화 환율을 안정하게 유지하는 비결이기도 하다. 하지만 이들 본국 송금이 자국 내에서 소비지출로 이어지면서 다시 해외로 유출돼 버린다. 국내 자본축적과 제조업을 통한 확대 재생산이 이루어지지 못하는 이유이기도 하다.

    유럽의 경우 EU로 경제가 통합됐다. EU 강국은 독일, 프랑스, 이탈리아다. 이들은 제조업 강국이다. 유럽을 달리면 온통 독일, 프랑스, 이탈리아제 자동차다. 자금은 제조업 쪽으로 흘러들어 간다. 그리스는 농업과 관광 국가다. 그리스는 한때 엄청난 공무원 숫자와 풍부한 연금을 지급했다. 정부 부채(국채발행)로 복지와 연금을 지급했다. 그리스 국채를 유럽의 각 은행이 매입하고 보유했다. 그리스 국가신용등급이 떨어져 국채를 차환 발행하기 어렵게 되고 더더구나 추가 발행이 곤란해지면서 그리스뿐만 아니라 이들 국채를 보유한 은행마저도 부도위기에 몰렸다. EU의 골칫거리가 됐다. 빚(국채)을 내서라도 확대한 선심성 정책의 결과다. 그리스는 밀을 생산하고 파르테논신전 관광수입으로 독일제 벤츠를 사는 모양새다. 그리스 자금도 독일 등 해외로 흘러갈 수밖에 없다. 밀 수십 톤, 관광객 수천 명의 입장료를 모여야 벤츠 1대 값에 맞먹을 것이다.

필리핀도 매년 경제성장률을 발표하고 최저임금을 인상하고 있다. 경제성장의 과실이 골고루 베풀어지지 않고 소수 기득권과 해외로 흘러가고 있음을 추측할 수 있다. 베트남도 매년 경제성장률 정도의 최저임금을 인상하고 있다. 베트남 경제성장은 고용증대와 국민 개개인의 소득증대로 이어지고 있음을 느끼게 된다. 사회주의 시장경제를 도입하면서 모든 국민이 가진 것 없이 부유한 기득권이나 빈부 격차 없이 출발했다. 성장의 과실이 골고루 퍼지는 성장 초기의 승수효과가 아닌가 싶기도 하다. 지속적으로 지켜봐야 할 문제다. 국민의 생활수준 향상이 없는 경제성장은 허구이고 모래성이다.

⟨ 베트남과 필리핀 최저임금 비교 ⟩

구분	2019년 최저임금	비고
베트남 Region 1	418만 동(약 180달러)/월	전년 비 평균 5.3% 인상, '리젼 1'에는 하노이, 호찌민시 포함
필리핀 메트로마닐라 비 농업분야	537 페소(약 10.3달러)/일	전년 비 25페소 인상

2019년 베트남 1지역(Region 1, 호찌민, 하노이 포함) 월(月) 최저임금은 약 180달러(418만동)로 전년 대비 평균 5.3% 인상했다. 반면 2019년 필리핀 메트로 마닐라 비농업분야 최저임금은 1일 537페소로 전년 대비 1일 25페소 인상했다. 한 달 근로일수 25일을 적용하면 약 258달러(52페소/1달러 적용), 근로일수 21일(토, 일요일 제외)을 적용하면 216.8달러다. 베트남과 필리핀 최저임금 비교에서 필리핀이 아직 앞서고 있다. 앞으로 5년 후 또는 10년 후의 변화가 궁금하다. 베트남은 월 최저임금, 필리핀은 일일 최저임금, 우리나라는 시간당 최저임금을 적용하고 있다.

호찌민과 도이모이(刷新)의 나라

해외투자에서 해당 국가의 정치·경제체제를 우선해서 이해할 필요가 있다. 공산주의 국가가 몰락한 원인은 사회주의 경제체제에서 비롯됐다. 정책 결정 하나가 국민을 잘살게 하기도, 못살게 하기도 한다. 개인 소유를 없애고 집단공유제를 채택한 사회주의 국가는 몰락했다. 경제 행위는 개인의 이기심에 바탕을 두고 있다. 사회주의 국가는 경제 행위 동력인 이기심을 제거했다. 같이 일하고, 같이 잘 살자는 구호는 같이 일하지 않고, 같이 못사는 결과를 낳았다. 베트남도 이와 같은 전철을 밟았다. 공산화 통일 이후 베트남은 극도의 빈곤에 빠지면서 세계 최빈국 대열에 섰다.

베트남의 권력은 공산당에서 나온다. 정부조직, 군사조직, 사법조직 위에 공산당이 있다. 중국 통일 이전 인민군은 전 인민의 군대에 앞서 공산당의 군대였다. 군사조직 최고 권력자는 공산당 중앙군사위 주석이었다. 베트남은 공산당 서기장 겸 중앙군사위 주석이 당 서열 1위다. 국가주석, 총리, 국회의장은 그다음 순이다. 마오쩌둥 시절 중국 공산당 총서기 겸 중앙군사위 주석이 서열 1위였다. 마오가 국가주석을 겸하기도 했지만 국가주석은 다른 지도자가 맡기도 했다. 덩샤오핑은 실권을 장악한 후 당 중앙군사위

주석직만 유지했다. 국가주석과 당서기는 다른 지도자가 맡았다. 중국 국가주석 시진핑은 당 총서기 및 중앙군사위 주석을 겸직한 명실상부한 실권자다. 각 성(또는 도시)은 성장(또는 시장)보다 서열이 높은 당서기가 있다. 중국 공산당 조직을 이해하면 베트남 공산당 조직이 보인다. 베트남이 프랑스, 미국과 전쟁을 치르면서 중국, 러시아의 지원을 받았다.

베트남은 헌법과 법률 위에 호찌민 가르침이 있다. 정책 결정 기준은 헌법보다 호찌민 가르침에 의해 좌우된다. 호찌민의 가르침(어록 또는 유훈)이 베트남 정책의 근간이다. 죽은 호찌민이 베트남을 통치한다고 말할 정도다. 공자의 유교사상이 오늘날까지 동양 3국(한국, 중국, 일본)의 정신세계를 지배하고 있다고 서양학자가 진단했다. 근간은 배움의 열기다. 오늘날 과외 열풍이 논어의 학이(學而)편 "배우고 또 익히면~" 영향이라고 한다. 동양 3국에 베트남을 추가해야 한다. 베트남도 배움의 열기가 대단하다. 유교 가치관 위에 호찌민 유훈이 하나 더 자리 잡고 있다.

베트남 공산당은 공산주의, 호찌민 사상, 마르크스·레닌이즘, 집단지도체제, 사회주의 시장경제, 베트남 국가주의를 기본 이념으로 채택하고 있다. 종교 창시자가 그러하듯 호찌민의 신념은 그가 살아있는 동안에는 체계화되지 못했다. 1973년 호찌민 전기가 발간되면서 그의 혁명정책·사상이 강조되기 시작했다. 호찌민 사상은 1989년 체계화됐으며 1991년에 이르러 호찌민 사상과 마르크스·레닌이즘이 베트남 공산당과 정부의 공식이념으로 채택됐다. 1991년 구소련 해체 후 체코, 폴란드 등 서구 공산국가의 몰락이라는 물결 속에 베트남 공산당도 존립을 위해 개혁을 시도했다.

마르크스·레닌이즘, 호찌민 사상과 더불어 사회주의 시장경제가 채택됐다. '사회주의 시장경제'는 중국 공산당이 먼저 채택했다. 시장경제는 자본주의 전유물이 아니라고 강변하면서 도입했다. 그리고 성공했다. 베트남 공산당은 중국 공산당이 건너간 돌다리를 건너기 시작했다.

1992년 도입된 헌법에서 베트남은 노동자와 소작농을 대표하는 이념에서 '노동자, 소작농 그리고 지식분자'를 대표하는 이념으로 변경했다. 2006년 베트남 공산당은 더 이상 특정계급을 대표하지 않으며 기업을 포함한 전체 인민의 이익을 대표하는 공산당으로 바꾸었다. 베트남 공산당은 이로써 계급적 계층을 제거하고 사기업 활동도 허용했다.

베트남과 중국은 사회주의 시장경제로 진입하면서 당과 정부 이념은 사후적으로 정립했다. 중국 덩샤오핑은 선부론(先富論)을 통해 사기업(개체호)을 묵인했다. 사기업이 성장하면서 국민들의 생활이 윤택해지자 중국 공산당은 공유제 경제에서 사영경제를 인정했다. 베트남 공산당은 2006년에야 사기업 활동을 공식적으로 허용했다. 하지만 사실상 그 이전인 1986년 도이모이정책 선언을 전후해 사기업 활동이 허용됐다. 농촌에선 1988년부터 집단농장을 해체하고 농민들에게 농지를 분배(정부가 농민에게 장기 임대방식으로 대여했으나 사실상 소유권을 허용)해서 개별적 생산을 허용했다. 1993년에는 토지법을 제정해 토지의 이전, 상속, 임대, 담보를 허용했다.

베트남 의회는 당의 최고기구다. 국회의원 후보는 조국전선에서 1차 심사후 출마한다. 선거제도는 비밀투표와 중선거구제를 채택하고 있다. 공산당원이 아닌 사람도 출마할 수 있다. 그러나 99% 이상이 공산당원이다. 베트남

의회는 5년 임기의 주석을 선출한다. 주석은 수상을 지명하고 의회에서 승인한다. 장관은 수상이 지명하고 역시 의회에서 승인한다. 5년마다 열리는 의회에서 당과 정부 지도부(중앙위원회 포함)를 개편하고 장·단기계획을 수립발표한다. 중앙위원회는 5년 동안 의회가 결정한 정책을 집행한다. 중앙위원회가 열리지 않으면 정치국원들이 정책을 집행한다. 중앙위원회는 공산당 내에서 가장 강력한 조직이다. 중앙위원회는 그 권한을 사무국과 정치국에 일부 위임한다. 5년 임기의 지방의회도 선거로 구성되며 지방인민위원회 위원장, 위원 등 구성원을 선출한다. 거대한 인구를 가진 중국은 아직 이런 지방선거제도를 채택하지 못하고 있다. 땅이 넓고, 인구가 너무 많고, 56개 민족으로 구성돼 있어 섣불리 지방 선거제도를 도입하지 못하는 모양이다. 지방선거제도 도입이 각 민족 독립의 불쏘시개가 될 소지가 있을 것이다.

베트남 공산당 조직은 군대, 행정 조직뿐만 아니라 모든 단체, 공장, 학교에 퍼져 있다. 어떤 조직이든 공산당원이 있다. 초등학교에서 중등학교까지 예비당원을 선발하고 교육한다. 성적이 우수한 학생회 간부 중에서 뽑힌다. 대학을 졸업하면 정식 공산당원이 된다. 초기 공산당원은 대부분 노동자 농민계급에서 나왔다. 현재 공산당원은 대학을 나온 엘리트 지식분자가 많다. 한때 지식분자는 노동자 농민의 적이었다. 2015년 2월 현재 베트남 공산당원은 약 440만 명이다. 중국 공산당 기관지가 인민일보인 것처럼 베트남 공산당 기관지는 '년전(Nhân Dân)'이다. 년전 사설이나 기고에서 당 이념과 정책방향을 제시한다. 경제활동에도 지대한 영향을 미친다.

구소련이 해체되고 서구 공산주의는 몰락했다. 아시아 공산국가는 아직

건재하다. 유연성과 빠른 궤도수정으로 살아났다. 베트남 공산당은 시장경제를 도입하고, 사유제를 인정하고, 문호를 개방함으로써 발전하고 있다. 서구 공산국가의 몰락과 절대 빈곤의 위기의식 속에서 생존의 몸부림이 성공했다. 공산당 지배만 있을 뿐 공산주의 이념이 탈색되고 있다. 베트남 공산당은 현명했다. 쇄신하고 개방하면서 지배 권력으로 살아남았다.

_ 호찌민 유훈이 다스리는 나라, 베트남

오늘날 베트남과 호찌민은 떼려야 뗄 수 없는 사이다. 베트남은 호찌민을 존경하고 사랑한다. 베트남 국민들은 호찌민을 '박 호(胡 아저씨)'라고 친근하게 부른다.

베트남 법률 등 문서 상단에는 '독립, 자유, 행복'이라 쓰여 있다. 또 2013년 개정 헌법 전문에 '1930년부터 호찌민 주석이 창설하고 훈련시킨 공산당 영도하에 노동자들은 오랫동안 난관을 극복하고 나라의 독립과 자유 그리고 인민의 행복을 위해 희생했다'고 쓰여 있다. 독립, 자유, 행복은 호찌민 생전에 늘 강조했던 말이다. 이는 곧 베트남을 다스리는 최고의 가치이고 기준이다. 헌법 전문에 개인의 이름이 오르기도 드문 일이다. 베트남 헌법 전문에는 호찌민의 이름이 두 차례나 나온다. 호찌민 유시를 따르겠다는 약속이다.

호찌민이 공산주의자냐 민족주의자냐에 대한 논란이 많다. 호찌민은

1945년 9월 2일 베트남 독립과 '베트남민주공화국' 탄생을 선포했다. 사회주의공화국이 아닌 민주공화국 탄생을 선언했다. 오늘날 국호인 '베트남사회주의공화국'은 나중의 일이다. 호찌민은 베트남의 독립을 위해 자본주의 국가 미국과 손잡기를 원했다. 호찌민은 프랑스와 독립전쟁(제1차 인도차이나전쟁) 당시 미국 트루먼 대통령에게 프랑스가 베트남에서 철수하도록 해 달라는 간곡한 부탁과 지원을 요청했다.

그러나 미국은 오히려 프랑스를 도왔고 통킹(東京)만 사건을 일으켜 북부 베트남을 공격했다. 이후 베트남은 독립과 통일을 이룰 때까지 중국과 러시아의 지원을 받았다. 또한 호찌민은 '우리에게 독립과 자유보다 더 소중한 것은 없다'고 생전에 늘 주장했다. 이를 통해 호찌민이 공산주의보다 베트남 독립이 우선이었다는 게 대체적인 주장이다. 호찌민에게 공산주의는 베트남 독립을 위한 수단으로 여겨지기도 한다. 김구 선생도 평생 독립과 통일을 염원했다. 호찌민과 김구 모두 비슷한 시기에 중국 등지에서 각자 조국의 독립을 위해 무장투쟁을 했다. 독립을 위해 호찌민은 공산주의를, 김구는 자본주의를 받아들였다.

하노이시 중심지인 바딘광장은 좀 특이하다. 우리나라 광화문광장, 중국의 천안문광장은 모두 궁궐 정문에 위치해 있다. 호찌민 묘지를 중심으로 바딘광장이 좌우로 길게 펼쳐져 있다. 그 뒤에 주석궁, 호찌민 생전 거주지와 호찌민박물관이 있다. 광장 앞에는 새로 지은 국회 건물이 있다. 그리고 광장 주위에 중앙정부 청사들이 흩어져 있다. 호찌민시(구 사이공시) 인민위원회 앞 '응우옌 후에(Nguyen Hue)' 거리 광장에 가면 호찌민 동상이 광장을 향해 서 있다. 베트남은 호찌민이 세운 나라며 지금도 호찌민이 다스리고 있다고 해도 지나친 말이 아닐 것이다.

호찌민 묘지(The Ho Chi Minh Mausoleum, Lăng Chủ tịch Hồ Chí Minh)는 1973년 9월에 짓기 시작해 남북이 통일된 후인 1975년 8월 개관했다. 1969년 9월 호찌민이 사망한 지 6년 만에 준공한 것이다. 호찌민 사망시기는 미국과 전쟁 중이었다. 미군 폭격기는 수시로 하노이를 공습했다. 묘지 신축보다 시신의 안전한 보호가 우선이었다. 폭격을 피해 하노이 외곽 밀림 속에 시신을 보관했다. 호찌민 묘지는 구소련 레닌묘지에서 영감을 얻었다. 여기에 베트남 전통 건축양식인 경사진 지붕과 회색 화강암을 가미했다. 바딘광장(Ba Đình Square)에 위치하여 바딘묘지(Ba Đình Mausoleum, Lăng Ba Đình)라 부르기도 한다.

'베트남사회주의공화국이여 영원하라(Nước Cộng Hòa Xã Hội Chủ Nghĩa Việt Nam Muôn Năm, Long live The Socialist Republic of Viet Nam)'는 대형 슬로건이 호찌민 묘지 옆에 걸려 있다.

호찌민 시신은 늘 공개하지 않는다. 시신의 영구보존을 위한 방부처리를 해야 하기 때문이다. 시신 공개 시기에는 전국 학생의 참배행렬이 이어진다. 구불구불한 회랑(줄 서서 기다리면서 비를 피하고 태양열을 피하기 위한 회랑임)을 따라 교복 입은 학생들이 긴 줄을 선다. 줄을 서서 2~3시간 기다리다 겨우 1분 정도 참관한다. 베트남 모든 학교는 일 년에 65시간(한 시간 45분 수업) 공산주의 사상과 공산당사 등 교육을 의무적으로 받아야 한다. 호찌민의 생애, 사상은 물론 시신 참배도 교육시간에 포함된다.

호찌민은 중국 감옥에서 옥중일기를 남겼다. 호찌민이 베트남에 남긴 귀중한 유산이다. 1942년 8월에서 1943년 9월까지(책 표지에는 1932년 8월 29일에서 1933년 9월 10일로 적혀 있다. 아마도 연대기록 착오인 것으로 보인다) 중국 국민당 정부에 의해 광시성 감옥에 갇혔다. 중국 거주 베트남 교민의 일본 대항세력을 결성하기 위해 갔다가 간첩죄로 몰려 구속됐다. 이 당시 일본군은 프랑스군을 물리치고 베트남을 점령하고 있었다. 발목에 족쇄가 채워졌으며 광시성 여러 감옥을 전전했다. 가로 9.5㎝, 세로 12.5 ㎝, 총 82페이지의 회색 한지로 된 일기다. 이 일기는 133편의 한시 형태로 이루어져 있다. 이 중 126편이 당시(唐詩) 형태인 칠언절구(七言絕句, Thất Ngôn Tú tuyêt, 한시에서 한 구가 칠언으로 된 절구이며 모두 4구로 이루어짐)다. 옥중일기 표지는 오언절구다. "몸은 비록 옥중에 있으나 정신은 자유롭다. 대사업을 이루고자 하면 정신을 더욱 크게 해야 하리라" 베트남 독립을 위해 스스로 마음을 다지는 독백 시라 할 수 있다.

베트남의 호찌민 존경과 숭배는 대단하다. 하노이 청년들은 스스로를 '호찌민 키드(Kid)'라 부른다. 하지만 자본주의를 맛본 남부 베트남의 기성세대는 생각이 다를 수 있다. 공산 베트남으로 통일되면서 가지고 있던 재산을 몰수당하고, 직업을 잃었다. 게다가 남부 베트남 군대나 경찰 또는 공무원으로 복무했다면 패잔병 취급을 받았다. 농촌으로 보내

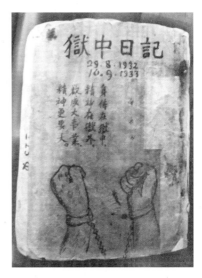

호찌민 옥중일기

져 교화교육을 받고, 직업을 제대로 부여받지 못해 시클로 페달을 밟으며 생계를 유지해야 했다.

집단지도체제도 호찌민 유훈이다. 어떤 정책 결정이 난관에 봉착할 때 최종 결정 기준은 당 강령이나 헌법보다 호찌민 사상과 유훈에 얼마나 충실한가에 따라 결정된다. 가히 호찌민이 지배하는 나라라고 부를만하다.

호찌민이 1969년 사망하기 전까지 거주했던 주석궁 내 단아한 2층 목조주택 옆, 야트막한 무덤 같은 방공호가 있다. 미군이 공습하면 호찌민이 숨던 방공호다. 목조주택 1층에는 검은색 다이얼 전화기와 철모가 놓여있다. 공습 사이렌이 울리면 호찌민은 철모를 쓰고 방공호로 대피했다. 대리석으로 지은 주석궁(President Palace)은 프랑스의 인도차이나(베트남, 캄보디아, 라오스) 총독이 거주하던 주택이다. 일제 총독이 거주하던 주택이 청와대였다. 우리는 청와대 건물을 허물고 한옥으로 새롭게 지어 대통령이 거주하고 있다. 베트남은 여전히 이 건물에 주석이 거주하고 있다.

호찌민이 8살 무렵 부친이 지어준 이름은 응우엔 떳 타잉(Nguyễn Tất Thành, 阮必成)이다. 프랑스 유학 중 베트남 독립을 위해 이름을 응우엔 아이 꾸억(Nguyễn Ai Quoc, 阮愛國)으로 바꿨다. 이때 사회주의 운동에 눈을 떴다. 1940년대 베트남민족통일전선을 창설하면서 '깨우치다'라는 의미의 호찌민(胡知明)으로 바꿨다. 스스로의 의지에 맞춰 이름을 바꿨다.

하노이시 주석궁 내에 있는 호찌민 생전에 거주하던 2층 목조주택

_ 도이모이 선언, 개방과 시장경제의 기폭제

    오늘날 베트남 경제의 급속한 변화와 성장의 기폭제는 1986년 채택된 도이모이(刷新) 선언이다. 도이모이정책이라고도 부른다. 도이모이의 채택과 변화과정을 살펴보면 베트남 경제의 개방과 성장을 이해하는 데 도움이 된다. 우리나라 경제성장의 기폭제는 5·16혁명('쿠데타'로 부르기도 한다)이다. 이를 계기로 5년씩 이어지는 경제개발계획으로 발전을 거듭했다. 서독 광부와 간호사 파견, 월남파병, 서독의 원조자금 등으로 고속도로를 건설하고, 포항제철을 만들고, 정유공장을 지으며 경제 인프라를 구축했다. 또한 새마을운동으로 잠자는 농촌을 일깨웠다. 부인할 수 없으며 지워버릴 수 없는 역사다.

    도이모이가 나오기까지 베트남은 절대 빈곤과 피폐한 농촌이 있었다. 이 당시 베트남 인구의 80%가 농민과 농촌거주자였다. 극심한 가난과 국제 경제적 고립(미국이 베트남과 무역을 금지하면서 서방국가와 무역이 차단됐다), 유럽 공산국가의 연쇄 몰락으로 뭔가 변하지 않으면 베트남 공산정권도 몰락할 수 있다는 절박함이 있었다. 한편 중국이 1979년 덩샤오핑의 개혁개방 선언과 선부론(先富論) 이후 개체호(자영업)를 허용하고, 선전(深川)을 개방하면서 서서히 발전하는 모습을 보면서 자신감을 얻었다. 게다가 중국은 공산당 일당 지배체제를 유지하면서 발전하고 있었다. 내부 진통 끝에 1986년 공산당 제6차 전당대회에서 도이모이(쇄신) 정책을 채택했다. 하지만 곧바로 궁핍한 국민들의 생활이 나아지지 않았다. 여전히 하노이 시가지는 무기력하고 젊은이들은 절망했다. 1993년 베트남 인구의 절반 이상이

하루 1.9달러 이하로 생활하는 절대 빈곤에 시달렸다. 중국식 사회주의 시장경제 체제를 도입했다. 농민에게 농지를 분배하고, 자영업을 허용하고, 국유기업을 경쟁하게 만들고 지배체제를 변화(주식회사와 민영화)시켰다. 그리고 30여 년이 지났다. 오늘날 절대 빈곤이 거의 사라졌다. 1990년부터 베트남 1인당 GDP가 급속히 성장했다. 2000년대 연간 평균성장률이 6.4%에 다다랐다.

하노이 바딘광장에서 바라본 현대식 국회의사당 전경
이 의사당에서 도이모이 선언이 채택됐다.

'도이모이(Đổi Mới, 刷新, 쇄신)'의 사전적 의미는 '그릇된 것이나 묵은 것을 버리고 새롭게 함' 또는 '나쁜 폐단이나 묵은 것을 버리고 새롭게 함'이다. '도이모이'라는 단어는 베트남에서 일반적으로 사용되는 한자어다. 도이모이정책(The Doi Moi Policy, Chính sách Đổi Mới)이라는 복합어가 생기면서 변화가 일어났다.

도이모이정책은 정치적 영향력이 큰 몇몇 지도자에 의한 위로부터의 개혁이다. 도이모이 선언 직전 베트남은 700%를 넘는 초인플레이션, 수출을 초과하는 수입 등으로 경제가 몰락 위기에 직면했다. 게다가 구소련의 원조가 감소했으며 또 국제적으로 고립되었다. 베트남 공산당은 계획경제 시스템에 대한 격렬한 논쟁과 변화가 필요하다는 결론에 이르렀다. 직접적인 계기는 1986년 7월 공산당 서기였던 레 주언(Lê Duẩn)의 사망이었다. 그는 오랫동안 당 최고지도자로서 쯔엉 찐(Trường Chinh), 팜 반 동(Pham Van Dong)과 더불어 베트남 궁핍에 책임 있는 공산주의 원칙을 지킨 지도자였다.

　레 주언 공산당 서기의 후임으로 개혁가인 응우옌 반 린(Nguyễn Văn Linh)이 선출됐다. 그는 베트남전쟁 시절 남부 민족해방전선(베트콩) 지도자였다. 베트남은 이 당시 3가지 정치적 압박에 직면했다.

① 1985년부터 시장경제를 주장하는 과학기술전문가와 개혁가로부터 강력한 압박을 받고 있었으며,

② 일부 허용된 상업 활동에서 오는 이익이 전체 생산성 증대에 직결됨에 따라 개혁 추진에 우호적인 분위기가 형성됐으며,

③ 남부 베트남의 진보적인 분위기는 1975년 통일 이전 시스템으로 돌아가길 원했다. 또 1980년대 초부터 저가 원자재를 조달한 일부 국유기업이 자유시장에서 많은 이익을 얻었다. 이 이익을 노동자, 경영자 및 고위직에 이르기까지 분배했다. 이러한 개혁 압력과 이익증대가 공산당이 추진하는 개혁의 원동력이 됐다. 새 지도자 선출과 개혁의 염원 속에 1986년 12월 제6차 공산당 대회에서 도이모이 선언이 탄생했다.

계속되는 개혁의 바람

─ 집단농장·국유기업 개혁에서 민간부문 개혁까지

1986년 도이모이정책을 채택한 후 베트남 정부는 계획경제 시스템을 폐지하고 비전략적인 분야에서 국유기업과 민간부문이 경쟁하게 하는 시장경제로 전환했다. 1987년에는 개인의 사적 거래를 금지하는 규제를 대폭 줄였다. 판매가 허용된 농작물 생산량이 급격히 증가했다. 1988년 농업부문에서 농민의 토지사용을 허용하는 공산당 중앙위원회 결의안 10호가 발표됐다. 이 결의안에서 농민이 생산한 농산물을 시장에서 판매하도록 허용했다. 또한 집단농장 참여 의무를 없애고 집단농장 소속 각 가정에 20년 범위에서 안정적으로 토지를 사용하도록 허용했다. 이로써 사실상 집단농장이 해체됐다.

국유기업에 관한 조치는 1987년 11월 시행령 217호(Decree No.217-HDBT)가 발표됐다. 이 시행령이 도이모이정책의 핵심이다. 국유기업 경영의 자율성과 독립성을 부여했다. 이익에 기반을 둔 회계시스템 도입, 생산량 목표제에서 이익 목표제로의 전환, 생산과 인적자원 및 재무적 의사결정과 관련된 경영 자율성 부여, 예산과 투입 자재 할당제 폐지, 시장 판매제한의 폐지, 보조금 대신 국유상업은행을 통한 대출, 감가상각 등을 도입했다. 우리에게 익숙하고 당연시하는 자본주의식 경영시스템을 도입한 것이다.

1990년대 전반기에는 민간부문에서 변화가 일어나기 시작했다. 1990년 민간기업의 법률적 토대가 되는 기업법(Companies Law)을 제정했다. 기업법에서 합자회사, 유한책임회사를 제도화 했다. 1992년 헌법에서 민간부문의 역할을 공식적으로 인정했다.

베트남은 1988년 이전까지 영세한 가족기업을 제외하면 민간기업이 없었다. 1990년 기업법이 제정됨으로써 민간기업이 탄생하기 시작했다. 1996년경에는 약 9천 개의 유한책임회사(LLC)와 합자회사가 생겼다. 특히 소매업종에서 많은 민간기업이 생겼다. 2002년 기업법(Enterprise Law) 개정으로 사업허가 관련 규제가 많이 폐지되면서 기업 등록비용과 시간을 절약할 수 있게 했다. 2004년경에는 민간기업 수가 9만5천여 개로 늘어났다.

반면 국유기업의 개혁은 더뎠다. 1997년까지 단 15개 국유기업이 주식 공개 및 주주 분산이 이루어졌다. 베트남 정부는 재무부 장관을 의장으로 하는 중앙조정위원회를 구성해 국유기업의 공개와 주주 분산을 유도했다. 2001년에서 2005년까지 약 2,188개 국유기업 주식이 공개되고 주주가 분산됐다. 이처럼 도이모이 선언 초기에는 내부 갈등 속에 변화가 미미했지만 2000년대에 접어들면서 점전 탄력을 받아 개혁과 성장이 가속화됐다.

집단농장과 국유기업에서 시장경제 체제로 전환하는 개혁의 대부분이 중국이 이미 거쳤던 방식임을 알 수 있다. 따라서 중국보다 안전하고 두려움 없이 시행할 수 있는 계기가 되었다고 할 수 있다.

_ 농업개혁, 1988년 집단농장 폐지와 쌀 수출

제2차 세계대전 종전 이후 호찌민 영도하의 북부 베트남은 농민과 농업을 집단농장화함으로써 쌀 생산이 급격히 떨어졌다. 필리핀의 쌀 재배기술을 전수받은 남부 베트남은 쌀 생산이 늘었다. 하지만 통일 이후 남부 베트남도 집단농장화했다. 땅을 빼앗기자 농민들은 농사용 소(牛)도 빼앗길까봐 잡아먹기도 했다. 농업 기계화 이전, 소는 사람 이상으로 중요한 역할을 했다. 노동 의욕이 떨어지면서 쌀 생산량이 급감했다. 사회주의 국가로 통일되면서 남·북 베트남 모두 절대 빈곤에 빠졌다.

베트남에서 쌀 생산은 전체 곡물의 90% 이상을 차지한다. 1978년 쌀 생산량은 979만 톤으로 바닥을 쳤다. 심각한 위기에 직면한 베트남 정부는 1981년부터 집단농장을 개혁하기 시작했다. 농민들은 정부에서 요구하는 수준의 곡물을 생산한 후 그들 자신의 농작물을 재배하여 판매할 수 있도록 했다. 중국이나 북한의 장마당 같은 초보적인 개혁이다. 이 개혁은 생산의 분배(임금)시스템에서 임대시스템으로의 전환이었다. 그 결과 쌀과 곡물 생산량이 증가했다. 하지만 정부는 여전히 비료 등 자재를 분배하고 토지이용과 작물선택을 지시했다.

도이모이 선언에 이은 1988년 집단농장을 폐지하는 '결의안 10호(Resolution 10)'를 채택했다. 이 결의안에서 정부는 농민들에게 20년까지 토지를 안정적으로 임대했다.

1993년 베트남 정부는 드디어 '토지법(Land Law)'을 제정해 정부로부터 장기 임대받은 토지에 대해 교환, 이전, 상속, 임대, 담보권을 부여했다. 이 개혁은 성공적이었다. 베트남 쌀 생산량이 1987년 1,500여만 톤에서

2000년 3,255만 톤으로 배 이상 늘었다. 1989년부터 쌀 수출국이 됐다. 드디어 태국 다음으로 세계 2위 쌀 수출국이 됐다. 한 편의 드라마다. 그러나 쌀 수출량과 금액이 2012년 800만 톤과 36억 달러로 정점을 찍었다. 쌀 수출량은 2017년 600만 톤, 2018년에는 615만 톤을 유지했다. 수출금액은 2017년 26억 달러에서 2018년에는 31억 달러로 늘었다. 베트남 정부는 고품질의 쌀을 수입하는 미국, 일본 등 프리미엄 시장 진출을 위해 쌀 품질 고급화에 진력하고 있다.

〈 베트남 연도별 쌀 수출액 및 수출량 〉
자료: 베트남 관세청(General Department of Vietnam Customs)

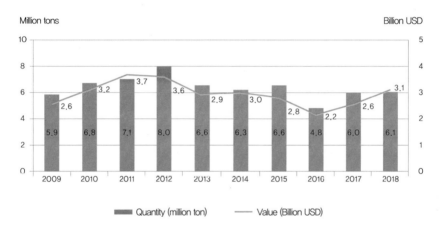

베트남 집단농장 폐지에 앞서 중국에서 먼저 이와 같은 개혁바람이 불었다. 덩샤오핑 지도하의 중국 공산당은 1978년 12월 공산당 11기 제3차 전체회의에서 '역사적인 노선전환'을 선언했다. 잘 알고 있는 '개혁개방'이다. 농업, 공업, 과학기술, 국방 등 4대 현대화와 경제발전을 추진했다. 베트남에 앞서 단계적으로 농민의 자작 영농을 허용하고, 이어서 일정한 생산량

을 정부에 납부한 후 잉여생산을 농민이 가지도록 했다. 마지막 단계에서 인민공사를 폐지하고 농민들에게 토지를 분배했다. 1978년 이전 농업 총생산량이 연평균 2.6% 성장에 그쳤으나 1978년 이후 10년 동안 농업 총생산은 매년 6.5%가량 성장했다. 베트남은 시차를 두고 중국의 성공한 정책을 따랐다. 1989년을 전후해서 서구 공산국가는 몰락했다. 이어서 구소련도 1991년 연방이 해체되면서 사라졌다. 지구상에서 공산주의 국가가 사라지는 듯했다. 아시아에서 중국과 베트남 및 북한이 남아 있다. 중국과 베트남은 공산당이 지도하는 사회주의 국가로 남아 나날이 발전하고 있다.

제2차 세계대전 이후 신생 독립국들이 연쇄적으로 공산주의 국가로 전환되는 현상을 도미노현상이라 불렀다. 이제 공산주의 국가가 몰락했거나 시장경제를 채택하면서 사실상 자본주의 국가로 전환하고 있다.

제2부

베트남 부동산시장과 투자

외국인의 부동산투자와 개발

_ 해외 부동산투자, 직접 발품을 팔아야

해외 부동산투자는 투자와 여행의 복합이다. 가지 않고, 보지 않고 투자하지 못하는 게 부동산투자다. 부동산과 부동산중개소는 투자하고자 하는 국가에 있다. 부동산 실물을 현지에 가서 확인해야 한다. 교통·학군·편의시설·의료·거주환경·미래가치 등을 현지에서 보면서 느끼고 판단해야 한다. 그리고 부동산 등기·매매·임대·수리 등 모든 절차를 현지에서 처리해야 한다. 물론 금융회사에서 조성 또는 투자·운영하는 부동산 펀드나 리츠에 투자한다면 투자 결정과 사후관리를 금융회사가 해주기도 한다. 편리하지만 정해진 수익률만 지급한다. 주택·아파트 및 토지 등 개별 거래는 금융회사가 취급하지 않는다. 스스로 공부하고, 정보를 수집하고, 발품을 팔고, 계약하고 등기해야 한다. 개인이 해외 부동산을 투자하기엔 두렵고 불편하다. 귀찮고 어렵기도 하다. 투자는 새로운 길을 찾아가는 개척이다.

해외 주식투자와 비교해 보자. 해외 주식투자는 가정에서, 사무실에서 국내 증권사가 제공하는 홈트레이딩시스템(HTS)이나 스마트폰 앱(MTS)으로 거래할 수 있다. 심지어 길을 가거나 자동차나 지하철에서도 거래할 수 있다. 신용이 든든한 금융회사들이 시스템을 제공하고, 중개하고, 관리하기 때문이다. 국내 증권사에서 미국, 중국, 캐나다, 일본, 홍콩, 베트남 등 국가의 주식거래가 가능하다는 것은 잘 아는 사실이다. 점점 거래 가능 국가가 늘어날 것이다. 투자자는 국가와 기업만 잘 선택하면 된다. 인터넷이나 앱에서 현지 거래 통화로 환전할 수 있고, 현지 통화의 원화 환전도 마찬가지다. 일부 국가 주식은 전화 주문 없이 스마트폰 앱으로 실시간 직접 거래도 가능하다. 미국 주식시장은 실시간보다 20분 늦은 거래화면을 보여준다. 일정한 요금을 지급하면 실시간 거래화면을 보면서 거래가 가능하다. 시스템의 문제가 아니라 실시간 화면 제공에 대해 '수수료'를 받기 때문이다. 이처럼 해외 주식투자는 국내 주식투자와 별반 다를 게 없게 됐다.

해외투자 여행은 해외투자를 위한 발품이고 정보수집이다. 해외 부동산 투자도 발품이 요구된다. 여기에 여행은 덤이다.

우리가 안전하다고 믿는 예금도 리스크가 따른다. 은행이 부도날 수 있기 때문이다. 은행이 부도나면 국가 금융시스템이 마비되고 국가 부도로 이어질 수 있을 만큼 위험하다. 따라서 이런 불안감을 없애고, 믿고 예금할 수 있도록 '예금자보호법'을 만들어 예금자를 보호하고 있다. 이외의 투자는 늘 위험(리스크)이 도사리고 있다. 위험도가 높으냐 낮으냐의 차이가 있을 뿐이다. 투자자를 보호하는 '투자자보호법'은 없다. 위험과 수익 모두 투자자 스스로 챙기고 감당해야 할 몫이다. 투자에서 리스크를 '헤지(Hedge, 회피)' 하느냐 또는 어느 정도의 리스크는 '테이킹(Taking, 받아들임)' 하느냐는 스스로에게 주어진 일이고 책임이다. 해외 부동산투자라면 국내보다 더 많은 리스크가 도사리고 있다. 또 더 많은 기회를 찾을 수도 있다.

_ 토지사용권은 50년, 한 차례 연장 가능… 가족·개인 거주지는 장기 사용

2013년 11월 개정된 베트남 토지법[(Land Law, No.45/2013/QH13, 2014년 7월 발효)-(참고: 구 토지법, No.13/2003/QH11)] 제2조 1항에서 토지는 전체 인민의 소유(Entire-people Owner of Land)며 정부는 전체 인민의 대표로서 토지에 대한 권리행사를 대리한다고 규정하고 있다. 베트남 토지는 전체 인민의 소유(공유)라고 하지만 실상은 국가 소유(국유)다. 개인의 소유권을 인정하지 않으며 개인과 기구(기관)는 다만 사용할 수 있는 권한만 가진다. 이를 '토지사용권(土地使用權, Land use Right)'이라 부른다. 베트남에서 토지 매매라면 토지사용권 매매를 뜻한다. 토지가 비록 전 인민의 소유지만 가족과 개인 거주지는 장기적으로 사용할 수 있으

Changing registration information

토지사용권증서 표지
자료: 베트남 토지행정부

베트남 투자 여행

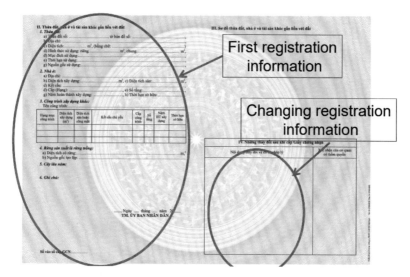

토지사용권증서 내면
자료: 베트남 토지행정부

며 거래와 임대 및 담보제공도 가능하다. 주택이 속한 토지의 소유 및 이용권을 개인에게 부여하고 있음을 뜻한다. 이런 사유화 진전도 도이모이정책을 선언하고 한참 후의 일이다.

토지법 제125조에서 토지의 장기 소유자를 좀 더 구체화하고 있다. ① 가족이나 개인이 거주하는 거주지(택지), ② 인민의 전통과 관습 및 민족 정체성 유지를 위해 정부가 권리를 부여한 공동체가 이용하는 농지(예, 소수민족이나 원주민의 집단거주지 등), ③ 원시림 보호와 특수한 이용 및 생산을 위한 숲, ④ 이외 공공시설물, 국방과 안전, 종교시설, 묘지 등이 이에 해당한다.

동법 제126조에서 토지사용권 사용 기간은 다음과 같다.

① 가족이나 개인이 직접 농업에 종사하는 경우 농지사용권은 50년이며 기간이 만료되면 사용 기간을 연장 신청할 수 있다.

② 가족이나 개인에게 농지를 임대하면 그 기간은 50년을 넘지 않아야 한다. 계속 임대를 원하면 역시 연장 신청해야 한다.

③ 농업 임업 수경재배 또는 소금생산을 위한 기구, 무역과 서비스 또는 비농업생산을 위한 기구와 가족 및 개인, 투자 프로젝트 기구, 해외거주 베트남인과 해외투자기업이 베트남에 투자하기 위해 토지를 분배받거나 임대하는 기간은 각각 50년 이내로 한다. 다만 투자자본 회수 기간이 긴 대규모 투자 프로젝트, 사회·경제적 조건이 열악한 지역 프로젝트 또는 그 지역에서 회수 기간이 긴 프로젝트에 배분·임대되는 토지는 70년을 넘지 않아야 한다. 분양·임대를 위한 주택건설용 토지사용 기간은 해당 프로젝트의 기간에 따라 결정된다. 다만 그 토지사용권 위에 지은 주택에 사는 사람은 영구적으로 토지를 사용할 수 있다. 사용 기간이 끝난 후 재연장할 경우 처음 토지사용 기간을 넘지 않아야 한다.

④ 외교적 기능을 위한 외국기구의 사무용 건축을 위한 토지임대는 99년을 넘지 않는다. 추가 연장 신청을 하면 역시 99년을 넘지 않아야 한다.

⑤ 최소 행정단위의 공공목적을 위한 농지용 임대 토지는 50년을 넘지 않아야 한다.

⑥ 공공 비영리기구의 비영리용 시설과 기타 상업용 공공시설 건축을 위한 토지사용 기간은 70년을 넘지 않는다. 기간이 만료되어 기간연장을 신청하면 같은 기간을 넘지 않아야 한다.

토지사용권을 매매 등으로 이전(법 제128조)하는 경우 토지사용 기간은 아래와 같다.

① 사용 기간이 있는 토지사용권을 매수하면 토지사용 기간은 원 토지사용 기간의 잔여기간이 된다.

② 영구적 토지사용권이 있는 토지사용권을 취득한 사람은 영구적 토지사용권을 가지게 된다. 영구적 토지사용권을 가진 가족이나 개인 주거지는 다른 사람이 매입하더라고 영구적 토지사용권을 부여한다는 의미다. 해외투자기업은 토지사용권이 있는 기업을 인수하거나 경제특별구역에서 사업목적에 따라 토지를 임대받을 수 있다. 외국인 개인은 주택에 딸린 토지사용권을 제외한 토지사용권을 취득할 수 없다.

법 제167조에서 토지이용자는 토지법에 따라 자본으로서 토지의 교환, 이전, 임대, 재임대, 상속·증여, 담보로 이용할 수 있는 권리가 있다. 토지를 기부할 수도 있다.

이로써 개인과 기업의 안정적인 경제활동을 보장하고 토지의 자유로운 이용을 보장하게 됐다.

_ 외국인(人)은 주택에 딸린 토지사용권만 취득 가능

해외거주 베트남인과 해외투자자(기업)에겐 제한적으로 토지사용권을 부여하고 있다. 하지만 외국인 개인의 베트남 토지사용권 매매는 금지하고 있다. 우리나라도 해방 이후 줄곧 외국인의 토지소유를 금지하다 노태우 정부 시절 허가제로 전환했다. 1997년 외환위기 이후 적극적인 외자 유치를 위해 신고제로 변경해 전면 개방했다. 신흥국이나 유럽 식민지배를 받았던 나라에서 외국인의 토지소유는 또 다른 영토침탈로 보는 시각이 강하게 남아 있다. 피해의식과 불안감이 도사리고 있는 것이다. 이웃 나라 필리핀은 자본주의 국가임에도 외국인은 토지와 법인 지분을 각 40% 이상을 소유하지 못하도록 헌법에서 제한하고 있다. 40%의 지분으로는 토지를 마음대로 이용하거나 처분하지 못해 사실상 소유금지나 마찬가지다. 필리핀도 외국자본의 유입을 위해 외국인의 토지소유를 허용하자는 여론이 일기도 하지만 기득권 벽을 뚫지 못하고 있다.

한편 베트남은 2014년 부동산사업법[(Law on Real Estate Business, No.66/2014/QH13)-(참고: 구 부동산사업법, No.63/2006/QH11)] 개정으로 건물 매매 시 토지사용권과 함께 매매 하도록 했다. 따라서 외국인 개인은 토지만 있는 토지사용권 취득을 금지하지만 아파트나 주택에 속하는 토지사용권은 건물의 소유권과 함께 취득할 수 있다. 아파트의 경우 개발부지의 토지사용권은 부동산개발업자에게 발급되나 아파트를 분양하는 경우 수분양자에게 토지사용권을 포함하는 아파트 소유권증서(통합된 핑크북)를 발급하도록 하고 있다. 주택과 같이 취득한 외국인의 토지사용권은 종전과 같이 취득일 기준 50년으로 제한하며 1회 연장이 허용된다. 연장 신청 시에는 1차 기간 만료 3개월 이전에 신청해야 한다.

중국은 우리와 같은 자본주의식 부동산정책을 부분 수용했다. 즉 사유재산 보호와 사회주의식 재산 공유 개념을 절충한 기발한 정책이다. 베트남은 중국의 부동산정책을 많이 수용하고 있다. 오히려 어떤 부분은 중국보다 더 과감하게 나아가고 있다. 외국인에게 소유주택 임대허용이 대표적인 사례다. 중국은 외국인 주택 소유는 허락하나 임대는 금지하고 있다.

베트남은 토지와 건물을 분리해서 관리하고 있다. 토지는 기본적으로 전 인민의 공유, 즉 국가소유다. 개인이나 기구는 단지 토지사용권(Land Use Right, The right to use Land)을 가질 수 있다. 주택을 포함한 건물은 사적 소유가 가능하다. 따라서 과거에는 주택소유권 증서인 핑크북(Pink Certificate)과 토지사용권인 레드북(Red Certificate)으로 구분했다. 2009년 8월부터 베트남 정부는 토지사용권과 토지 위 주택소유권 증서를 하나의 증서(핑크북)로 통합했다. 외국인이 아파트를 매입한다면 아파트가 속하는 토지사용권과 아파트(건물) 소유권을 동시에 취득하는 것이다.

_ 외국투자기업의 토지사용권, 임차나 합작투자를 통한 취득

토지법과 그 시행규정에 따라 베트남 정부는 토지사용 조건과 목적이 기재된 토지사용권(LUR, Land Use Right)을 발행한다. 2014년 7월 발효된 개정 토지법에서 몇 가지 중요한 변화가 있었다. 베트남 국민과 마찬가지로 외국(해외)투자기업에도 기회가 주어졌다. 외국투자기업에 토지 임대가 가능하도록 했으며 더불어 주택개발사업(거주, 리스, 판매)도 할 수 있게 했다.

해외투자기업(FIEs)은 원칙적으로 토지사용권(LUR)을 취득하지 못한다. 대신 해외투자기업은 정부 또는 다른 허가된 임대인으로부터 임차하거나, 베트남 파트너 기업이나 합작투자기업에 자본을 출자하여 토지사용권을 취득할 수 있

다. 또한 토지사용권이 있는 베트남 기업에 투자하거나 인수하는 방식도 가능하다. 원칙은 외국투자기업의 토지사용권 취득을 금지하나 사실상 여러 가지 방법으로 토지를 임차하거나 토지사용권을 취득해 사업을 할 수 있도록 했다.

정부로부터 직접 토지를 임대하는 해외투자기업은 임대기간 동안 매년 임대료를 지급하거나 임대료 전액을 일시에 지불하는 방법 중 하나를 선택할 수 있다. 매년 임대료를 지불하는 해외투자기업은 오직 토지를 사용할 권리와 그 토지에 부착된 자산을 이전할 권리만 가진다. 따라서 토지사용권을 이전, 재임대 또는 담보 등으로 활용할 수 없다.

임대료 전액을 일시에 납부 완료한 해외투자기업은 토지사용권과 토지에 부착된 자산을 이전 및 재임대(이상은 부동산개발이 허가된 경우에만), 증여, 담보 및 보증으로 제공할 수 있다.

정부가 아닌 허가받은 임대인(산업단지 개발업체 또는 기구가 여기에 해당)으로부터 토지를 임차해 개발한 해외투자기업은 산업단지 내의 임대전용 토지를 재임대할 수 있다. 즉 산업단지 부지를 임대해 개발한 해외투자기업에 신업단지를 재임대하도록 함으로써 투자자금을 회수할 수 있도록 했다.

합작투자기업의 경우 아래 조건 중 하나의 방법으로 토지사용권 가치에 대해 해외투자기업의 자본출자가 허용된다. 우선 분할 납부하고 있는 토지에 대해 토지사용료를 일시불로 납부하는 경우 또는 다른 기구로부터 토지사용권을 이전받은 토지와 임차하고 있는 토지에 대해 토지사용 기간 전체 사용료(임대료)를 일시불로 납부할 경우 해외투자기업의 자본출자를 허용한다.

해외투자기업(FIEs)의 토지사용권 임대차계약은 문서 형식으로 해야 하며 공증인 또는 산업단지 내 산업단지운영위원회의 공증을 받아야 한다.

토지사용권과 그 토지에 부착된 자산의 담보는 지역인민위원회 토지사용권 등록사무소에 등록해야 한다. 일종의 근저당 설정인 셈이다.

_ 외국인투자자에게 허용된 부동산개발·중개와 법정 최저자본금

해외투자자들이 베트남에서 부동산개발업에 투자할 경우 베트남 투자법, 기업법, 부동산사업법에서 요구하는 조건을 맞추어야 한다.

해외투자기업은 아래 열거한 방법 중 하나로 베트남 부동산개발업을 할 수 있다. ① 재임대를 위해 주택이나 건물을 임대하는 행위 ② 정부로부터 임대, 분배받은 토지에 판매, 임대, 할부판매를 위해 주택을 건설하거나 주택 이외의 건물을 짓는 행위 ③ 판매, 임대, 할부판매용 주택을 짓거나 주택 이외 건물을 짓기 위해 부동산개발 프로젝트 소유주로부터 해당 프로젝트의 전부 또는 일부를 인수하는 행위 ④ 산업단지 또는 클러스터, 수출단지, 첨단산업단지 또는 경제자유지역의 임대토지에 토지사용 목적에 따라 상업적 운영을 위한 건축 또는 주택건설 행위 등이다. 여기에서 자주 등장하는 '할부판매'란 주로 저소득층과 젊은 세대를 위해 소형 주택을 지어 판매한 후 장기 할부로 상환받는 방법이다. 필리핀 등에서 저소득층을 위해 이런 형태의 주택을 지어 분양하고 있다.

개정 부동산사업법은 부동산개발업(부동산시행업)에 종사하기 위한 법정 최소 자본금을 200억 동(한화 약 10억원, 20동/1원으로 계상) 이상으로 상향했다. 개정 전 법정 최소 자본금은 60억 동(한화 약 3억원)이었다. 소규모 회사들의 무분별한 부동산개발을 억제하겠다는 취지다.

베트남 기업법과 투자법에서 주식회사의 법정 최소 자본금을 규정하지 않고 있다. 우리나라의 경우 주식회사 설립 최소 자본금이 5천만원에서 점점 내려가 이제는 법정 최소 자본금 규정을 삭제했다.

하지만 우리나라와 같이 베트남에도 개별법에서 영업인가를 받기 위한 최소 자본금 규정을 두고 있다. 그 대표적인 예가 부동산개발업체 설립을 위한 법정 최소 자본금 요건이다. 우리나라는 상가, 주상복합건물(상가가 30% 이상)을 개발할 수 있는 부동산개발업과 공동주택 등 주택을 개발하는 주택건설업 모두 2011년 8월부터 법인의 최소 자본금을 5억 원에서 3억 원으로, 개인사업자는 영업용 자산평가액이 10억 원에서 6억 원으로 내렸다. 베트남은 부동산개발이 과열되면서 법정 최소 자본금을 대폭 인상했다.

이와 더불어 해외투자기업은 투자법, 부동산사업법 등 법률에 정한 조건을 갖추면 부동산중개서비스, 부동산 교환, 부동산 컨설팅 또는 부동산 관리운영도 할 수 있다. 미국계 CBRE그룹(Commercial Real Estate Services Group Inc.)이 이미 베트남에 진출해 부동산 중개 및 컨설팅 업무를 하고 있다. CBRE는 1906년에 설립되었으며 뉴욕증권거래소에 상장된 세계적인 부동산 컨설팅기업이다.

_ 부동산개발 프로젝트 일부도 양도 가능, 분양용 주택 최소 (바닥)면적 제한 해제

기존 부동산사업법에서 부동산개발업체는 신도시개발 프로젝트, 주택개발 프로젝트, 산업단지개발 프로젝트의 일부가 아닌 전체사업만을 양도할 수 있게 했다. 2014년 개정 부동산사업법에서 위 세 가지 프로젝트를 포함한 모든 프로젝트에서 그 프로젝트의 전부 또는 일부를 새로운 투자자에게 양도할 수 있도록 했다. 기 개발업체가 자금조달난 등으로 사업을 지속하기 어려울 경우 새로운 부동산개발업체로부터 보다 쉽게 자금을 지원받기 위해서다. 기존 프로젝트 목적을 준수하고 이해관계자를 해치지 않는 범위 내에서 프로젝트의 전부 또는 일부를 양도할 수 있도록 했다.

구 주택법(No.56/2005/QH11)에서 각 콘도미니엄(아파트)의 최소 바닥면적은 45㎡, 일렬로 늘어선 주택(Attached House)은 50㎡, 빌라의 경우 최고층은 3층으로 제한하며 건축면적은 부지면적(건폐율)의 50%를 넘지 않아야 했다.

2014년 개정 주택법(No.65/2014/QH13)에서 상업용(분양용) 주택의 표준면적은 주택개발업체가 만든 건축설계, 건축표준 및 규정, 투자 프로젝트의 승인 결정에 따른다고 정했다. 따라서 각 주택 형태별 최소 바닥면적을 부동산개발업체 스스로 결정하도록 했다. 베트남 서민의 실수요에 맞추어 더 작은 규모의 주택을 지을 수 있도록 한 것이다. 빌라의 경우도 수요에 따라 층수를 자유롭게 조정할 수도 있게 했다. 엄청난 규제 완화인 셈이다. 우리나라의 경우 도시형생활주택의 최소면적은 주거기본법에 따라 최저 주거기준 14㎡(약 4.2평)를 지켜야 한다. 주로 원룸형이 여기에 해당한다. 도시형생활주택은 1~2인 가구의 주거 안정을 위해 2009년 5월 개

정된 주택법에서 도입했다. 그 종류는 단지형 연립주택, 단지형 다세대주택, 원룸형 등 3가지다. 베트남에도 원룸형 오피스텔(스튜디오)이 등장하기 시작했다. 베트남 저소득층을 겨냥해 바닥면적이 45㎡보다 적은 콘도미니엄이 많이 등장할 것으로 보인다.

# 부동산·주택시장 전망

_ 도시 집중화… 교통, 주택, 교육, 상하수도, 전력, 생필품, 환경문제 일으켜

베트남의 도시화(Urbanization)율은 2018년 기준 35.9%다. 2014년 중국의 도시화율은 54.41%다. 우리나라 국토교통부가 발표한 '도시계획 현황통계'에서 도시지역 거주비율은 91.82%다. 10명 중 9명 이상이 도시지역에 거주하고 있다는 의미다. 도시화율 통계는 국토교통부, 통계청, OECD 등 기구마다 다르게 발표하고 있다. 도시지역 기준을 어디까지 볼 것이냐에 따라 도시화율이 다르게 나타난다. 하여간 우리나라 도시화율은 거의 도시국가 수준이다. 반면 베트남은 거주이전 제한이 풀리고 산업화가 진행되면서 도시로 인구가 몰려드는 추세다.

베트남에 대해 20~30대 인구비중이 높다거나 도시화율이 낮다고 많이 이야기한다. 그 나라의 미래를 예측하는데 가장 많이 인용되는 통계다. 경제가 성장하고 산업화가 진척되면서 20~30대 인구가 생산현장에 투입되고 또 이들이 농촌에서 공업단지가 생기는 도시로 몰려들게 된다. 우리나라가 이 과정을 거쳤고 중국이 우리나라와 베트남의 중간 과정을 거치고 있다. 사람이 한곳(도시)으로 몰리면 여러 가지 문제가 생기게 마련이다. 주택, 교육, 상하수도, 교통, 전력, 생필품, 환경 등 많은 문제를 일으키고 정부는 이를 해결하기 위해 노력하게 된다. 이 모두 의식주와 관련된 문제

고, 사람이 살아가는 문제다.

교통문제에서 도로는 넓히고 넓혀도 교통체증과 공해(미세먼지, 소음)에 시달린다. 또 구도심은 도로를 넓히는 데 한계가 있다. 하노이나 호찌민의 구도심은 다닥다닥 붙은 주택으로 인해 더더구나 엄두가 나지 않는다. 신도시와 전철(지하철) 건설로 이어진다. 하노이와 호찌민시 모두 신도시와 전철을 건설 중이다. 다음은 교통수단으로서 운송수단이 있다. 베트남 대도시는 시클로 자전거에 이어 오토바이가 대세다. 경제가 발전하면 자동차와 전철로 대체될 것이다. 중국 개혁개방 초기 대도시 출근길에는 자전거 천국이었다. 지금은 자동차와 지하철로 대체되었다. 상해시에서 택시 한번 타지 않고 지하철만 이용해도 관광이 가능하다. 그 정도로 지하철이 거미줄처럼 연결돼 있다. 하노이와 호찌민시도 전철이 거미줄처럼 되기까지 다만 시간문제일 뿐이다.

젊은이들이 도시로 몰리고 가정을 꾸리면서 주택 수요가 급격히 늘어난다. 도시 팽창과 주택공급의 불일치로 도시 슬럼화가 일어나기도 한다. 주택공급을 늘리면서 이들 젊은 주택 수요자의 매수 능력도 키워줘야 한다. 소득(급여)이 높아지고 대출도 원활하게 이루어져야 한다. 수요·공급의 불일치로 주택가격이 폭등하기도 하락하기도 하지만 장기적으로 보면 완만한 상승을 보여준다. 여기엔 화폐발행과 물가상승이 주택가격 상승에 가세하기 때문이다. 다행히 베트남 대도시 주변은 끝없이 펼쳐지는 평지(농지)가 있어 부지 공급엔 문제가 없을 것으로 보인다.

이외에도 교육 과밀, 상·하수도 부족, 전력공급 부족, 환경오염과 폐기물 처리 문제도 발생하기 마련이다. 이 모든 문제를 해소하기 위해 도시 확장·정비계획이 이루어진다. 인구의 도시집중과 도시 팽창·정비가 맞물리

베트남 투자 여행

며 일어난다. 또 이들 도시문제는 경제성장과 맞물려 앞서거니 뒷서거니 하며 추진된다. 개인투자자들이 눈여겨봐야 할 점은 돈의 흐름, 투자의 흐름이다. 교통, 교육, 전력, 상·하수도, 환경 등은 공적 자금이 투입된다. 하지만 주택에는 영리를 위한 사적 자금이 많이 몰려든다. 주택 수요와 공급 주체가 뚜렷하고 거래는 개별적인 영역이다. 개인투자자가 활동할 수 있는 영역이다.

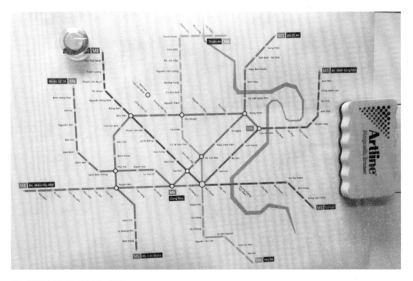

호찌민시 전철 계획 노선도
자료 : 호찌민시 한인부동산중개소

베트남 경제가 지속적으로 성장한다면 향후 20~30년 동안 도시화율이 점점 높아질 것이다. 서울 지하철 1호선은 1975년 광복절에 개통됐다. 베트남도 전철 시대에 접어들고 있다. 전철로만 봤을 때 40여년의 시차가 발생한다.

투자자라면 도시화 과정에서 발생하는 여러 요인을 자신의 투자와 연관시키는 습관이 필요하다. 미래 예측은 신의 영역이라고 하지만 베트남 도시화 과정은 우리나라나 중국의 과거 경험에 비추어 보면 예측이 가능할 수 있다.

_ 우리는 팽창에서 도심 집중화… 베트남은 도시 팽창

우리나라 베이비부머들은 이제 거의 60세 전후다. 대부분 농촌이나 지방 도시 출신이다. 지금 서울 거주자들 중에서 과거 서울 토박이를 찾아보기가 힘들다. 60년대까지 서울시 인구는 100만 내외였다. 서울시 영역도 지금과 비교할 수 없을 정도로 좁았다. 소위 사대문 안과 남산 주변만이라 해도 과언이 아니다. 서울시가 남으로 계속 넓어지다 분당, 일산, 평촌, 광명, 하남시 등 아예 신도시를 만들었다. 도시는 팽창했다. 길이 뚫리면 주변 땅값이 오르고, 전철역이라도 들어서면 주변에 아파트가 빼곡히 들어섰다. 그렇게 확장만 되던 도시가 2000년대 중반을 넘어서면서 도심 팽창이 멈추었다. 분당, 판교를 제외한 신도시 아파트값은 정체에 가깝다.

우선 건축기술이 발달했다. 5~10층(반포주공 등)이던 아파트가 15~20층으로 높아졌다. 내진설계 등 건축기술 진보의 영향이다. 2000년대에 들어서면서 40층 내외의 주상복합건물 신축과 도심 재건축·재개발로 출퇴근 거리가 가까운 도심으로 사람이 몰리기 시작했다. 농촌, 도시 변두리에 빈집이 생기지만 도심 거주 인구는 점차 늘어났다. 다음은 인구의 정체 현상이다. 결혼 연령이 늦어지고 한 자녀 가정이 늘면서 출산율이 낮아지고 있다. 2018년 출생자 수는 30만 명 언저리다. 2019년에는 출생자 수와 사망자 수가 비슷해질 것이다. 앞으로 인구 감소가 예상되는 대목이다. 도시 확장보다 도심 집중화의 또 한 요인이다. 분가한 세대수는 늘어났지만 세대 가족 수는 점차 줄어들었다. 도심형 소형 주택(원룸 등)이 늘어나는 배경이다.

베트남 대도시 어디를 가든 하늘 높이 타워크레인이 즐비하다. 고층아파트와 오피스빌딩을 짓는 모습이다. 구도심 재개발은 비용이 많이 든다. 도시 외곽에는 평야 지대가 많다. 도시는 외곽으로 뻗어나갈 수밖에 없다. 언제쯤 도시 팽창이 그칠지는 알 수 없다. 다만 대도시 인구가 1천만 명을 넘어서면 팽창이 정체되지 않을까 싶다. 이때까진 주택공급과 주택수요가 엄청 늘어나게 되는 이유이다.

베이비부머 대부분은 젊은 시절 각자 집안 사정에 따라 고향과 농촌을 떠났다. 초등학교를 졸업하고 도시의 점원 배달원으로 떠나고, 중학교를 졸업하고 또 떠났다. 고등학교에 다니기 위해 도시로 떠나거나 농촌 고등학교를 졸업하고 공업단지가 생기는 도시로 떠났다. 형제들은 최소 5남매 이상이었다. 물려받을 재산도 없거니와 물려받았다 한들 농촌의 전답과 주택이 얼마나 큰 보탬이 되었을까 싶다. 그러나 40여 년이 지난 지금 도시의 아파트 한 채 정도는 보유하게 됐다. 경제가 발전하면서, 열심히 저축해서, 그리고 화폐 가치가 하락하고 물가가 상승하면서 부동산가격도 올라 각자 재산을 어느 정도 축적했다.

2018년 한국은행과 통계청이 발표한 2017년도 국민 대차대조표에서 가구당(2.48명 기준) 순자산은 3억8867만원이다. 2016년 3억6779만원에 비해 5.7% 증가했다. 2014년 순자산은 2억7370만원이다. 매년 증가하고 있다. 순자산 증가에는 부동산가격 상승 영향이 클 것이다. 순자산 구성은 금융자산이 27%, 부동산 등 실물자산이 73%이다. 우리 스스로 부동산 소유욕이 지나치다고 비난하지만 일부 투기를 제외하고 비난할 이유가 없다. 이들 세대 대부분은 집이 없어 방 한 칸, 연탄아궁이 하나인 닭장 같은 월세방, 지하 셋방, 월세, 전세를 전전하다 겨우 마련한 집이다. 무에서 유를 창조했다. 결혼생활 중 가장 행복했던 순간을 꼽으라면 집을 마련해서 아이들과 함께 입주하던 때라고 추억 한다.

가정을 꾸리고 가족이 함께 편안하게 산다는 게 가장 바라는 행복일 것이다. 가족의 보금자리인 주택을 구입하고 싶어 하는 건 누구나 마찬가지다. 과거 유럽의 식민제국주의 시절 침략·약탈·노예경제는 비난받아 마땅한 폭력적 소유욕이다. 하지만 소박한 인간의 소유욕은 존중받아야 한다. 그래야 경제 활력이 생긴다. 인간에게 소유욕이 없다면 문명도, 문화도, 기술진보도 없었을 것이다. 사회주의는 개인의 소유욕을 박탈했다. 경제도 망가지고 공산주의 국가라는 나라도 망했다. 구소련이 그렇고 동유럽의 공산국가도 사라졌다. 침략을 받아서가 아니라 공산주의 국가 내부 반발로 망했다.

베트남도 20~30년 후 민간자본(기업)이 튼튼하게 형성되고 개인도 자산을 축적하게 될 것이다. 베트남 20~30대 젊은이도 과거 우리 베이비부머와 같이 무(無)에서 출발하고 있다. 그들이 언젠가는 많고 적음에 차이는 있겠으나 재산을 모으게 된다. 그게 금이든, 화폐든, 부동산이든 각자 취향에 따라 저장하게 된다. 선진국에서는 주식, 채권, 펀드, 리츠 등으로 분산되기도 하지만. 베트남은 전쟁과 극심한 궁핍을 오래 겪으면서 화폐 대신 금을 선호했다. 하지만 2012년경부터 지불수단으로서의 금 거래를 금지했다. 무주택자는 자금이 모이면 대부분 주택 구매 자금으로 전환될 것이다. 일부는 자동차 등을 사기도 하지만 일부일 뿐이다. 주택은 행복을 주는 가족의 보금자리인 동시에 재산을 보존하고 늘리기도 하는 일석삼조가 있다. 이런 매력이 가끔은 주택 가수요와 버블을 일으키기도 한다. 이를 두고 '탐욕, 투기'라 부르기도 하고 '경제 활력의 바탕'이라 부르기도 한다. 베트남도 예외가 아니다.

_ 2008년 금융위기로 베트남도 부동산경기 침체, 2016년부터 활기

2008년 미국발 세계 금융위기 이후 IMF의 특별인출권(SDR)에 편입된 화폐를 가진 나라(미국, 영국, 유럽, 일본 등)는 '양적완화'라는 신조어를 만들어 무제한 화폐를 발행했다. 게다가 기준금리도 제로 금리에 가깝게 인하해 세계적 불경기에도 주택과 상업빌딩 등 부동산가격이 상승하였다. 일반적으로 경기가 침체하면 부동산시장도 냉각되기 마련이다. 하지만 선진국들이 경기침체 속에서 통화량을 늘림에 따라 유통되는 대량의 자금이 제조업이 아닌 금융·부동산시장으로 흘러드는 현상이 발생했다. 세계적으로 통용되는 강력한 화폐를 가진 선진국들은 화폐발행으로 위기를 극복했다. 그러나 개발도상국들은 그런 '강력한 화폐'가 없다. 베트남 통화(동화)는 국제적 유동성이 없다. 따라서 동화를 과다 발행하면 환율인상과 물가상승으로만 이어지고 경기부양 효과는 별로 없다. 자국 내에서만 동화가 돌아다니고 다른 나라에서 유통되지 못하기 때문이다. 이 시기 베트남 부동산시장은 장기

침체기를 겪었다. 건설경기를 상징하는 타워크레인이 사라졌다. 이 당시 베트남에 진출했던 일부 저축은행이 부도났다. 조기 진출 실패 사례다.

그렇게 장기 침체를 겪다 2015년 7월부터 주택시장을 선두로 과감하게 국내시장을 개방했다. 주택시장, 부동산시장, 건설시장에 외국자금이 몰리고 있다.

어느 나라건 건설·부동산 경기 호황은 경제성장과 고용창출이 일어남과 동시에 부동산가격 급등이라는 부작용이 늘 뒤따른다. 베트남도 마찬가지다. 대도시와 개발예정지의 토지시장이 과열되고 있다고 비판하고 있다. 자고 나면 토지가격이 오르고 있다는 식이다. 2017년 호찌민시의 한 부동산 개발사가 토지 매입 후 아파트를 선분양했다. 하지만 추가자금 조달이 곤란해 아파트 신축도 못하고 다른 부동산개발사에 해당 부지를 매각했다. 과거 우리나라의 경우 개발사 부도로 수분양자의 계약금이 수년간 묶이거나 떼이는 사례가 많았다. 하지만 이 부지를 매각한 부동산개발사는 토지 매각 대금으로 수분양자에게 계약금의 두 배를 현금으로 보상했다. 이 사례는 그만큼 대도시 토지가격이 상승하고 있다는 증거다. 하노이시와 호찌민시 등 대도시에는 연일 아파트 및 일반수택 분양 광고가 나오고 도시 상공에는 고층아파트를 올리는 타워크레인이 즐비하다.

부동산 과열신호가 오면 조세 강화(취득세, 등록세, 양도세 등), 금융긴축(담보대출 비율 축소, 소득증명 강화 등)이라는 정책수단을 사용한다. 더불어 외국인의 베트남 주택시장 투자도 제한(또는 금지)될 수 있음을 염두에 두어야 한다. 중국도 부동산 거품이 커지자 중국 내 1년 이상 거주한 외국인에 한해 주택 한 채만 매입을 허용했다. 중국 내 2·3급 이하 도시의 부동산시장이 침체하자 1년 이상 거주요건을 없애고 외국인 누구나 매입할 수 있게 했다. 중국은 부동산시장 과열과 냉각 사이에서 시기적, 지역적으로 외국인의 투자를 제한하거나 풀기를 반복하고 있다. 베트남도 이 과정을 반복하지 않을까 추측해 본다.

_ 베트남 부동산시장 방향성… 보금자리 수요와 인플레 헤지 수단

2015년 7월 개정 발효된 주택법, 투자법 등으로 부동산시장을 포함해 외국인투자가 확대됐다. 2016년부터 부동산 거래량이 급증했다.

경제성장기의 부동산시장은 미분양(공급초과, 수요부족)과 분양과열(공급부족, 가수요)로 오르내림을 반복하면서 장기적으로 상승한다. 장기적 관점에서 기다리는 인내심이 필요하다. 대도시인 하노이와 호찌민(구 사이공)에는 도심 재개발과 도시 확대로 신규아파트가 우후죽순 들어서고 있다. 베트남 언론은 부동산시장의 버블을 우려하기도 한다. 하지만 우리 과거처럼 청약 경쟁률이 몇십대 일이 될 정도로 치열하지는 않다. 아직은 베트남 시민 개개인의 자산이 미흡하기 때문으로 여겨진다. 베트남은 경제성장률만큼 최저임금이 상승하고 있다. 소득이 높아지고 유동자산(예금 등)이 모이면 주택을 우선 구매하게 될 것이다. 의식주 중 거주의 안정과 자산의 축적이 겹치는 부분이 주택이다. 먹는 것과 입는 것은 살기 위해 소비하는 것이다.

중국 부동산시장도 대도시에서 일부 미분양이 있는 상태에서 아파트 분양가격은 계속 올라갔다. 중국 북경, 상해, 선전 등 대도시 고급주택단지 가격은 서울의 주택가격을 웃돌 정도다. 베트남은 아직 도시화율이 상대적으

로 낮다. 그리고 1978년 중국과의 전쟁을 끝으로 전후 세대 젊은 층 비율이 높다. 젊은 층이 많다는 것은 생산성 증대와 동시에 구매력을 높인다.

인근 기존 아파트 거래가 대비 분양가가 다소 높더라도, 미분양이 일부 있더라도, 베트남 경제가 성장하고 도시로 사람이 몰린다면 주택 수요는 계속 이어질 것이다. 서울에서 인기 높은 지역도 분양 당시에는 미분양이 수두룩했다. 부동산시장은 적어도 5년 이상의 장기적 안목에서 바라보아야 한다.

우리나라도 경제성장기에 급격한 도시화로 대도시 주택이 물가상승 이상의 가격상승을 가져왔다. 중국 대도시 부동산가격도 물가와 환율상승 이상으로 상승했다. 인플레이션 속에서 개인의 자산 가치를 보존하는 상품은 금융자산(예금, 채권)이 아닌 실물자산이다. 실물자산은 부동산, 금, 원자재, 주식 등이다. 누군가 부동산을 '시멘트로 된 금'이라 불렀다.

_ 베트남 주택시장을 보는 긍정과 부정

베트남 주택시장을 바라보는 시각은 각기 다르다. 장밋빛 전망을 하기도 하고 다소 부정적 전망을 하기도 한다. 장밋빛 전망을 하는 사람들은 호찌민시와 하노이시 등 대도시 주택(아파트 포함)시장을 상당히 낙관적으로 보고 있다. 앞으로 몇 년이 지나면 몇 배 가격상승이 예상된다는 주장이다. 상당히 매력적이고 유혹적인 전망이다. 실제 하노이, 호찌민시 등 대도시 아파트 분양가격은 2016년 이후 급등했다. 부정적으로 전망하는 사람은 지금껏 대도시에서 아파트를 직접 거래하고 중개도 했지만 분양받을 때나 입주 후 매도를 해도 가격에 큰 차이가 없다는 경험을 이야기하고 있다. 다만 토지는 사 두면 오르는 것을 확인할 수 있다고 말한다. 하지만 외국인은 주택이 딸린 토지 이외의 토지를 매입할 수 없다. 베트남은 중국과 다르므로 너무 큰 기대를 하지 않는 게 좋겠다는 의견도 덧붙인다. 중국과 많이 비교를 하지만, 베트남은 아파트 보다 베트남식 단독주택을 선호해 중국과 주거문화가 다르고, 또한 담보대출이 까다로워 아파트 분양이나 거래가 활기를 띠지 않는다고 덧붙였다. 특히 외국인은 담보대출이 현실적으로 거의 불가능하다. 우리처럼 수십 대 일의 분양 경쟁률이나 중국의 대도시처럼 분양받아 놓으면 가격이 저절로 오르는 현상이 없다고 주장한다. 실제 호찌민시에서 아파트를 분양받았지만 입주 후 팔려고 내놓아도 분양가 수준에서 거래되므로 대출을 받았다면 그동안 지출한 대출이자 충당에도 미치지 못했다고 전한다. 이는 과거와 현재의 경험에 바탕을 둔 이야기다.

긍정적 시각은 거시 경제적으로 베트남 경제가 견고하게 성장하므로 부동산가격도 매년 상승하리라는 낙관적 견해다. 그리고 과거 한국과 중국의 성장 경험에 바탕을 둔 견해이기도 하다. 미래를 보는 시각과 과거와 현재의 경험에서 오는 시각 차이이지만 모두 설득력이 있다. 이런 논쟁은 계속 이어질 것이고 판단과 결정은 각자의 몫이다.

_ 호찌민시 토지가격 상승 경고… 과열과 침체는 반복

베트남 한 언론에서 호찌민시 부동산 전문가의 말을 빌려 "부동산개발사들이 매입한 토지를 개발하지 않고 가격이 오르도록 보유하고 있다"고 문제를 제기했다.

그 전문가는 "토지가격은 현재 가격을 유지할 수 없을 정도로 오르고 있다. 토지가격 상승으로 주택 매입을 더욱 어렵게 만들고 있다"고 주장했다. 게다가 "주택 수요자도 넓은 택지를 매입해 조그마한 주택을 짓고 있다"며 "주택 면적 대비 과다한 택지 분양이 토지가격 상승을 더욱 부추긴다"고 강조했다. 베트남은 아파트에 대한 수요가 일어나고 있지만 전통적으로 여전히 개인 주택을 많이 선호한다. 따라서 부동산개발업체는 땅을 매입해 일부는 택지를 조성해 매도하고 일부는 아파트를 지어 분양하기도 한다. 이때 개발업체와 택지 수요자들이 필요 이상의 많은 택지를 확보하고 있다고 꼬집고 있는 것이다.

호찌민시 부동산협회도 부동산개발업체가 분양하는 택지를 매수하는 사람이 점점 늘어나고 있으며 많은 지역에서 토지가격이 오르고 있다고 지적했다.

부동산협회는 또 부동산시장의 과장 광고에 의한 위험과 부정적인 영향에 대해서도 경고하고 있다. 이에 따라 "소비자 보호를 위해 부동산 버블을 방지하고 시장을 안정시키려는 조치를 취해야 한다"고 주장했다. 또한 "정책 당국은 주택의 수요공급 균형을 유지하기 위해 계획된 주택건설을 제때 착공하도록 부동산개발사를 지원하는 방안을 만들어야 한다"고 덧붙였다.

이와 더불어 부동산협회는 "호찌민시 당국자는 토지 투기를 방지하기 위해 빈짠(Binh Chanh), 혹몬(Hoc Mon) 군 같은 다른 군으로 부동산개발을 확장할 계획이 없다는 것을 밝혀야 한다"고 말하며 "승인된 부동산프로젝트는 빨리 수행하도록 하고 그 정보를 공개해야 한다"고 강조했다. 호찌

베트남 투자 여행

민시 외곽에서 토지 투기붐이 일고 있으며 토지를 가지고 있는 개발업체는 토지 분양가격이 오르기를 기다리고 있다는 것을 알 수 있다. 80년대 도시가 확장되면서 변두리 연탄공장, 버스 정류장 등이 더 먼 외곽으로 밀려나며 부동산 붐이 일어나던 시절의 기억을 불러일으킨다.

　주택시장 개방 후 채 몇 년이 지나지 않았지만 토지가격 상승과 부동산 버블이 생기고 있음을 알 수 있다. 베트남은 2008년 미국발 금융위기 이후 8년 가까이 부동산경기가 침체됐다. 이제 외국인의 주택소유까지 허용하면서 불붙기 시작한 부동산경기를 섣불리 냉각시키기에는 조심스러울 수밖에 없을 것이다. 하지만 부동산개발업체의 과대광고를 억제하고 이들이 보유한 토지를 빨리 개발·분양하도록 요구하는 것은 시의적절한 주장으로 보인다. 앞으로도 부동산시장이 과열이다, 침체다, 부양해야 한다, 억제해야 한다는 등 주장이 되풀이될 것이다.

호찌민시 1군에서 바라본 2군 전경

호찌민시에서 가장 핫한 지역이다.
성급한 사람들은 이곳을 호찌민시의 상해 푸동지구라 부르기도 한다.

분양, 매매, 임대

_ 콘도미니엄(아파트)·주택에 한해 외국인 매매·임대·증여·상속 허용

베트남 개정 주택법과 부동산사업법(Law on Real Estate Business)이 2015년 7월 1일부터 발효됐다. 토지법은 이보다 한 해 전에 개정됐다. 외국인(법인포함)에 대한 부동산시장 문호 개방이 주요 핵심이다. 법 개정으로 베트남을 선호하던 외국인에게 좋은 기회가 됐다. 앞서 토지는 외국투자기업에 제한적(공장용지 등)으로 임대나 분배를 허용하고 있다고 설명했다. 주택법 개정으로 외국인(기업 포함)에게 주택(아파트 포함)을 개방했다. 법 개정 전까지는 직접 투자하는 외국인, 석사학위 이상의 외국인, 12개월 이상 거주할 수 있는 (거류)비자 등이 있는 외국인에 한해 본인 거주목적의 아파트 1채만(주택 제외) 매입하노록 허용했다. 당연히 임대도 허용되지 않았다. 개정 주택법에서 베트남에 투자하는 외국법인, 외국인 개인, 베트남에 소재하는 외국기업의 지사 및 대표사무소 그리고 투자펀드 및 외국계 은행에게 콘도미니엄(아파트) 분양 세대수의 최대 30%까지 분양과 상속 및 임대를 할 수 있도록 허용했다. 개인 주택은 한 행정단위에서 최대 250세대를 매입할 수 있도록 했다.

주택법 개정 이후 구체적인 시행을 담은 시행령은 2015년 12월 10일 발표했다. 외국인이라면 누구나 여권에 베트남 출입국관리사무소 입국 도장이 찍혀 있으면 주택을 매입할 수 있도록 개방했다. 게다가 주택 매입은 물론 매입한 주택의 임대, 양도(매매), 상속도 할 수 있도록 했다.

구 주택법은 베트남 거주 외국인에 한해 최대 50년 이내에서 거주용 아파트 1채를 구입할 수 있도록 했다. 임대나 사무실 또는 다른 목적으로 사용할 수 없으며 오직 거주용으로만 구입하도록 했다. 개정 주택법에서 외국인은 아파트와 한쪽 벽면이 옆집과 붙어 있는 주택(Semi-diteched House)을 포함한 개인 주택을 50년 기한으로 매입, 임대, 증여·상속할 수 있도록 했다. 50년이 경과하면 추가로 50년을 넘지 않는 범위 내에서 소유권 연장을 신청할 수 있다. 따라서 소유 기간 만료 3개월 이전에 연장을 신청하면 추가로 50년 연장이 가능하다.

외국인 또는 외국법인은 소유 기간 만료 전에 제삼자에게 팔거나 연장을 신청해야 한다. 소유 기간이 경과하면 소유권이 베트남 정부에 귀속될 수 있기 때문이다. 따라서 소유 기간을 염두에 두고 기간 만료 전에 매매하거나 연장 신청하도록 신경을 써야 한다.

외국인이 취득한 주택을 외국인에게 매도할 경우 50년 중 남은 기간만 이전된다. 하지만 베트남인에게 매도할 경우 매수한 베트남인은 영구적 소유권을 가진다. 또한 외국인이 베트남인과 결혼한다면 기한의 정함이 없는 주택과 아파트를 구입·소유할 수 있다.

외국인 1인이 매입할 수 있는 주택 수를 제한하지 않은 점도 특징이다. 해외자금(외화)이 많이 들어오도록 유도하기 위한 것으로 분석된다. 중국의 경우 외국인에 대해 오직 거주용 주택 1채를 매입할 수 있도록 하고 있으며 임대를 할 수 없도록 했다. 부동산에 대한 외국인의 접근이 중국보다 큰 폭으로 개방됐음을 알 수 있다.

개정 부동산사업법에서 외국기업과 외국인은 주사무소, 사무실 또는 생산·비즈니스·용역 등 사업목적에 사용하기 위해 공장 등 시설물(Constructed Facility)을 구입할 수 있도록 했다. 또한 해외투자기업(산업단지 개발업체 등)은 시설물을 임대해 재임대할 수 있다.

해외투자기업은 투자허가 기한을 넘지 않는 범위 내에서 주택을 소유할 수 있다. 투자허가서상 투자 기간이 갱신되면 그 기간만큼 연장할 수 있다. 외국인은 소유 주택 임대가 가능하지만 해외투자기업은 주택을 매입해 근로자의 숙소로 사용할 수 있으나 임대하거나 상업적 목적의 사무실로 이용할 수 없다. 이미 임대 중인 주택을 매수할 경우 기존 임대 기간 동안 임차인의 권리를 보장해야 한다.

베트남은 베트남인의 주택 소유권 기한을 없애 사실상 사유화했다. 반면 중국은 내외국인 모두 소유권 기한을 정하고 있다. 하지만 주택 소유권 기한이 만료되었다고 해서 과거 토지 몰수과 같은 피 흘림 없이 개인재산을 다시 국유화하기 힘들 것으로 보인다.

외국인에 대한 주택시장 개방은 외국자본(달러)이 들어와 베트남 부동산경기를 활성화 시키고자 하는 의도이다. 베트남 정부는 외화 유입을 바라고, 외국인은 베트남 주택에 투자할 수 있는, 서로가 바라는 윈-윈이다. 향후 부동산시장이 과열되면 중국처럼 다시 외국인의 매입을 제한하거나 금지할 수 있다.

외국인이 주택이나 아파트를 무작정 매입하게 하진 않는다. 아파트 한 동(또는 한 단지)의 경우 30% 이내에서 외국인 소유가 허용되며, 주택의 경우 한 행정구역 단위당 외국인 소유주택이 250세대를 초과할 수 없도록 했다. 단독

주택을 분양할 경우 외국인에게 10% 이하만 허용된다. 그리고 한 행정단위에서 몇 개 단독주택 프로젝트가 2,500세대를 초과할 경우 외국인 분양은 250세대를 초과할 수 없다. 또 소형 서민 아파트는 베트남인에게만 분양한다.

이 제한을 초과한 매매는 무효가 될 수 있다. 신규 분양아파트의 경우 분양회사에서 허가받은 외국인 매입 한도 범위 내에서 분양을 하기 때문에 크게 우려하지 않아도 된다. 하지만 기존 아파트나 주택을 매입할 경우 계약하기 전에 관할 지방 행정기관에 가서 외국인 매입 가능 여부를 확인해야 한다. 하지만 행정기관에서 확인하더라도 행정 전산화가 아직 미흡해 외국인 매입 한도 확인을 바로 확인해 주지 못하는 경우가 있다. 게다가 매입계약 후 소유권 증서인 핑크북이 나오기까지 오랜 시일(1년 이상 기다리는 경우도 있음)이 걸릴 수 있으므로 이 점도 유의해야 한다. 따라서 베트남에 오래 거주하면서 그 지역 주택 사정에 밝지 않다면 기존 주택이나 아파트 매매에 섣불리 접근하지 않는 게 투자자금을 보호하는 길이다. 베트남 행정체계가 정비되고 전산화된다면 모를까.

또 하나 주의를 기울여야 할 부분은 상업주택지역(아파트나 주택을 지어 분양할 수 있는 지역)이 아닌 일반 주거단지 내 아파트, 군사지역 등 특수지역, 시골 단독주택 등은 외국인 매입 허가가 나지 않을 수 있다. 외국인으로서 매매계약 시점에 이 점을 알기 어렵다. 등기 신청 시 행정관청에서 판단하기 때문이다. 특히 군 시설 등 안보지역이 주택 인근에 있다면 주의를 기울여야 한다. 베트남은 아직 안보·보안에 매우 예민하다는 점을 기억해 두어야 한다. 따라서 주위 사람의 말만 믿고 매매계약을 체결하면 낭패를 볼 수 있다. 외국인 등기(핑크북)가 가능하다는 확신이 없으면 거래하지 않는 게 맘 편하다.

투자 위험을 피하기 위해선 관심만으로 부족하다. 경험자의 디테일한 정보도 필요하다. 참고로 이 책에서 표현하는 주택에는 콘도미니엄(아파트)과 일반주택 등을 포괄하며, 때에 따라 혼용해 쓰기도 한다.

_ 외국인 주택 매입 허용은 긍정평가, 행정 처리는 아직 미숙

베트남에서 외국인 주택투자 허용에 따른 긍정적인 반응과 시일을 끄는 부동산 등기·행정절차에 관한 문제점을 지적하고 있다.

외국인의 주택 매입을 허용한 2015년 주택법 개정 이후 호찌민시 주택시장에서 외국인이 수천 건을 매입했으며 많은 아파트개발단지에서 외국인 판매 한도 30%까지 분양이 이뤄졌다. 호찌민 2군 인기지역 분양단지에서는 분양을 시작하자마자 삽시간에 외국인 분양 한도에 도달했다. 외국인 고객은 주로 한국, 중국, 대만, 홍콩 및 싱가포르인이다. 외국인의 아파트 매입 한도 30%는 사회 경제적 부작용을 최소화하기 위한 수준이라고 평가하고 있다. 많은 외국인들은 호찌민, 하노이, 다낭시 같은 대도시 부동산에 관심을 가지고 있다. 하지만 아직 외국인에게 발급된 핑그북 발급은 매우 적은 편이다. 이는 외국인이 신규 분양아파트에 몰리고 있으며 아파트 분양에서 핑크북 발급까지 3년 이상의 시차가 발생하기 때문이라는 지적이다.

외국인은 베트남의 소유권 이전 절차를 잘 알지 못한다. 또한 지방 행정부서는 외국인에게 친절하지 못하고 언어소통에도 문제가 있다고 지적하고 있다. 아직은 행정 전산화가 되지 않았고 또한 공무원의 업무 숙련도 부족으로 소유권 이전절차가 복잡하고 느리다고 꼬집었다. 적절한 진단이라고 보여진다. 외국인 스스로 매입계약에서 소유권 이전까지 마무리해야 하는 기존주택보다 분양회사(부동산개발업체)가 소유권 이전(핑크북)까지 처리해 주는 신규아파트 분양이 편리하고 안전하다는 것을 알아둘 필요가 있다.

_ 소유권(사용권) 50년 한도에 대해

  사회주의 국가(중국, 베트남)의 모든 토지는 국가소유다. 따라서 내·외국인을 막론하고 토지는 국가로부터 장기임대 형식을 빌려서 이용하고 있다. 이를 토지사용권(Land Use Right) 또는 임차권(Leasehold)으로 혼용해서 사용하고 있다. 개혁개방 이전의 중국이나 베트남은 정부가 토지이용자에게 토지를 반납하라면 할 수밖에 없었다. 즉 토지이용자가 장기·안정적으로 이용하거나 매매, 권리설정 등을 할 수 없었다. 개혁개방 이후 토지이용자에게 일정 기간 자유롭게 이용·매매·담보설정 등을 할 수 있도록 보장하고 있다. 특히 거주주택에 딸린 토지는 베트남 내국인에게 영구 사용하도록 허용했다. 헌법에 모든 토지는 전 인민의 공유(국유)라고 하지만 사실상 하위법에서 토지의 사적 소유와 활용을 허용하고 있는 셈이다. 정보가 부족한 개인투자자들은 아직도 사회주의 국가 토지 소유권과 활용(담보, 매매, 임대 등)에 대해 의문과 의구심을 가지고 있다. 대화를 나누다 보면 부정적인 의견이 많다. '소유권을 보장받지 못한다', '갑자기 토지를 몰수한다'라는 의심을 가진다. 과거 사회주의 국가의 부정적인 면만을 보는 시각에서 벗어나 새로운 투자 관점에서 바라보아야 할 것으로 보인다.

기한이 없는 항구적인 소유권만이 안전한 것으로 여기고 기한의 정함이 있는 '소유권 또는 토지사용권'에 대해 부정적인 시각을 가지고 있다. 영원히 또는 자손에게까지 안전하게 물려줄 수 있어야 하는 소유권만이 안전하다고 믿고 있는 셈이다. 곰곰이 생각해 보면 우리가 소유하고 있는 주택이나 아파트도 30년 이상 보유하는 경우가 드물다. 대개 그 이전에 매매하거나 양도한다. 따라서 이들 나라(베트남, 중국) 주택을 매입하더라고 50년 또는 한 차례 연장해 100년까지 소유할 사람이 몇 명이나 될까 싶다. 대개는 50년 이내 길어도 100년 이내에 처분하게 된다. 정해진 기한 이내에 양도, 상속, 매매 등 권리행사가 가능하다. 그리고 베트남은 이미 WTO에 가입했으며 WTO와의 이행각서에 따라 단계적으로 세계적 수준으로 베트남 시장을 개방하고 있다. 따라서 기존 투자자에게 부여된 권리를 함부로 침해하지 못할 것이다. 베트남이 고립과 독자 생존을 고집하지 않는 이상.

2000년대 초 상하이 푸동지구 개발 당시 이 지역은 강과 바다에 인접한 평범한 벌판이었다. 이들 아파트나 상가, 공장의 토지도 역시 중국 정부로부터 50년 또는 70년 출양(임대)받은 토지다. 지금 중국 선전과 상하이 푸동지구 아파트 가격은 홍콩과 같이 세계적인 수준이다. 국가가 언제든지 몰수할 수 있다는 불안한 생각이라면 아파트 가격이 이렇게 높게 형성될 수 없으며 거래될 수 없을 것이다.

베트남 투자 여행

해외 주식은 비교적 안전하게 거래할 수 있다. 중개회사가 신뢰할 수 있는 증권회사이기 때문이다. 국내 부동산시장에서 중개인을 통한 거래도 비교적 안전하다. 부동산거래에 대한 상거래 관습과 법적 제도가 어느 정도 정비되어 있다. 해외 부동산거래는 현지 중개회사(인) 또는 다국적 중개회사를 통해서 거래한다. 나라에 따라 부동산거래의 불확실성이 늘 있게 마련이다. 현지 국가의 토지 지적도 등 전산화 미비, 소유권 및 권리설정 불분명, 소유권(등기권리증) 취득에 대한 불안감, 중개인의 신뢰성, 소유권 이전 과정의 불안정 등 위험요소가 여기저기 도사리고 있다. 심지어 말과 글의 소통장애까지 극복해야 한다. 이런 위험요소가 해외 부동산투자를 두려워하고 꺼리는 이유가 된다.

우선은 중개인에 대한 신뢰다. 현지에서 오래 거주한다면 믿을 만한 중개인을 찾아 거래할 수 있다. 그러나 현지 체류 기간이 짧거나 현지에 살지 않으면서 부동산을 거래할 경우 믿을 만한 중개인을 찾기가 쉽지 않다. 게다가 언어가 통하지 않으면 더욱 곤란하다. 어쩔 수 없이 현지에서 생활하는 교민에게 의존할 수밖에 없다. 현지에서 부동산중개업에 종사하는 교민이나 다국적 중개회사를 찾을 수 있다. 접촉을 원한다면 인터넷 홈페이지나 블로그 및 카페, 카카오톡, 이메일로 정보를 교환할 수 있다. 교민이나 다국적 중개회사는 그 나라 법과 제도, 상거래 관습을 잘 알면서 경험이 많아야 한다. 만나기 전 주위의 평판과 인허가 여부 등 인터넷을 통해 특징을 확인할 수 있으면 좋을 것이다. 사람들은 살아가면서 이력과 주위 평판을 남기기 때문이다. 현지 사정이나 제도를 잘 모르면서 중개를 한다면 중개인이나 매수자나 서로 낭패를 당할 수밖에 없다.

분양 주택이나 아파트가 아닌 기존 주택이나 아파트를 거래할 경우 가격의 적정성은 물론 부부재산 공유제도에 따른 적법한 매도인 신분확인(부부 공동재산 또는 단독재산, 미혼·이혼 여부 확인 등), 핑크북 진위 확인을 위한 관공서 등기 열람, 이전등기 신청, 핑크북 취득까지 오랜 기간 중개인에게 전적으로 의존할 수밖에 없다. 특히 외국인 소유가 불가능한 주택(예, 저소득층을 위한 사회적 주택이나 공무원 등 특수계층 분양아파트, 군사보호구역 내 주택 등) 여부, 행정구역별 외국인 소유 상한 여부 확인 등에서 어려움을 겪을 수 있다. 전산화 미비 또는 자본주의식 부동산 거래 절차에 미숙한 사회주의적 사고방식과 업무에 젖은 공무원의 업무 처리 지연 등 소유권이전등기(핑크북 취득)까지 오랜 기간 불안하게 지내야 한다.

하지만 신규분양 아파트라면 비교적 안전하게 거래할 수 있다고 앞서 몇 차례 설명했다. 또한 부동산개발회사(시행사)는 아파트나 주택 분양 시 몇 개의 분양대행사를 지정한다. 이들 분양대행사는 수분양자에게 분양수수료를 받지 않고 부동산개발회사로부터 받는다. 분양계약이 성사되면 분양계약시에 분양대행사 상호를 기재한다. 그 기록에 따라 시행사는 분양대행사에 수수료를 지급한다. 따라서 분양대행사를 통해 분양절차를 안전하게 안내받을 수 있다.

베트남에선 당연히 베트남어로 부동산 거래가 이루어진다. 언어를 이해하지 못하면 부동산거래는 어렵다. 기존 주택의 경우 베트남어로 대화하고 계약이 이루어질 수밖에 없다. 베트남 성인들은 어린 시절 제1외국어로 러시아어를 배웠다. 따라서 영어를 잘 모른다. 그러나 외국인을 상대로 분양하는 아파트의 경유 팸플릿은 물론 등록계약, 옵션계약, 매매계약 등 전 과정에서 베트남어와 영어를 동시에 사용한다. 경험있는 교민 중개인을 대동하면 불안감이 덜할 것이다.

한편 부동산중개사(업체)들은 시행사(개발사)로부터 분양대행 허가를 받은 신규아파트에 대해서는 적극적으로 소개하지만, 분양대행 허가를 받지 못한 다른 아파트는 소개를 하지 않는다. 분양대행 허가를 받지 못한 아파트에 대한 정보 접근이 어렵거니와 소개를 해도 중개 수수료를 받을 수 없기 때문이다. 일부 중개업체는 분양대행 허가를 받은 대형 중개업체부터 다시 분양대행 허가를 받아 중개하는 경우도 더러 있다. 이는 분양을 잘하기 위한 분양대행업체 간의 네트워크로 보면 될 것이다.

_ 결혼 후 모은 재산은 부부공유, 결혼 전 재산은 각자 소유…전통과 법으로 보장

베트남은 부부재산 공유제도를 채택하고 있다. 여성해방과 남녀평등을 주장했던 사회주의 국가 제도로 알았지만 그게 아니다. 베트남은 사회주의 국가가 이전부터 오랜 역사를 통해서 부부재산 공유제도가 뿌리내렸다. 그리고 관습과 법률로 정착했다.

결혼 후 모은 재산은 누구 명의이든(부인 또는 남편 일방의 명의) 부부공동의 재산이다. 따라서 부동산(주로 주택)을 매도할 경우 배우자 일방의 단독 등기가 돼 있더라도 부부 공동으로 매도에 동의(날인)해야 매도계약이 온전히 성립된다.

부동산개발회사가 분양하는 신규 주택을 분양받을 때는 문제가 없다. 소

유권자가 법인인 부동산개발회사이기 때문이다. 하지만 개인이 소유한 기존 주택을 매입할 경우 주의를 기울여야 한다. 우선 주택 소유권자(핑크북 소유자) 본인 여부를 등기서류와 신분증으로 확인한다. 다음은 소유권자의 결혼 여부를 확인해야 한다. 이혼했다면 이혼증명을 받아두는 게 유리하다. 이혼을 빙자해서 일방적으로 파는 건 아닌지 확인하기 위해서다. 매도자가 결혼했다면 매매계약서에 부부가 동시에 날인하도록 해야 한다. 그렇지 않으면 매도자의 배우자가 이의를 제기할 경우 매매계약이 무효가 되고 소유권 이전등기를 하지 못할 수 있다. 주택 매수 자금이 사라지고 타국에서 복잡한 재판에 빠질 수 있다. 우리는 등기상 소유권자와 계약하면 된다. 우리와 다른 관습과 법률이다. 베트남에는 '결혼과 가족에 관한 법률'이 있다. 전통과 관습을 제도화한 것이다. 이 법이 가족에 관한 한 민법과 상법을 포괄한다.

분양 등 계약절차와 거래

_ 분양·시행·시공 리스크 점검··· 선분양은 수분양자 보호 위해 분양보증 받아야

앞서 신규 분양아파트가 기존 주택 거래 대비 리스크가 적고 안전한 편이라고 밝혔다. 하지만 외국인으로서 기존 주택보다 덜하지만 신규 분양아파트도 리스크가 있기 마련이다. 인허가 리스크, 미분양 리스크, 자금조달 리스크를 포함한 개발사 리스크, 건설사(시공사) 시공 리스크 등 위험요인이 있다. 이들 하나하나 점검하면서 리스크를 제거해야 한다.

우선 시행사(부동산개발회사)와 건설사가 튼튼하고 지명도가 있는 회사라면 가장 큰 리스크를 해지(Hedge)한 셈이다. 대형 시행사나 건설사는 적법한 인허가를 통해 시공과 분양을 한다고 보면 된다. 만약 잘못되더라도 이들 시행사·시공사 자체 신용이 뒷받침할 수 있다. 더불어 이들 건설사의 '브랜드' 프리미엄까지 기대할 수 있다. 분양이 저조할 경우 중도금 입금이 줄면서 시행사 부도나 시공사 시공 중단 등 위험이 도사리고 있다. 따라서 지명도가 있거나 규모가 큰 시행사와 시공사 선별이 무엇보다 중요하다.

이런 분양리스크는 과거 우리나라 아파트개발 역사에서 많은 사회 문제가 됐다. 미분양 리스크, 건설사 리스크를 제외한 대부분의 리스크는 분양허가 과정에서 허가 관청에서 1차 점검을 거친다. 수분양자 보호 조치가 마련된 경우에만 분양허가를 한다. 토지수용비, 공사비를 대출하는 금융회사에서도 시공사의 대출보증 또는 이자 지급보증과 준공(허가) 확약을 요구한다. 시행사의 자금 남용을 차단하기 위해 신탁사 또는 금융기관을 통해 대출금과 분양대금을 관리하게 한다. 분양 후 공사가 제대로 진행되지 않아도 수분양자의 분양대금을 보호할 수 있도록 금융기관이나 공공기관의 보증서를 제출하도록 한다. 분양허가 관청에서도 이런 과정을 점검한다. 과거 분양과정에서 사회 문제가 됐던 부분이다. 사기 분양, 시행사 부도, 건설사 부도 등으로 수분양자들이 피해를 입었다.

이렇게 숱한 시행착오(분양 계약금을 떼이거나 공사가 중단되는 등) 끝에 선분양 허가요건이 까다로워지면서 안전해졌다. 대개의 경우 부동산개발사가 부도나면 시공사가 떠도맡아 시행, 시공하는 구조가 많다. 따라서 시공사도 튼튼해야 한다. 만약 시공사가 부도나면 시공사가 교체되기까지 오랜 시일이 걸리고 추가 부담금을 내기도 한다. 우리나라 사람들은 경험에서 오는 지혜로, 대형 건설사가 시공하는 아파트를 선호한다. 시공 중에 부도가 날 염려가 적고 분양 후 애프터서비스도 비교적 잘되고 대형 건설사가 지었다는 브랜드 가치도 덤으로 얻기 때문이다. 이렇게 제반 요건이 완비된 경우에 분양허가를 해준다. 또 부동산신탁회사에서 토지 신탁 및 PF자금, 분양대금까지 관리해 분양 리스크를 해소하고 있다.

싱가포르 건설사가 시행·시공하는 호찌민시 2군의 아파트 신축 현장 모습

이와 같이 우리나라 선분양 구조는 안전하게 구축됐다. 하지만

베트남 투자 여행

베트남 아파트 분양체계는 우리와 유사하지만 조금은 다르다. 선분양을 하기도 하지만 시공단계별로 분양하면서 분양가를 올리기도 한다. 선분양제도는 우리나라 선분양제도와 유사하다. 선분양은 '지어줄 테니 미리 돈을 지불하라'는 거래 방식이고, 후분양은 '다 지었으니 구경하고 좋으면 사라'는 거래 방식이다. 전자는 주문생산과 비슷하고 후자는 대량생산 후 판매하는 방식이다. 투자자들이 베트남에서 분양을 받기 위해 고려해야 할 대상은 크게 두 가지다.

첫째는 부동산개발사(시행사) 리스크다. 대부분의 경우 대규모 건설회사가 '특수목적법인(Special Purpose Company, SPC)'을 만들어 부동산개발사로 등록한다. 부동산개발사의 경우 부동산 개발허가를 받기 위한 법정 최저자본금이 우리 돈으로 약 10억원(200억동)으로 높은 편이다. 부동산개발사는 토지를 매입하고, 관청으로부터 건축허가를 받고, 분양하는 주체다. 따라서 부동산개발사의 신뢰도가 중요하다. 물론 선분양은 제반 요건이 더 까다롭다. 부동산개발사가 부도 날 경우 수분양자의 계약금 보호를 위해 베트남에서 영업허가 난 금융기관의 분양보증을 받아야 분양허가가 난다.

부동산개발사가 분양계약서 조건대로 수분양자에게 아파트 양도에 실패한다면 보증한 금융회사가 수분양자의 분양대금을 보호할 수 있게 한 제도다. 베트남 선분양 보증제도는 개정 부동산사업법에서 처음으로 도입했다. 이런 제도는 주택시장 안정과 활성화에 긍정적인 영향을 미친다.

다음은 공정률에 따라 중도금을 나눠 지급도록 하였으며 입주 전까지 베트남 부동산개발사는 분양대금의 70%, 해외투자기업 부동산개발사는

50%만 받도록 했다.

그럼에도 외국인으로서 베트남은 외국이다. 외국인이 베트남 부동산개발업체의 신용상태를 알기 어렵다. 개발업체의 재무구조가 튼튼한지, 개발 이력은 양호한지 등을 알지 못한다.

이럴 경우 베트남에서 제일 큰 기업(이들 건설사가 설립한 개발업체)에서 분양하는 대단지 아파트를 고르거나 신용도와 자금 여력이 좋은 외국계 기업의 아파트를 분양받는 게 리스크를 줄이는 방법이다. 베트남에 진출한 외국계 시행사는 한국을 비롯해 홍콩, 싱가포르 등 여러 국적의 회사가 있다. 준공과 이전등기에 이르기까지 리스크가 이들 시행사에 달려 있다. 대개의 경우 한국, 싱가포르, 홍콩 등 외국계 건설사 또는 베트남 최대 건설사가 투자한 부동산개발사라면 비교적 안전하다. 신용도가 낮은 부동산개발업체가 시행하는 아파트를 분양받는다면 이전등기가 완료될 때까지 불안할 것이다.

시공사(건설사) 리스크를 좀 더 체크해 보자. 시공사의 건전성은 물론 준공 후 아파트 가격에 영향을 미치는 브랜드 가치도 눈여겨보아야 한다. 시공시의 재무상태 건전성, 상장 여부, 시공능력, 회사채 발행 신용등급 등으로 점검할 수 있다. 개인투자자들이 외국에서 베트남어로 된 시공사 재무상태 등 신용상태를 알기 어렵다. 쉬운 방법은 주위에서 들을 수 있는 좋고·나쁨의 평판 리스크가 있다. 우선 가급적 베트남에 상장된 대형 건설사로서 주가가 높으면 양호하다고 판단할 수 있다.

외국계 시공사라면 어느 정도 믿을 만하다. 외국계 건설사가 다른 나라에 진출할 정도면 어느 정도 규모가 있으며 해외 시공 경험이 있다고 볼 수 있다. 또한 남의 나라에까지 진출해서 아파트를 짓는다는 게 많은 경험과 자금 동원능력 그리고 신뢰(신용) 없이 할 수 있는 일이 아니기 때문이다. 외국계 중에서도 그 나라에 상장된 건설사라면 신용상태를 파악하기 쉽다. 그 나라 증권거래소, 전자공시시스템에 나오는 건설사의 재무상태를 통해 알아볼 수 있다.

우리나라 건설사인 GS건설, 포스코건설, 롯데건설 등 대형 건설사가 각각 고유 브랜드로 베트남에 진출해 있다. 고가 분양이며 고급아파트 이미지를 심어주고 있다. 베트남에서 우리나라 건설사가 시공한다면 이들 건설사의 신용상태를 알 수 있어 그런대로 믿을 만하다. 그동안 이들 건설사의 아파트 시행·시공 경험에 대한 믿음이다.

한편 시공사의 회사채 발행 신용등급으로 판단할 수 있다. 하지만 아직 베트남 채권시장은 국공채 위주로 거래되며 민간기업의 회사채 발행시장은 제대로 형성되지 않은 상태다. 따라서 회사채 발행을 위한 등급 자체가 없는 경우가 많을 것이다. 물론 베트남 정부는 회사채를 포함한 채권시장 활성화를 위한 장기계획을 세우고 추진하고 있다.

세 번째로는 분양 정도에 따른 분양 리스크가 따른다. 분양이 잘돼서 분양대금이 잘 들어오고, 중도금대출(또는 주택담보대출)이 잘되면, 공사비를 제때 지급할 수 있어 무사히 공사를 마칠 수 있다. 반대로 분양이 저조해 공사 진척도에 따라 지급할 기성금을 제때 지급하지 못하면 공사를 중단하는 경우가 생긴다. 물론 자금 여력이 튼튼한 대형 건설사인 경우 자체 자금이나 자체 신용으로 대출을 받아 준공허가까지 마칠 수 있다. 하노이, 호찌민, 다낭 등 대도시의 대형 건설사 분양은 잘되고 있는 편이다.

우리는 청약을 하고 당첨이 되면 분양대금 10% 납부와 동시에 분양계약 서를 작성한다. 분양 추첨에서 생애 첫 주택 등 특별분양 자격요건, 0순위, 1순위와 이에 따른 점수제 등 수시로 제도가 바뀌고 복잡하다. 하지만 당 첨만 되면 일정에 따라 중도금과 잔금을 내는 순으로 편리하다. 숱한 시행 착오와 피해자를 양산한 끝에 이제 믿고 분양받을 수 있을 정도가 됐다. 미분양이 발생하더라도 아파트를 완공하고 준공허가까지 받도록 시공·금 융·보증 시스템으로 보완해 놓았다.

우리와 조금은 다른 베트남 분양 사례를 살펴보자. 베트남도 선분양과 시공 중에 분양하는 중간 분양 등 다채롭다. 베트남은 우리와 같이 선분양 을 하지만 0순위, 1순위 같은 분양 자격제도가 없다. 우리나라와 같이 몇 십 대 일이 될 정도의 치열한 분양과열이 아직은 아니기 때문이다. 분양이 과열되면 우리처럼 청약자격을 둘지 모르지만 아직은 청약자격 제도나 점 수제가 없다. 개발회사(시행사, Developer)는 분양예측을 위하여 사전 예 약을 받고 있다. 따라서 사전 청약(예약)을 신청하면 분양(분양대상을 정해 두고 분양하는 사회적 주택 등은 제외)받기가 쉽다. 호찌민시, 하노이시 등 인기 지역의 경우 분양 세대수만큼 청약이 이루어지면 청약을 마감한다. 청약이 완료되면 지정된 추첨일에 청약 순서대로 동·호수 추첨을 한다.

외국인의 청약 자격은 베트남 입국 시 공항 출입국관리국에서 여권에 찍 은 입국 소인만 있으면 된다. 2015년 7월 개정 주택법과 그 시행령에서 이 렇게 완화했다. 부동산개발업체는 선분양 촉진을 위해 분양가 할인 혜택 을 제공하기도 한다.

청약 미달이 생기더라도 분양실패로 볼 수 없다. 공사가 시작되고 아파트 층수가 올라가면서 수시로 분양한다. 2차, 3차 분양으로 이어지면서 분양가는 올라가게 마련이다.

선분양을 할 경우 부동산개발사는 수분양자의 분양대금 보호를 위해 은행으로부터 (분양금)지급보증서를 발급받아야 한다는 것은 앞서 설명했다. 부지 정비 등 기초공사를 끝내면 분양을 할 수 있다.

외국인에게 단지 별 30% 범위 내에서 할당된 아파트는 거의 선착순 청약과 추첨을 한다. 앞으로 자국민들의 수요(청약)가 불붙는다면 외국인 분양을 제한하거나 금지할 것이다. 자국민에게도 '무주택자 우선' 또는 '1가구 1주택', '신혼부부 우선청약' 등 제도적 장치를 마련할 것으로 예상된다.

외국인의 베트남 아파트 청약에서 분양계약까지 좀 더 구체적으로 살펴보자.

① 부동산개발사는 광고나 지정한 분양대행사를 통해 사전 예약을 받는다. 분양받고자 하는 사람은 청약금으로 약 5천만동을 반드시 송금(분양 예상 금액의 2.5% 내외, 부동산개발사에 따라 다름)해야 한다. 아파트 청약금부터 분양계약금, 중도금, 잔금까지 현금 수수는 절대 금지다. 은행에서 은행으로 송금해야 한다. 베트남의 모든 부동산거래는 은행을 통해 대금을 주고받도록 법으로 강제하고 있다. 이를 위반하면 계약이 성립되지 않을 수 있다. 베트남 동화 이외의 외화나 금으로도 부동산거래를 금지하고 있다. 은행 계좌이체를 통해서만 거래하도록 한 역사적 배경에는 법화인 동화 거래를 기피하고 금으로 거래했던 뼈아픈 역사가 있었기 때문이다.

부동산개발사는 청약금 입금을 확인하고 청약등록서(Registration Form)에 날인해서 신청자에게 교부한다. 청약신청이 계획한 분양 세대수에 다다르면 청약을 마감한다.

청약등록서 견본

② 이어서 동·호수 추첨 일에 신분증(외국인은 여권)과 초청장 및 위 청약등록서를 지참하고 참석한다. 부여된 대기번호를 받고 기다리면 호명하는 번호에 맞추어 분양받고자 하는 동과 호수를 선택한다. 선택한 동·호수가 다른 신청자에 의해 이미 지정되었다면 다른 동·호수를 차례로 선택하게 한다. 동·호수가 지정되면 동·호수와 면적 등이 기재된 '옵션계약(Option Form)'을 체결한다. 먼저 청약한 순서대로 대기번호를 부여하므로 번호 순서대로 선호하는 동·호수를 우선 받을 수 있다. 아파트 내부공사에 대해 '베어옵션(Bare Type)' 또는 '풀옵션(Fully Fitted)'을 선택한다. 베어옵션은 아파트 내부 바닥, 벽, 천정이 시멘트 상태로 인도되는 것을 말한다.

이 경우 실내공사는 수분양자가 입주 후 스스로 시공해야 한다. 풀옵션인 경우 선택사양에 대한 세부명세서가 첨부된다. 참고로 열대지방은 실내에 벽지를 잘 바르지 않고 페인트를 칠한다. 우기가 길어 벽지의 들뜸이나 곰팡이가 슬 염려가 있어서다. 하지만 요즘 습기를 차단하는 시공기술과 벽지로 표현되는 우아함과 포근함으로 일부 벽면에 벽지를 바르기도 한다. 그리고 중도금 납부 시기와 회 차별 납부금액이 명시되어 있다.

③ '옵션계약(Option Form)'을 체결한 날로부터 3일 이내 환불불가예치금(Non-Refundable Deposit)으로 약 5%(예약등록금 2.5% 포함)를 지정된 계좌로 송금한다. 이어서 14일 이내에 부가세를 포함한 전체 분양금액의 10%(환불불가예치금 5% 포함)를 송금한다. 개발사로부터 입금이 확인된 후 '예치계약서(Deposit Contract 또는 Deposit Agreement, D/A)'를 체결한다.

④ 예치계약(D/A)으로부터 분양계약까지 착공허가 등 인허가 처리를 위해 대략 6개월 정도가 소요된다. 약 6개월 전후 추가로 10%를 납부(총 20%)하면 분양계약을 체결한다는 통지가 온다. 이때 추가 10%를 송금하고 정식 매매계약서[Sale and Purchase Agreement(Contract), SPA(C)]를 체결한다. 따라서 ①번의 '청약신청' 시점에서 약 10개월(일정하지 않음) 후 분양대금의 20%를 납부하고 매매(분양)계약이 체결되는 것이다. 청약에 당첨되면 며칠 내 분양계약을 체결하는 우리나라와 차이가 나는 점이다. 우리의 경우 건축허가, 분양허가 등 인허가 완료 후 청약 및 분양계약을 하기 때문이다.

2015년 7월 주택법 개정으로 외국인 분양허가 조건으로 유효한 여권과 베트남에 입국했다는 출입국관리사무소의 입국 도장을 요구하고 있다. 베트남에 들어와서 분양을 받으라는 의미다. 우리나라 사람은 15일 동안 베트남 무비자 입국이 가능하므로 베트남 입국 시 여권에 출입국관리사무소의 입국 도장이 찍혀 있으면 된다.

중국 신여권에 중국과 베트남이 영유권 분쟁을 일으키고 있는 도서(시사군도)가 중국 영토에 편입된 지도가 그려져 있다. 베트남은 중국 신여권 지도를 인정할 수 없다는 항의로 신여권에 입국 소인 날인을 거부하고 별지에 입국 소인을 찍어 줬다. 이로 인해 신여권을 소지한 중국인들은 베트남에서 아파트를 분양받지 못하는 해프닝이 발생했다. 나라 간 갈등과 분쟁이 투자에도 영향을 미치는 사례다.

분양계약이 체결되기 전에는 분양받은 동·호수를 타인에게 이전(양도)할 수 없도록 옵션계약에 명시하고 있다. 한편 동·호수 추첨이 끝나면 총 분양금액의 3.5% 정도를 '얼리버드(Early Bird)'라 하여 할인(분양회사마다 나름)해 주고 있다. 선 분양 혜택인 셈이다. 베트남 분양계약 절차가 우리보다 복잡하고 길다는 것을 느낄 수 있다.

분양계약 체결 후 공정률에 맞추어서 할부금(Instalment)을 납부한다. 매월 1.0% 또는 1.8%씩 베트남 동화로 지정된 은행계좌에 이체 납부한다.

할부금 이체 송금 후 며칠이 지나면 시행사에서 은행계좌 입금을 확인하고 할부금을 받았다는 공식영수증(Official Receipt) 또는 전자영수증(Electronic Receipt, PHIẾU THU ĐIỆN TỬ)을 메일로 받게 된다. 송금할 경우 은행 명칭이나 수취인 명칭이 다르면 해당 수취인(시행사)이 송금된 금액을 인출하지 못한다. 따라서 수취인 은행명, 수취인, 동·호수 및 수분양자 이름을 정확히 기재해야 한다.

한편 한국 등 해외 체류로 매월 베트남 은행 창구에 가서 이체하기가 곤란한 경우 베트남 소재 은행에서 본인 명의 달러계좌를 개설하고 인터넷 이체가 가능하도록 OTP카드를 발급받아두면 편리하다. 그러면 한국에서 인터넷으로 이체할 수 있다.

따라서 분양을 받기 위해 베트남에 들어갈 경우 청약금 등 계좌이체를 위해 베트남에 진출한 한국계 은행지점을 방문해서 동화(VND)계좌와 달러계좌를 동시에 개설해 놓으면 계약금, 할부금 등 자금 이체를 위해 번거롭게 베트남을 드나들 필요가 없게 된다. 또한 우리 말로 대화하고 설명을 들을 수 있어서 더욱 편리하다. 이후 우리나라에서 베트남에 이미 개설된 달러 계좌로 송금한 후 이 계좌에서 OPT를 이용한 인터넷 뱅킹으로 분양회사 계좌로 이체하면 된다.

베트남에서 외국인에게 분양하는 아파트가 비록 분양 평형이 20여 평에 불과해도 상업적 주택(Commercial Housing)에 해당한다. 따라서 건물분 분양대금(토지는 제외)에 10%의 부가세를 부과하며 수분양자는 부가세를 포함해서 납부해야 한다. 여기에 2%의 수선유지비가 부과된다. 분양계약서에 이러한 내용을 포함해서 분양대금을 표시한다. 베트남 저소득층을 위한 사회적 주택(Social Housing)은 부가세 5%가 부과된다. 물론 외국인은 사회적 주택을 매입할 수 없다.

베트남 서민 입장에서 아파트 그 자체가 아직은 고급 주거지인 셈이다. 분양가격에 부가세 10% 및 수선충당금(Sinking Fund 또는 Maintenance

Fund) 2%를 추가한 가격이 수분양자가 실제로 부담하는 분양가격이다. 우리나라에서 전용면적 85㎡ 이하는 '국민주택'이라 정의하고, 부가가치세가 면제된다. 전용면적 85㎡ 이상 되는 아파트에 한해 토지분을 제외한 건물분 분양가격에 10% 부가세를 부과한다.

부동산개발사가 베트남 법인인 경우 수분양자는 계약금 및 중도금으로 분양대금의 70%를 입주 전까지 납부한다고 앞서 설명했다. 잔금 30% 중 25%는 아파트 입주(인수)와 동시에 지급하고, 나머지 5%는 소유권이전증서(핑크북)가 나오면 지급한다. 개발사가 해외투자법인인 경우 수분양자는 계약금 및 중도금으로 분양대금의 50%만 지급한다. 잔금 50% 중 45%는 아파트 입주와 동시에 지급하고 나머지 5%는 역시 소유권이전증서가 나오면 지급한다.

베트남 분양회사들은 선분양 할인을 한다. 우리나라는 선분양 할인이 좀처럼 없다. 선분양을 해도 분양이 잘되기 때문으로 보인다. 주택시장도 수요공급의 원칙이 작용한다. 공급자(개발사)가 강세인지, 수요자(수분양자)가 강세인지에 따라 할인정책이 있거나 없거나 한다.

베트남의 경우 아직 관련 공무원들의 등기절차 미숙과 행정 전산화 미비로 핑크북이 나오기까지 꽤 오랜 시일이 걸린다. 심지어 지역에 따라 소유권 이전절차에 1년 가까이 걸리기도 한다. 그래서 잔금 5%를 남겨두는 것으로 보인다. 이점을 충분히 이해하고 기다려야 한다. 우리나라는 준공(또는 입주)허가 이후 잔금을 전액 납부해야 입주가 가능하다. 준공 후 1~3개월이면 보존등기 및 소유권이전등기까지 완료된다. 행정 전산화와 공무원의 업무 숙련도가 높아 가능한 일이다. 전국의 토지 전산화는 막대한 예산이 들어가는 정부 차원의 프로젝트이며 5년 이상의 오랜 기간이 소요된다. 행정 전산화도 프로그램 개발과 기존 데이터(등기자료 등) 입력에 이르기까지 오랜 시일이 걸린다. 베트남의 토지 전산화, 행정 전산화에도 오랜 시일이 걸릴 것이다. 베트남에서 외국인 소유기간은 등기권리증(핑크북)에 기록된 일자로부터 50년이 되며 추가 50년 1회 연장할 수 있다.

위와 같이 한 분양회사의 사례를 들어 설명했다. 도시에 따라, 부동산개발사에 따라, 시기에 따라 분양절차를 달리할 수 있다. 하지만 이런 절차에서 크게 벗어나지 않을 것이다. 우리와 분양절차가 다르다는 것을 알면 이에 따른 불안을 완화할 수 있을 것으로 보인다.

부동산개발회사는 개발지역 전체를 한꺼번에 분양하기도 하지만 분양 추이를 보아가며 단계적으로 분양하기도 한다. 한 개 동 또는 몇 개 동을 묶어서 분양하기도 하고 심지어 고층아파트인 경우 한 개 동에서도 층으로 나누어 분양 시기를 달리하기도 한다. 분양대금과 공사비의 자금조달 미스매치와 분양 실패를 줄이기 위함이다. 또 같은 아파트단지라도 분양 시기에 따라 분양가를 달리 적용한다. 최초 분양 시 분양가를 할인해 주는 반면 공사를 진행하면서 분양가를 단계적으로 올리며 준공이 되면 더 높게 책정하기도 한다.

우리나라는 일시에 선분양한다. 일부 미분양될 경우 공사기간 중 계속 분양을 이어간다. 하지만 분양가격은 동일하다. 허가받은 분양가격이 정해져 있어 가격을 올리지도 못한다. 또 장기 미분양된 아파트는 일부 할인분양을 하기도 하지만 기 입주민의 거센 항의를 받을 수 있다.

분양(매매)대금 결제와
주택담보대출

_ 주택 분양(매매)대금은 동화로 이체해야… 분양 시 환차익(손)도

　베트남 중앙은행(SBV, The State Bank of Viet Nam)은 2015년 9월 15일 외국인이 베트남에서 주택을 사거나 팔 경우 베트남 은행을 통해서 동화로 대금을 지불하도록 했다. 베트남은 부동산 거래에서 오랫동안 동화 대신 '금'으로 결제하는 관행이 있었다. 오랜 전쟁과 가파른 인플레이션으로 화폐에 대한 신뢰가 무너졌기 때문이다. 2012년 4월 베트남 정부는 지불수단으로서 금괴 사용을 금지했다고 설명한 바 있다.

　외국인이 베트남 주택 매입을 위해 들여온 외화는 반드시 베트남 동화로 교환해 부동산개발회사 또는 매도자 은행계좌로 이체해야 한다. 따라서 베트남 부동산에 투자할 의향이 있어 베트남을 가게 된다면 우선 준비해야 할 일이 은행계좌 개설이다. 베트남 소재 은행에 가서 달러화 계좌와 동화 계좌를 개설한다. 또한 앞에서 설명한 데로 온라인 이체가 가능하도록 OTP 카드를 발급 받아두는 일이다. 가급적 현지에 진출한 한국 은행에서 개설하면 편리하다. 우리말 안내가 가능하고 한국에서 카톡으로 궁금한 사항을 물어볼 수도 있다. 다음은 향후 부동산을 매각하고 현지 은행을 통해 본국으로 송금하기 위해서다. 해외에서 자금이 들어왔음을 통장으로 증명해 놓으면 해외 송금 허가 시 증거자료가 될 것이다. 마지막으로 분양 계약금, 할부금, 잔금을 한국에서 온라인으로 송금할 수 있어 매번 베트남을 오가야 할 번거로움이 없어서다. 또한 한국에서 달러로 송금했음이 자동으로 입증된다. 분양계약도 자연스럽게 동화로 이루어진다. 분양에서 준공·입주까지 2년 이상이 걸리며 순차적으로 할부금을 납부한다. 베트남 환율 역사에서 동화 환율은 점진적 또는 일시적으로 상승(동화가치 하락)해 왔고 현재진행형이기도 하다. 달러 대비 동화가치가 떨어진다는 의미다. 분양계약 후 동화 약세가 이루어진다면 분양 후 2년 이상 지난 입주 시점에서 원화나 달러로 환산한 분양대금 인하 효과를 보게 된다. 물론 반대의 현상이 발생할 수도 있지만 지금까지의 베트남 환율 역사에 비추어 그 가능성은 희박하다. 분양 시점의 가격보다 입주 시점의 아파트 가격이 오른다면 더 좋은 일이다. 시간이 지나면서 아파트 분양가격이나 거래가격이 내려가는 것은 우리나라에서 잘 보지 못했다.

_ 외국인, 베트남 주택담보대출은 시기상조

한국에서 진출한 베트남 현지은행 홈페이지를 보면 주택담보대출 (Housing Loan) 대상은 베트남 시민 또는 외국인으로서 베트남 법에 따라 부동산 매입이 허락된 사람이다. 대출금리는 연 7.0%~8.1%로 상당히 높다. 준비서류(Required Documrnts)는 다음과 같다.
① 유효한 신분증(ID) 또는 여권
② 가족기록부(Family Record Book)/임시거주증(Temporary Residence

Registration)

③ 소득증명서(Proof of Income)/근로계약서(Labor Contract), 월간금융
계좌(Monthly Bank Statement)

④ 부동산소유권증서(Evidence of Property Ownership)

대출한도는 주택가격(House Value)의 최대 60%며 여러 가지 조건에 따
라 감액이 된다. 대출기한은 최대 20년이다.

외국인도 위와 같은 조건만 되면 베트남에서 주택담보대출이 가능하다.
하지만 현실적으로 외국인으로서 베트남에서 주택담보대출 받기가 매우
까다롭다. 외국인 취업허가증(Work Permit), 소득증명서 등이 있어야 하
기 때문이다. 어느 나라 건 현지 체류 국가의 취업허가증 받기가 까다롭다.
자국 근로자를 보호하기 위해 노동부서에서 까다롭게 심사·비준하기 때문
이다. 베트남에서 취업허가를 받고, 급여를 받고 있는 교민만 대출받을 수
있는 조건이다.

한편 베트남 중앙은행은 외국인이나 단체가 주택을 매입할 때 은행의 요
구조건에 부합할 경우 담보대출을 받을 수 있도록 했다. 다만 외국인에 대
한 대출은 베트남에 거주하거나 취업하는 기간을 초과할 수 없다. 베트남
에 장기거주하는 외국인보다 베트남을 일시 방문하여 주택을 매입하는 외
국인이 다수다. 이들 일시 방문 외국인은 대출대상에서 자동 제외된다. 이
러한 조건 외에도 외국인은 베트남 은행에서 사실상 주택담보대출을 받지
못하고 있다. 베트남 시중은행에서 외국인 소유주택 담보가치를 인정하지
않고 있다. 외국인의 50년 소유권 증서를 담보가치로 인정하지 않기 때문
이다. 베트남 부동산협회 등에서는 주택 등 부동산산업 발전을 위해 외국

인의 주택담보대출이 가능하도록 요구하고 있다.

베트남 젊은 세대는 비축한 자본이 거의 없다. 대출 없이 주택을 구입할 수 없다. 주택담보대출은 서민의 주택소유와 주거 안정을 꾀하기도 하지만 과수요와 투기로 인해 주택가격을 부추기는 부작용도 있기 마련이다. 그리고 고도 성장기 국가는 만성적 자금 공급 부족(수요초과)에 시달린다. 한정된 자금으로 인해 정부는 고용과 부가가치를 많이 창출하는 제조업과 기간산업에 먼저 투입하도록 유도한다. 따라서 개인(소비자)대출인 주택담보대출 자금 여력이 부족할 수 밖에 없다. 따라서 외국인에게까지 주택담보대출 문호를 개방하기엔 시기상조일 수 있다.

외국인으로서 베트남 은행에서 '동화' 주택담보대출 받기가 현실적으로 어렵다. 하지만 동화 주택담보대출이 가능하다는 가정하에 살펴보자. 베트남 동화(VND) 대출을 받으면 세 가지를 고려해야 한다. 하나는 동화 주택담보대출은 당연히 한국의 주택담보대출 이자율보다 높다. 따라서 이와 같이 높은 지급이자를 상쇄하고도 남을 정도로 주택가격이 상승할 것인가 하는 판단이 요구된다. 다른 하나는 동화의 환율 변동성이다. 동화의 달러 대비 환율변동 역사에서 지금껏 동화 환율이 일시적 급등 또는 지속적 상승(동화 가치하락)을 이어오고 있다는 사실이다. 동화 가치가 하락하면 달러로 갚아야 할 원리금이 줄어드는 이점이 있다. 환율은 동화와 달러 관계뿐만 아니라 동화와 원화의 관계도 살펴봐야 한다. 예를 들어 달러 대비 동화 환율이 상승하더라도 달러 대비 원화 환율이 그 이상으로 오른다면 동화 환율상승의 효과가 감소되거나 오히려 더 부담을 지게 된다.

우리나라의 과거 고도 경제성장기에 환율상승(원화가치 하락)이나 높은 이자율보다 주택가격 상승률이 월등히 높았다. 빚(주택담보대출)을 내서 집을 사는 게 일반적인 현상이었다. 중국 대도시 주택의 경우도 마찬가지였다. 베트남 주택시장도 우리나 중국을 따라갈까, 각자 판단해 보기 바란다.

이와 같이 동화 담보대출은 그 이자율, 한국의 담보대출 이자율, 동화 환율, 부동산 가격상승의 관계를 씨줄 날줄로 고려해야 한다.

자국에서 대출을 받아서 베트남 아파트를 구입하는 방법도 고려 대상이 될 수 있다. 하지만 베트남 주택을 매각할 때까지 오랫동안 이자를 부담해야 한다는 사실도 염두에 두어야 한다.

분양 등 부동산 계약서 작성과 체결

_ 외국인, 분양계약과 매매계약… 베트남어와 영어, 이메일 주고받기

베트남 분양계약서와 매매계약서는 당연히 베트남어로 되어 있다. 개발사가 외국인에게 분양하고 싶다면 분양계약서, 팸플릿 등 모든 자료를 베트남어와 영어로 동시에 준비한다. 기존 아파트나 주택매매의 경우 당연히 베트남어로 된 매매계약서일 경우가 많다. 영문 계약서가 있다면 그나마 이해를 할 수 있지만 베트남어로 된 계약서라면 이해할 수 없는 경우가 대부분일 것이다. 따라서 베트남어 계약서만 가지고 계약하기엔 리스크가 따른다.

교민들이 해외에서 부동산을 매매 또는 임대계약을 하면서 계약서를 충분히 이해하지 못하고 계약서에 날인하는 경우가 종종 있다. 계약 이후 한국의 거래방식과 다르다는 이유로 계약 상대방과 다투는 경우도 있다. 소송을 하더라도 한국적인 방법으로 해결되지 않는다. 더구나 베트남어로 만든 (분양·매매)계약서라면 '중개인'의 말만 믿고 계약을 할 수밖에 없다. 중개인이 통역과 번역을 하더라도 미처 다 전달하지 못하거나 한다. 외국인 매수자가 제대로 이해하지 못하는 경우도 있다. 미심쩍은 부분이 있으면 비록 비용을 들여서라도 전문가로부터 번역과 설명을 들어야 한다. 빨리빨리 습관에 젖은 사람들은 이렇게 하기가 쉽지 않다.

일반적인 계약서에서 계약 내용의 해석에 다툼이 있을 경우 '우선 적용하는 언어' 조항을 넣어두기도 한다. 이는 재판관할지와 함께 계약 당사자 간 선택과 합의사항이다. '갑'의 위치에 있는 나라 언어가 우선적 해석 기준이 되기도 하고, 영어가 우선적 해석 기준이 되기도 한다. 하지만 부동산 거래에서 이런 조항이 들어가기 어렵다. 베트남에서 부동산 매매계약을 한다면 베트남어가 우선이고 법정 다툼을 하더라도 베트남 내 부동산이므로 베트남어가 우선 적용될 것이다.

또 모든 계약은 그 나라의 독특한 전통과 상관습이 반영된다. 부동산 거래도 그렇다. 물론 국제간 무역거래는 '국제상공회의소' 등의 표준계약서가 있다.

계약서 내용도 우리와 많은 차이가 있다. 우리나라 분양계약서나 매매계약서는 비교적 간단하다. 심지어 매매계약서라도 A4용지 1~3매 수준이다. 베트남의 한 분양계약서는 무려 60페이지에 이를 정도로 읽어보기에도 벅찰 정도로 세세하게 기록돼 있다. 법률적 차원에서 계약서가 작성되기 때문이다. 우리나라는 매매나 임대차계약서는 법률적 차원에서 작성된 것이 아니라 오랫동안 전해 내려오는 상관습에 의해 정착된 측면이 많다. 과거에는 요즘처럼 공인중개사 자격증이 없었다. 복덕방이라 불렀다. 동네 사랑방과 같이 노인네들이 모여 바둑을 두거나 한담을 하다가 손님이 오면 동네 주택을 중개해 줬다. 당연히 길고 복잡한 법률용어로 구성된 계약서가 될 수 없었다. 그저 누구든 글만 읽으면 쉽게 이해할 수 있도록 간단하고 편리하게 만들어져 있다. 오랫동안 축적된 상관습이라는 불문률이 이를 뒷받침하는 것으로 볼 수 있다.

베트남 투자 여행

개발사는 분양 관련 사항을 수분양자와 주로 메일로 주고받는다. 메일은 다행스럽게 베트남어와 영어를 동시에 만들어 보내고 있다.

그리고 문의 사항이 있으면 영어로 전화나 문자메시지로 주고받을 수 있다. 하지만 전화 대화의 경우 영어가 유창하지 않다면 잘못 이해하는 수가 있다. 따라서 영어로 된 이메일 주고받기가 효과적이라 할 수 있다. 주고받은 내용이나 첨부 파일로 보낸 간단한 서류의 법적인 효력도 인정받기가 쉽다. 해외 비즈니스를 오래 경험한 사람은 예외겠지만 영어로 된 메일을 받으면 어려워하거나 당황하게 된다. 또 어느 정도 이해는 하지만 영어로 답장해야 한다면 난감해질 수 있다. 하지만 크게 걱정할 필요가 없다.

답신을 보내거나 질의를 할 경우에 대비해 서점에서 '영어로 이메일 쓰는 법' 같은 책을 사서 참고하면 그리 어렵지 않다. 표현하고 싶은 문장이 사례별로 나와 있다. 해당되는 영어 문장을 선택한 후 필요로 하는 영어 단어를 넣으면 훌륭하진 않을 수 있지만 상대방이 이해하는 데는 지장이 없을 것이다. 외국 행정관청으로부터 독촉장이나 기타 다른 문서를 받더라도 이렇게 만들어 보내면 된다. 답신 문서를 만들어서 보내면 되는데 이를 피하다 손해 보는 경우를 가끔 목격했다. 개인투자자라면 이 정도의 관심과 노력은 필요하다. 능력의 문제가 아니다. 조금 귀찮음을 극복하고 부지런 떨면 된다.

_ 분양계약서(SPA) 날인(사인)과 수령

분양계약서(SPA)는 중요한 계약이다. 양쪽 당사자가 직접 마주 보며 날인하든 사인하든 해야 한다. 그러지 못하면 위임장을 가진 변호사를 통해 대리행사 해야 한다. 또 계약 날인에 즈음한 베트남 출입국관리사무소가 여권에 찍은 입국 소인을 확인하기도 한다. 신축현장 터파기를 시작하면서 분양대금의 20%(예치계약금 10% 포함)를 납부(이체 송금)하면 분양계약을 체결한다.

베트남에 거주한다면 분양계약 날짜에 맞추어 개발사 사무실에 가서 요구하는 대로 계약서 2부 각 장에 사인을 하고 그중 1부를 받아오면 된다. 베트남이 아닌 타국에 거주한다면 분양계약 체결을 위해 베트남에 입국했으나 분양계약 날짜와 맞지 않는 경우가 있다. 대개는 베트남 인허가 관청과의 처리 문제로 일정이 지연되는 경우가 있어서다. 본국으로 돌아간 후 다시 베트남에 들어가기가 곤란할 수 있다. 이 경우 베트남 소재 분양아파트 중개사무소에 연락해서 베트남에 가지 않고 분양계약을 체결할 수 있도록 요청해 볼 수 있다. 개발회사가 양해한다면 절차는 다음과 같다.

① 먼저 개발사에서 분양계약서 4부(베트남어, 영어 각 2부) 매 장 하단에 사인을 하고 수분양자의 나라로 국제 우편 발송한다.

② 분양계약서를 받은 수분양자는 개발사가 요청하는 데로 페이지마다 사인하고 마지막 페이지 매수자 측에 이름 쓰고, 사인을 하고 다시 국제 우편으로 보낸다. 4부 모두 페이지 수가 많아 매장 사인하기가 좀 힘들수 있지만 모두 사인해야 한다. 검은색 볼펜은 사절이다. 베트남의 모든 공식문서 사인에는 파란색 잉크를 사용한다는 점을 기억해 주기 바

란다. 어디에 사인하든 무슨 계약을 하든 파란색 볼펜이다.

③ 수분양자로부터 분양계약서를 받은 개발사는 각 부 마지막 페이지 매도자 난에 회사측 대표 서명과 법인인감을 날인한다. 인주는 붉은색이다.

④ 4부 중 2부를 다시 수분양자에게 국제우편으로 보낸다. 번거롭고 시일이 오래 걸리지만 이렇게 해준다는 것은 매우 친절하고 두 번 가지 않아도 되는 배려다.

분양 절차가 지연되면 불안감이 일어난다. 하지만 그렇게 걱정해서 될 일은 아니지만 수시로 메일이나 카톡을 보내는 등 점검을 게을리하지 말아야 한다. 베트남은 아직 자본주의적 행정서비스, 분양, 계약, 등기 등에 익숙하지 않아서 지연되기도 하지만 분양 인허가 절차는 매우 복잡해 종종 계획보다 자주 지연되기도 한다. 사회주의 행정에서 주택은 분배할 뿐 매매하지 않았다. 특히 분양은 복잡한 법률과 행정 인허가 절차에 얽혀 있다. 베트남 관공서는 물론 분양회사 직원들도 배우면서 일을 추진하고 있다. 따라서 모든 절차가 계획된 일정에 맞추어 잘 진행되지 않는다.

_ 분양대행사의 역할, 대행수수료는 개발회사가 지급

우리나라는 인기지역 아파트를 선분양할 경우 분양대행사에 맡기지 않는다. 개발사(시행사)가 모델하우스를 짓고 스스로 분양한다. 다만 비인기 지역, 오피스텔, 상가 등 분양이 어려울 경우 분양대행사를 통해 분양하기도 한다.

우리나라 분양대행수수료는 분양대금의 5% 내외다. 분양대행수수료는 개발사가 부담한다. 베트남 아파트 분양은 개발사가 직접 분양하면서 몇몇 분양대행사(부동산중개회사)를 지정해서 청약 신청자를 모집한다. 요즘 대도시 위치 좋은 곳은 청약 경쟁이 치열해 며칠 만에 청약을 종료하기도 한다.

베트남 부동산개발사는 분양대행사가 모집한 청약자가 분양계약을 체결하면 일정 부분 분양수수료(1~1.5%, 개발사에 따라 다를 수 있음)를 지급한다. 따라서 분양대행사에서 분양을 안내하더라도 수분양자가 따로 수수료를 지급할 필요가 없다. 분양수수료는 계약금 및 할부금이 들어오는 만큼 비례해서 지급하고 있다. 우리나라의 경우 분양계약이 체결되고 첫 계약금이 입금되면 분양대행수수료가 지급되는 점과 차이가 있다.

이렇게 분양대행사로 지정된 부동산중개사는 분양을 홍보하고 청약자를 모집한다. 이때 청약을 신청하면 사전에 약 500만원 이내의 청약금을 내도록 요청한다. 인기지역의 경우 분양 세대수 만큼 청약이 이루어지면 청약을 중단한다. 또 허수 청약을 방지하기 위해 미리 청약금을 받아두는 것이다. 부동산중개회사가 분양대행사로 지정되지 않은 경우 분양수수료를 받을 수 없기 때문에 분양을 소개하지 않는다. 부동산중개회사 규모가 제법 크고 청약자 모집을 잘 할 수 있는 몇 곳만 분양대행사로 지정받는 경우가 많다. 대형 분양대행사는 다시 소규모 부동산중개소에 일정 부분을 위임해 수수료를 나누어 가지기도 한다고 앞서 설명했다.

베트남 현지 개발사나 싱가포르, 홍콩 등 외국 개발사가 시행·분양하는 경우 인적 네트워크가 없어 분양소식을 알지 못하는 경우가 있다. 따라서 현지에서 아파트를 분양받기 원한다면 직접 분양정보를 수집하고 분양대행사 및 분양 현장을 찾아볼 필요가 있다.

물론 한국 개발사가 분양하는 경우 현지 교민에게 쉽게 알려지고 심지어 한국에서도 분양 설명회가 이루어진다. 호찌민과 하노이, 다낭시에는 롯데건설, GS건설, 포스코건설 등 다수의 한국 건설사가 진출해 부동산을 개발하고 있다.

— 분양 옵션, 베어·풀·기본 옵션… 외국인이라면 풀옵션이 편리

신규아파트를 분양할 경우 아파트 실내(내부) 공사 정도에 따라 '베어옵션 타입(Bare Option Type)'과 '풀옵션 타입(Full Option Type, Fully Fitted)' 두 종류가 있다. 베어옵션은 말 그대로 벌거벗은 상태다. 아파트 내부의 현관·거실·침실·부엌·화장실 등의 바닥과 벽 및 천장이 콘크리트로 노출되어 있는 것을 말한다. 준공 후 수분양자 스스로 내부공사를 하거나 누군가에게 맡겨야 한다.

외국인으로서 베트남에서 베어옵션을 분양받는다면 베트남 실내공사업체에 직접 하청주어야 하는 번거로움이 있다. 우선 언어가 통하지 않는 어려움이 있다. 영어로 된 시공계약을 맺는다 하더라도 현장 인력과 영어 소통은 더욱 어렵다. 어렵사리 맡긴다 하더라도 오랫동안 지켜보며 공사를 감시·감독해야 한다. 시공 후 만족스럽지 못할 경우 재시공이나 수리 요청하기도 번거롭다. 문화의 차이로 우리가 원하는 시공이 안 될 수가 있다. 우리나라에서도 집 하나 지으면 5년은 늙는다는 속담이 있다. 잘 지으려는 집 주인과 많이 남기려는 하청업체 간의 갈등 때문이다. 중국의 경우 실내

공사를 전문으로 하는 회사 홈페이지에 등급별로 가격이 제시돼 있으며 각 지방정부에서 만든 표준화된 (실내공사)시공계약서가 있다. 베트남도 중국처럼 실내공사 시공 표준화가 되리라 보지만 공사현장은 직접 감독하거나 시공감리를 맡겨야 한다.

풀옵션은 잔금 납부 후 입주만 하면 거주할 수 있도록 현관, 화장실, 부엌 싱크대, 바닥, 벽, 천장 심지어 에어컨, 인덕선까지 완비해 준다. 분양계약서에 어떤 사양으로 시공하겠다는 명세서가 첨부돼 있다. 이외 시공사에 따라 실내 바닥 타일과 벽체, 화장실 및 부엌 등 일부만 시공해 주는 기본옵션도 있다. 서민아파트의 경우 베어옵션 또는 기본옵션 정도이고 고급아파트는 거의 풀옵션으로 분양하고 있다. 이 세 가지 형태를 분양사마다 분양면적에 따라 달리 적용하고 있다. 외국인이라면 풀옵션이 편리하다.

풀옵션 타입의 내부 주방 모습

베트남 한 개발사에서 베트남인 예약자를 상대로 한 여론조사에서 약 80%가 베어옵션을 희망했다. 개발사는 동호수 추첨일에 아파트 한 동을 몽땅 베어타입으로 하기도 한다. 공사의 편리성을 위해서다. 한 동에 베어옵션과 풀옵션이 섞여 있으면 자재 운반 등 공사하기가 불편할 것이다. 베트남인들은 풀옵션 공사비보다 더 저렴하게 내부공사를 할 수 있으며 또한 수분양자 주머니 사정과 취향에 맞춰 내부공사를 하고 싶어 한다. 개발사는 매출과 수익에서 적잖이 손해를 볼 수 있음에도 수분양자들의 요청을 받아들이고 있다. 우리는 풀옵션을 당연시하고 있다. 단지 일부 품목을 선택하도록 하고 있다. 실내공사비가 매출과 수익에 큰 영향을 주기 때문에 애초부터 풀옵션이 관행처럼 이어져 오고 있다.

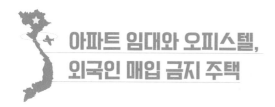

아파트 임대와 오피스텔, 외국인 매입 금지 주택

_ 우리와 다른 베트남 아파트 임대

　외국인이 중국에서 아파트 1채를 매입할 수 있지만 임대는 금지하고 있다. 일부 교민이 임대를 하지만 불법이다. 베트남은 중국과 달리 외국인의 주택(아파트 포함) 매입과 임대를 동시에 허용하고 있다. 아파트를 분양받으면 임대수익과 집값 상승 효과를 동시에 누릴 수 있다. 하지만 밝은 면과 어두운 면을 동시에 봐야 한다. 임대가 잘되지 않아 비어 있을 수 있음도 알아야 한다. 또 현지에 체류하지 않으면 임대관리가 어려울 수도 있다. 따라서 매매 후 임대관리까지 해 줄 수 있는 현지 교민 중개업체를 알아두면 편리하다. 우리나라에만 있는 전세제도는 임대차계약만 체결하면 그런데로 관리하기가 편하다. 하지만 대부분의 국가는 전세가 아닌 월세다. 베트남도 마찬가지다. 외화가 아닌 동화로 지정된 은행계좌로 매월 월세를 받는다. 임대보증금(Deposit)으로 2개월 임대료와 첫 달 1개월 치(또는 첫 달 1개월 치와 마지막 1개월 치)를 추가로 받는다. 그리고 중개수수료 등으로 약 1개월분 임대료가 지급된다.

　임대인들이 환영하는 임차인은 월세를 제때 납부하고, 건물을 소중하게 사용하고, 임대차계약 조건을 잘 준수하는 사람이다. 일본인들이 매너가 좋아 환영받는다고 한다. 임차인이 1달 이상 임대료를 지불하지 않으면 곧

바로 퇴거를 요청하고 응하지 않으면 관리사무소의 단전·단수를 통해 퇴거를 유도한다. 또 퇴거에 불응하면 경찰의 협조를 얻어 퇴거시킬 수 있다는 점이 우리와 다르다. 몇 개월이 걸리는 '명도소송'과 그 집행 절차가 필요하지 않다는 점이다. 임차인이 퇴거할 경우 이사 현장에서 임대인이 마련한 가구나 가전제품, 집기 비품 등을 반출하지 못하도록 감시하거나 또는 관리사무소에 요청해 감시하도록 하기도 한다.

임차인 입주에 대비해 임대인은 에어컨, 침대, 소파, TV, 냉장고, 전자레인지, 식기류 등을 완비해 주기도 하고 일부만 선택적으로 완비해 주기도 한다. 임대차계약서(Rental Agreement, Lease Agreement)에 가구나 가전제품, 집기 비품 목록을 기록하고 입주 시 임차인에게 목록과 실물을 대조해 설명하고 확인시켜 주어야 한다. 가족 임차인인 경우 가구나 가전제품 등을 가지고 입주하는 경우도 있다. 임대차계약 전 이러한 조건을 서로 맞추어야 하며 합의된 내용을 임대차계약서에 상세히 기록해 두어야 불필요한 분쟁을 예방할 수 있다. 심지어 방 청소는 1주일에 몇 회, 침대 시트와 베개 커버 교체는 월 몇 회 등을 정해야 한다. 월 물 소비 한도 등도 미리 합의해야 한다.

이외 전기요금, 세탁, 인터넷 및 케이블TV 등 연결 및 사용료, 물 사용료, 수돗물이 아닌 마시는 물(Pure Water) 등도 임차인이 부담하도록 계약서에 기록해 두면 편리하다. 임대 중 냉장고, 에어컨, TV, 인터넷, 침대 등이 고장 났다고 수리를 요청하는 경우도 종종 있다. 이럴 경우 수리를 어떻게 할 것인지 비용은 누가 부담할 것인지를 기록해 두고 이 기록에 따르면 된다. 특히 오토바이 또는 자동차 주차 요금은 임차인이 부담하도록 기재해 두어야 한다. 이러한 조건은 서로 합의해 조정할 수 있다. 임대인·

임차인마다 조건이 다를 수 있기 때문이다.

임차인들은 대부분 자동차 또는 오토바이 주차장 확보 여부를 확인한다. 주차장이 확보돼 있으면 좀더 쉽게 임대할 수 있다. 베트남은 아직 아파트 1세대 1주차장 제도가 정착되지 않았다. 공사비가 늘어나기도 하지만 아직은 자동차 보다 오토바이가 대세다. 시간이 지날수록 주차장이 부족할 수밖에 없다. 자동차 보급이 확대되면 가구당 주차장 확보(분양가 포함)가 의무사항이 되리라 본다. 아파트 주차장은 관리회사 소유로 임대료를 받고 임대하거나 입주 시점에 주차장만 따로 분양하기도 한다. 주차장을 매입하든 임차를 하든 확보해 두는 게 아파트 임대 및 매도에 유리하다.

또 임대차계약에는 방 1개에 2명, 방 2개에 4명, 방 3개면 6명까지 거주하도록 명시할 수 있다. 우리나라 임대차계약에 없는 내용이다. 한국식 임대차계약 또는 상관습만 염두에 둬선 곤란하다.

임대를 할 경우 영어로 된 임대차계약서(Apartment Lease Contract) 견본을 구해서 숙지해 둘 필요가 있다. 물론 중개회사에서 임대차계약서를 작성해 주겠지만 스스로 우리와 다른 계약 내용에 대해 숙지해 두면 막연한 불안감을 해소할 수 있다. 임대료는 베트남 동화로 은행계좌를 통해 받아야 하므로 미리 동화 통장을 개설해 두어야 한다. 달러 등 외화로 임대료 지불을 요구해선 안 된다. 임대차계약서에도 동화로 임대료를 표시해야 한다. 임대차계약서는 베트남어 계약 2부, 영어로 된 계약 2부를 준비하고 날인해서 각 1부씩 보관한다. 한편 공실 기간 없이 임대가 잘 된다는 보장이 없다. 따라서 입주 후 임대가 된다면 덤으로 생각하고 투자하는 여유를 가져야 한다.

2005년 베트남 민법(Civil Code) 492조에 따르면 주택 임대차계약은 문서로 작성해야 하며 임대차기간이 6개월 이상이면 공증과 등록을 해야 한다. 하지만 주택법, 행정부 결의안(Resolution) 등에서 주택 임대차계약의 공증은 의무가 아닌 양 당사자 간의 선택사항으로 하고 있다. 임대차계약서는 공증기관의 공증이나 공증기관이 없는 경우 지방인민위원회의 확인을 거치면 법적인 효력이 발생한다. 우리나라 주택 임대차계약의 동사무소 확인과 같은 효력이다. 또한 지방 행정기관 주택관리부서와 세무서에 신고해야 한다. 임대와 관련된 세금은 부동산 매입, 임대, 보유, 매도에 따른 세금 편을 참고하기 바란다.

_ 오피스텔… 거주·오피스·법인등기·임대 등 다목적·다용도

오피스텔은 주거와 사무 공간 겸용이 가능한 신개념이다. 베트남 도심에 오피스텔이 생기고 있다. 오피스텔이라는 개념이 베트남에서 조금은 생소하다. 오피스텔은 내외국인을 막론하고 사용기한을 50년, 1회로 제한하고 있다. 베트남인에게도 거주주택 토지사용권만 사용기한 제한을 없앤 것과 구분된다. 오피스텔은 주택이 아니라 상업용 건물로 본다는 점이다. 또 외국인은 상업용 건물을 매입할 수 없지만 오피스텔은 매입할 수 있도록 했다. 처음에는 간명하게 내외국인의 토지사용권을 차별했지만 점점 건축물 구분이 모호해 지면서 복잡하게 얽히고 있다고 보면 된다.

베트남에서 오피스텔의 장점은 일반 아파트보다 대략 10% 정도 저렴하게 분양하고 있으며, 사무실로 사업자 등기가 가능하다는 점이다. 베트남은 아직 사업자등록 주소지로 주택이나 아파트를 사용하지 못한다. 외국인으로서 베트남에서 사업을 계획한다면 초기 투자비용이 저렴하면서 주거도 겸할 수 있는 오피스텔이 제격이다. 주택이나 아파트에 비해 매매차익을 누리기엔 불리하지만 아파트 대비 저렴한 투자비용으로 임대도 가능하며 주거겸용 자가 사무실로 안성맞춤이다. 호찌민이나 하노이시도 이제 도심에서 아파트 분양이 점점 줄어들고 있다. 오피스텔은 비록 아파트와 같은 대단지가 아니더라도 단독 건물로 도심에 짓기 쉽다.

우리나라도 불과 몇 년 전 주식회사 최저자본금 제한을 해제하고 또한 주택(아파트 포함)도 법인등기 및 사업자등록 주소지로 가능하게 됐다. 따라서 오피스텔만의 주거 및 오피스 겸용이라는 장점이 사라졌다.

하지만 베트남에서 오피스텔만 기업 소재지로 법인등기가 가능하다. 따라서 오피스텔이 주거, 임대, 사무실 등 다목적으로 이용이 가능하다는 점을 눈여겨 둘 필요가 있다.

_ 아파트 주차장, 분양받거나 임차 계약해 둬야

우리나라 최근 5년간 새로 지은 아파트 가구당 주차 가능 대수는 1.28대다. 가구당 차량 보유 대수는 1.13대. 우리나라는 아파트 전용면적 75㎡당 1대이므로 32평형인 경우 약 1.2대의 주차장이 확보된다. 상가(근린

생활시설)의 경우 134㎡당 1대다. 아파트나 빌라를 신축할 경우 주차장을 확보하도록 규정하고 있다. 따라서 주차장 면적과 공사비가 공사원가에 포함된다. 우리나라 아파트 주차장은 주민의 공유재산이고 공동이용이다. 세대원이면 누구나 빈 주차장에 주차할 수 있다.

베트남은 아직 아파트를 분양할 때 1세대 1주차장을 마련하지 않는 경우가 대부분이다. '아직'이라고 한 이유는 언젠가는 주차장을 확보해야 아파트를 지을 수 있게 될 것이다.

일부 외국 건설회사가 짓는 고급아파트의 경우 1세대 1주차장 이상을 확보하기도 한다. 아파트개발 시 1세대 1주차장 미확보는 자가용보다 오토바이가 대세이기 때문이다. 하지만 오토바이는 도심 공해와 소음의 주 요인으로 인식되고 있어 자동차, 전철, 전기 오토바이 등으로 서서히 변화될 것으로 보인다. 그리고 언젠가는 자가용이 늘어나면서 주차장 확보도 강제규정이 되리라 본다. 우리나라도 80년대 이전 개발된 아파트는 1세대 1 주차장을 확보하지 못해 주차난으로 많은 애로를 겪고 있다. 주차장 확보도 재개발 재건축에 열중하는 이유 중 하나다.

베트남에서 아파트를 분양받는다면 주차장 확보가 중요하다. 세대별 주차장이 주어지지 않는다면 준공 즈음에서 개발사가 아파트 '주차장'을 별도 분양하거나 임대를 하게 된다. 주차장 운영에 대해 개발회사에 (이메일) 문의하면 답변을 받을 수 있다. 주차장 운영방법의 한 예로 아파트 분양 잔금을 납부하더라도 차량등록증이 있는 경우에만 주차장 임대계약을 체결하는 경우도 있다.

주차장을 분양할 경우 분양받은 주차장은 세대주 전용이다. 해당 주차장에는 차량번호나 동호수를 기재하여 다른 사람이 이용하지 못하게 할 수 있다. 또 따라서 아파트 주차장은 별도의 매매 대상이 된다. 대체로 약 2억동(약 1천만원) 내외에 거래된다.

주차장을 분양받지 못한 세대는 주차장을 분양받은 사람에게 임대받아 사용하기도 한다. 아파트 내 주차장이 부족하면 아파트 밖의 다른 주차장에 주차를 해야 한다. 새 아파트를 분양받던 기존 아파트를 매입하던 우선 고려사항이 주차장 확보다.

대체로 오래된 아파트일수록 주차장 수가 적다고 보면 된다. 최근 신축 고급아파트는 주차장을 많이 확보하고 있다.

2017년 7월 하노이시 인민위원회는 산하 자치구 인민위원회에 고층건물의 지하주차장 건립을 의무화하는 규정을 발표했다. 신축 고층건물에 대해 시내 중심가는 적어도 건축면적의 22%, 그 외 지역(Districts)은 17%를 주차장 면적으로 확보하도록 했다. 이 규정은 이미 건설부가 만든 주차장 확보에 관한 법을 기초로 해서 만들었다. 하노이시 통계에 따르면 자동차 증가율이 2012년에서 2016년까지 연평균 4.6%에 이르고 있다. 도심 주차장이 절대적으로 부족하다. 구시가지 인도는 오토바이로 꽉 들어차서 사람이 다니기 어려울 정도다. 주차시설 확보가 절실해지는 이유다.

이에 앞선 2013년 6월 건설부는 고층건물에 대한 건축표준을 발표했다. 여기에서 상업주택(아파트) 개발회사는 아파트 100㎡당 20㎡, 저가 아파트의 경우 100㎡당 12㎡의 주차시설을 확보하도록 했다. 하지만 하노이시와 호찌민시의 많은 고층주택이 이 규정을 지키지 않고 있다. 이에 따라 하노이시가 2017년 7월부터 신축 고층건물에 대한 지하주차장 확보를 의무화하도록 했다. 신축 아파트를 분양받더라도 주차장이 충분히 확보되는지 확인해 봐야 할 것이다.

베트남 투자 여행

_ 군사·보안지역 주변과 사회적 주택, 시골 주택은 외국인 소유금지

2015년 7월 효력을 발휘한 베트남 주택법과 부동산사업법이 외국투자자에게 많은 기대를 불러일으켰다. 그리고 중국, 홍콩, 싱가포르, 한국 등 많은 외국인들이 베트남으로 몰려가 주택을 매입하고 있다. 하지만 외국인이 매입할 수 없는 주택이 있다. 우선 군사지역 주변 주택이 대표적이다. 정부는 보안상 군사지역 주변에 위치한 주택의 외국인 소유를 금지하고 있다. 일부 주택개발지역에서 이런 문제가 현실적으로 발생하고 있다. 우리나라에서도 휴전선 부근의 군사지역 내에서의 건축행위는 관할 군부대의 허가를 행정관청(건축과)보다 먼저 받아야 했다.

지방정부 건축부서 웹사이트에서 외국인이 구입할 수 없는 '주택건설사업' 프로젝트가 공고되지만 국방부와 안전부는 외국인의 주택소유가 금지되는 지역을 지방정부 건축부서에 제대로 제공하지 못하기도 한다. 따라서 외국인 매입이 금지되는 지역이나 주택을 사전에 공시하지 못하는 지방정부나 지역이 있을 수 있음을 염두에 두어야 한다. 이 사실을 모르고 주택 매매계약을 체결하고 잔금까지 지불했다면 낭패가 아닐 수 없다. 핑크북(등기권리증)을 취득할 수 없기 때문이다. 물론 이 경우 매도인이 관련 손해를 배상해야 하지만 소송까지 가야 한다면 투자 실패인 것이다.

베트남 서민에게 공급하는 사회적 주택과 각 조직(직장)에서 분양하는 아파트도 외국인의 분양·매입 대상이 아니다. 외국인은 상업주택만 분양받거나 매입할 수 있다. 따라서 상업주택 건설지역 이외의 일반 주거단지 아파트나 시골의 단독주택, 군사·보안지역 주변 주택은 일단 외국인이 구매하기 어렵다는 전제하에서 접근해야 한다.

베트남 주택법(Law of Housing) 제3조에서 사회적 주택(Social Housing)이란 정부가 제공하는 서민용 주택을 말하며, 상업주택(Commercial Housing)이란 판매 또는 임대를 위해 지은 주택을 말한다.

매입·보유·임대·매도에 따른 부동산 제세(諸稅)

주택 등 부동산을 보유 또는 매매하면 등록세, 재산세, 양도세 등 세금이 따른다. 부동산에 부과되는 세금을 분양(매입), 보유, 임대, 매도할 경우로 나눠볼 수 있다.

_ 아파트를 분양받을 경우

① 외국인에게는 상업용(판매·임대용)주택만 분양한다고 앞서 말했다. 외국인에게 분양하는 아파트는 베트남 일반 서민에겐 아직 고급주택에 해당한다. 상업용 아파트의 경우 토지를 제외한 건축 분양가에 부가세 10%를 부과한다. 베트남은 10평 내외의 사회적 주택이 많다. 사회적 주택의 경우 부가세 5%를 부과한다.

② 소유권 등기(보존 또는 이전 시 발급하는 핑크북) 시 각 군의 인민위원회로부터 토지·건물 매입금액의 0.5%에 해당하는 등록세를 납부한다. 단 등록세 최대비용은 5억 동(한화 약 2,500만원, 20동/1원 적용)을 넘지 않는다.

_ 아파트를 임대할 경우

베트남 주택을 임대할 경우 관할관청에 임대사업자로 등록하고 임대사업 관련 세금을 납부해야 한다. ① 우선 임대사업자 등록에 따른 등록세가 있다. 월 임대소득이 150만동(한화 약 7만5천원) 이상일 경우 연간 100만동(한화 약 5만원)의 등록세가 부과된다. 외국인이 분양받는 아파트 임대료는 150만동 보다 훨씬 높을 것이므로 당연히 등록세가 부과될 것이다. ② 임대수익에 부과되는 부가세는 5%다. 우리나라 주택 임대소득에 부가세를 부과하지 않는 것과는 다른 점이다. 다만 연간 임대수익이 1억동(한화 약 500만원) 이하인 경우 부가세가 면제된다. 부가세 관련 규정에서 개인으로부터 제공받은 재화와 용역의 대가가 연간 1억동 이하이면 부가세를 면제한다는 규정에 연동된다. ③ 마지막으로 연간 임대수익에 대해 5%의 소득세(PIT)가 부과된다.

외국에서 사업을 하면서 대충 법을 잘 지키지 않아도 괜찮다고 생각하는 경우가 더러 있다. 우리나라에서는 연 2천원만원 이하 주택 임대소득은 그동안 신고를 유예했으며 2019년 사업연도부터 신고하도록 하고 있다. 베트남 주택을 매입해 임대할 경우 우리네 상관습에 따라 설마 "임대하는데 내가 신고하지 않으면 누가 알겠어"하는 마음으로 임대사업자로 신고하지 않을 수 있다. 베트남은 사회주의 국가다. 법과 규정을 잘 지키도록 교육받아 왔다. 법에 따라 임대사업자로 신고하고 맘 편히 사는 게 나을 듯싶다.

부동산 양도에 따른 소득은 비고용개인소득(Non-employment Personal Income)으로 간주된다. 부동산 매도할 경우 매도자에게 양도가액(매도가액)의 2%를 부과한다. 2015년 주택법 개정 이전에는 양도차익의 25% 또는 양도가액의 2%를 선택적으로 적용했다. 외국법인의 부동산 양도세는 양도차익(과세표준)에 법인세율을 부과한다. 부동산 매각손실이 발생할 일이 희박하겠지만 부동산을 매각해 손실이 발생할 경우 향후 5년 동안 이연처리해 다른 소득으로부터 상쇄할 수 있다.

조세제도는 수시로 변한다. 향후 부동산 양도차익 과세에 대비해 분양 후 실내공사를 따로 한 경우에는 그 영수증을 챙겨둘 필요가 있다. 우리나라만 실내공사를 완비한 풀옵션으로 분양한다. 베트남, 중국, 필리핀 등 대개의 나라는 베어옵션과 풀옵션을 수분양자가 선택한다. 이에 따라 베어옵션과 풀옵션의 분양가격에서 차이가 난다.

양도세와 양도소득세 개념을 구분하면 이해가 쉽다. 양도세는 부동산을 매도했을 경우 매도금액에 단순 부과하는 세금으로 보면 된다. 양도소득세는 부동산 매도에 따른 매매차익(매도금액에서 매수금액과 필요경비를 공제한 차액)에 부과하는 세금이다.

한국에서 부동산 매도 시 부과하는 세금이 양도소득세이며 양도차익에 따라 누진 된다. 우리나라 양도소득세는 매우 복잡하고 세금이 과중하다. 웬만한 사람들은 주택을 팔고 스스로 양도소득세를 계산하기 어렵다. 양도가액에 취득가액을 공제하고, 다시 필요경비를 공제하면 양도차익이 나온다. 여기에 장기보유특별공제를 하면 양도소득금액이 된다. 또 소득감면 대상 소득금액과 양도소득 기본공제 250만원을 공제하면 양도소득 과세 표준이 나온다. 여기에 누진세율을 적용하면 산출세액이 나오고 조세특례 제한법상 감면세액을 다시 차감하면 납부세액이 나온다. 익숙하지 않은 사람은 머리가 뱅뱅 돈다. 우리나라 양도소득세와 상속세·증여세는 세계 최고수준이다. 일반지역 양도소득세 최고세율은 42%지만 투기지역으로 지정되면 무려 62%까지 치솟는다. 여기에 '중과대상'을 지정해 10%를 추가하기도 한다. 사회주의 국가 베트남의 양도세는 매도대금(양도금액)의 2%다. 앞으로 우리처럼 세금체계가 복잡하고 과중해질지 모르지만 하여간 아직은 단순 명쾌하다. 우리가 베트남처럼 단순 명쾌해지기는 어려울 것 같다.

_ 재산세, 종부세는 없고, 비농지사용세는 납부

베트남에서 주택, 토지 등 부동산을 소유할 경우 우리처럼 보유 기간 동안 매년 부과하는 재산세와 종합부동산세가 없다. 다만 외국인(외국투자기업 포함)이 주택이나 아파트를 소유함에 따른 토지사용에 대해 비농지사용세(Non-agriculture Land use tax)를 부과한다. 제곱미터 당 토지가격에 누진적으로 0.03~0.15%를 매년 부과한다. 이 토지가격은 매 5년 단위로 정부에서 결정 고시한다.

베트남 투자 여행

건축과 주거문화

_ 열대지역과 북방지역 건축의 차이… 지하 터파기와 냉난방, 배관시설

동남아지역 우기(4월~10월)엔 거의 매일 비가 내린다. 집안 타일 바닥과 페인트칠한 벽에 습기가 많이 찬다. 습기가 찰 경우 선풍기나 에어컨을 가동해 건조시킨다. 원주민들은 지상에서 무릎 높이 또는 사다리를 타고 올라갈 정도의 높이에 나무나 잎으로 바닥을 깔고 생활한다. 시멘트로 지은 집은 습기가 많이 밴다. 시멘트가 습기를 빨아들인다. 벽지를 바르면 벽지가 뜨고 곰팡이가 핀다. 따라서 외벽은 물론 실내 벽도 페인트칠을 많이 한다. 베트남 북단인 하노이는 중국 남방 쿤밍과 가깝다. 건기(우리의 겨울철)가 되면 영상 9~10도가 되지만 체감온도는 0도 이하로 느낄 정도로 춥다. 하지만 우리처럼 온돌이나 난방 보일러 시설을 바닥에 깔지 않는다. 바닥 난방을 잘 모른다가 정답일 것이다. 몹시 추우면 온열기 등 난방기구를 가동한다. 하노이와 호찌민은 비행기로 약 2시간 거리다. 기후 차이, 온도 차이가 크다. 하노이시는 호찌민시보다 습기가 많다고들 이야기한다. 건축물은 온도, 습도 등 기후와 물 등 자연의 영향을 많이 받는다. 일종의 건축문화가 형성된다.

호찌민시와 하노이시 모두 큰 강과 그 지류를 끼고 발달했다. 하노이에는 홍강이 있고, 호찌민에는 사이공강이 있다. 하노이는 한자로 '하내(河內)

다. '河內'의 베트남식 발음이 하노이다. '강의 안쪽'이란 의미다. 하노이와 호찌민시는 강을 낀 저지대임을 알 수 있다. 주변에 호수가 많고 산이 잘 보이지 않는 평야다. 지하 어디를 파도 물이 많이 나올 수 있다. 이런 이유로 베트남은 물론 열대지방에서 지상 높은 곳에 집을 짓고 지하 토목공사를 잘 하지 않는다. 전철도 지하구간보다 지상구간이 많다. 물이 많이 나오면 지하 터파기와 물막이를 감당할 수 없다. 물막이 토목기술이 있다 하더라도 공사비는 엄청 불어나게 마련이다.

필리핀에서 한국 부동산개발업체가 바닷가 부근에 주상복합을 짓기로 했다. 지하 4~5층 정도 깊이 팠다. 지하주차장을 만들기 위해서다. 용적률을 높이기 위한 한국식 사고방식이다. 물막이 공사로 인해 토목공사비가 몇 배로 불어났다. 자금이 바닥나고 공사는 중단됐다. 그 현장은 오래도록 녹슬고 찌그러진 펜스가 둘러쳐진 채로 방치돼 있었다.

우리나라는 대지 면적이 좁아 용적률을 최대한 활용하기 위해 지하를 깊숙이 판다. 지하층은 용적률에 포함되지 않아서다. 용적률만큼 건물을 지어 분양해야 수지타산이 나온다. 암반지대가 많아 물이 그다지 나오지 않는다. 여름 장마철을 피해 지하 터파기 공사를 한다.

한편 열대지역 주택 건축비는 북방지역인 우리보다 상대적으로 저렴하다. 열대지방은 혹한의 겨울이 없다. 북방지역은 혹한으로 바닥과 벽과 천정을 두껍게 해서 보온을 해야 한다. 보온재를 벽과 천장 틈 사이에 끼워넣는다. 바닥은 난방 보일러 배관을 깐다. 창틀도 이중창을 달아야 겨울 추위를 막을 수 있다. 상수도는 겨울 동파 방지를 위해 깊숙이 묻어두어야 한다. 상수도 파이프가 얼어버리면 먹는 물은 물론 화장실도 이용할 수 없다. 현대식 생활에 젖은 요즘 상상하기도 괴로운 일이다. 여름에는 태양열이 벽과 지붕을 통해 실내로 전달되지 않아야 좋은 집이다. 이렇게 북방지역 주택은 배관, 냉난방 등 공사비가 많이 들어간다. 열대지방은 보온이나 난방시설을 할 필요가 없다. 실내는 습기에 잘 견디는 페인트와 타일로 벽과 바닥을 장식한다. 상수도 파이프가 얼어 터지는 일이 없다. 그저 외부의 뜨거운 열을 차단할 정도로 벽을 쌓고 에어컨을 가동하면 된다. 건축설계나 시공이 덜 복잡하다. 인건비도 저렴해 건축비가 우리보다 훨씬 적게 든다. 다만 지진이 잦은 지역이라면 내진 설계에 맞춘 철근과 강도 높은 시멘트 골조공사가 요구된다. 혹한과 혹서라는 기후가 한국이 아파트를 잘 짓게 된 이유이다.

_ 베트남 주거문화… 우리는 남향, 베트남은 북향 선호

우리나라는 북반구에 속한다. 추운 겨울철 햇볕이 잘 드는 따뜻한 남향을 선호한다. 여름철이면 해가 수직으로 높이 떠 집안으로 따가운 햇볕이 들지 않는다. 냉난방 시설이 부족하던 농경시대, 배산임수 남향이면 최고의 택지, 길지(吉地)였다. 여름에는 남풍으로 습기가 차지 않고 시원하며 겨울에는 북(서)풍의 칼바람을 막아준다. 그러나 우리보다 남쪽인 남반구 열대지방이라면 사정이 다르다. 따가운 햇볕이 깊이 드는 남향과 서향은 더워서 별로 선호하지 않는다. 볕이 들지 않는 북향을 오히려 선호한다. 우리와 정반대 주거문화이다. 전망은 좋아야 하지만 따가운 햇볕은 피해야 한다. 동남아에서 살아본 경험을 떠올리면 남향이나 서향의 방에 햇빛이 들

어오면 후끈거리는 열기가 밤이 돼도 좀처럼 사라지지 않는 것을 느낄 수 있었다.

베트남인들은 시끄러운 대로변이나 병원과 학교 주변을 좋아하지 않는다. 우리나라는 수익성을 높이기 위해 대로변 불문하고 용적률을 높이고 그에 맞추어 고층아파트를 지어 분양한다. 베트남은 대로변에 상가, 병원, 학교 및 아파트를 짓고 조용한 지역에는 주택(Town House)을 지어 비싼 가격에 분양한다. 대규모 주택단지를 개발하면 아파트와 일반 주택을 동시에 분양한다. 아파트보다 베트남식 전통주택을 선호하는 층이 많기 때문이다. 아직은 아파트가 생소하기 때문이기도 하다. 아파트 크기별 선호도에선 전용 50~80㎡(약 15~25평) 사이의 소형아파트를 선호한다. 임대아파트도 마찬가지다. 침실(Bed Room) 수는 2개를 선호한다. 선호하는 아파트 층수는 전망이 탁 트인 고층이면서 너무 높지 않은 중간층을 선호하는 편이다. 지상의 풀장을 선명하게 볼 수 있어야 좋다고 한다. 아직은 전통주택 선호도가 높지만 아파트의 편리함을 느끼면 아파트 수요가 늘어날 것으로 보인다.

부동산개발회사는 베트남인의 주거 선호도를 간파하여 같은 분양면적이라도 향·층 별 분양가를 달리하고 있다. 외국인으로서 베트남 주택에 투자한다면 베트남 사람들이 선호하는 층이나 향을 우선하여 고려할 필요가 있다. 베트남 사람들이 선호하는 아파트가 매도나 임대에 유리할 수 있기 때문이다. 아파트와 빌딩의 층수 구분에서도 우리와 다른 점이 있다. 우리네 1층을 그들은 G층(Ground Floor)이라 부른다. 우리네 2층이 그들 1층이 되는 셈이다. 전국적인 통일을 위해 베트남 정부에서 강제하고 있다.

제3부

베트남 화폐·환율과 금융제도

베트남 동화(VND)와 화폐개혁

_ 국가의 흥망과 함께 한 동화(VND)와 화폐개혁 역사

　베트남 화폐단위는 '동(đông, 기호: đ, 코드: VND)'이다. 1동의 10분의 1 화폐단위가 '1하오(hào)'며 1하오의 10분의 1이 '1쑤(xu)'다. 하지만 동화 가치하락과 더불어 2012년부터 하오, 쑤 등 동전 사용이 급격히 줄었다. 2014년부터 동전이 거의 사라지고 있다. 사라졌다. 우리 화폐 1원, 10원 등이 거래에서 거의 사라진 것과 같은 현상이다. 1달러에 2만3000동이 넘는다. 베트남 화폐 20동이 원화 1원에 가깝다. 베트남 동화 화폐단위가 원화보다 20배가량 더 높은 셈이다. 반대로 동화 화폐가치가 원화보다 20배 정도 낮다는 의미이기도 하다. 우리나라도 해방 직후에는 1원의 가치가 매우 높았다. 10~20원이면 서울에서 집을 한 채 살 수 있을 정도였다. 하지만 지금까지 줄곧 화폐가치가 하락하면서 사용하는 화폐단위가 점점 높아지고 있다. 현금 거래에서 1천원, 5천원, 1만원, 5만원짜리 지폐가 사용된다. 동전은 거스름돈으로 받을 뿐이다. 100원 이하 동전은 거래가 급격히 줄어 돼지 저금통에서 오랫동안 잠자고 있다.

　'동'의 어원은 '동전(銅錢)'에서 비롯한다. 이는 또 과거 왕조시대에 사용된 청동 화폐(Bronze Coins) 즉 구리(銅) 화폐(錢)에서 기원한다. 중국, 한국, 일본의 왕조시대에 사용된 화폐와 동일하다. '하오'는 중국의 '호(毫)'에서 비롯한다. 호는 '터럭 호' 자로 털, 붓, 조금, 가늘다는 의미도 있지만 '적은 양'을 나타내는 척도 또는 수량 단위로도 사용된다. 독특하게도 베트남에서 가장 낮은 화폐단위인 '쑤'는 프랑스 동전을 의미하는 '소우Sou)'에서 비롯한다. 프랑스가 베트남을 침략해 식민지배할 당시 '동'과 '하오'의 화폐가치가 꽤 높았음을 알 수 있다. 프랑스 지배시절 지폐(紙幣)는 피아스터(Piastre), 동전으로는 '쑤'를 동시에 통용시켰다. 그 당시 유럽 식민제국주의자들은 지배지역의 경제권을 장악하기 위해 토지측량을 하면서 토지를 몰수하고, 자국 화폐를 통용시켜 수탈했다.

2차 세계대전 이후 식민지배를 지속하려는 프랑스와 독립하려는 베트남 사이에 벌어진 전쟁이 1차 인도차이나전쟁이다. 이 전쟁은 1954년 베트남이 승리하면서 독립을 쟁취했다. 하지만 베트남은 다시 공산정권이 지배하는 북부 베트남과 프랑스에 이어 미국의 지지를 받는 남부 베트남으로 분리됐다. 자연스럽게 화폐도 분리되어 발행·유통되기 시작했다.

북부 베트남은 2차 세계대전 종전 이듬해인 1946년부터 자체 화폐인 '동'을 발행하기 시작했다. 프랑스가 유통시킨 피아스터를 동일한 액면가의 동으로 대체했다. 북부 베트남은 1951년과 1958년 두 차례 화폐개혁을 했다. 1951년에는 동화를 100 : 1로 평가절하했다. 1958년에 다시 1000:1로 평가절하했다. 1954년까지 이어진 독립전쟁 수행과 계획경제 이행을 위해 화폐를 지나치게 발행한 이유일 것이다.

남부 베트남은 1953년 피아스터와 동으로 된 지폐를 동시에 발행했다. 북부 베트남에 의해 사이공이 함락된 후인 1975년 9월 22일 구 사이공 정권 화폐 500동을 '1해방동(Liberation dong)'으로 교체했다. 이 개혁으로 북부 베트남 중앙은행(SBV)이 발행한 동화와 남부 베트남 임시 혁명정부 소속 국립은행이 발행한 해방동으로 이원화됐다. 나라가 망하면 화폐도 사라진다. 화폐의 운명이 그 나라(정권)의 운명과 같음을 알 수 있다.

베트남 통일 후 3년이 지난 1978년 5월 3일 공산당 중앙위원회 결의 안 08호(Resolution No.08/NQ-TW)에 따라 남·북 베트남 화폐가 통합된다. 북부 베트남 1동과 남부 베트남 0.8해방동을 신화폐 1동으로 교환했다. 1980년 6월 23일 공산당 중앙위원회 결의안 26호(Resolution No.26/NQ-TW)와 정부위원회의 결정으로 중앙은행은 자본투자와 환율에 대비한 화폐, 신용, 지불 행위에 관한 규정을 발표했다. 경제회복과 상거래 활성화를 위해 새로운 형태의 차입을 확대하는 신용정책을 시행했다. 정부의 신용창출은 화폐발행과 공급을 의미한다. 국유기업과 금융시장에 자금공급을 확대했다. 이어서 동화 가치가 폭락하고 환율이 급등했다. 이로부터 몇 년이 지나지 않은 1985년 9월 14일 구화폐 10동을 신화폐 1동으로 바꾸는 화폐개혁을 했다. 통일 후 베트남은 캄보디아 침공, 중국과 전쟁, 미국의 베트남 무역봉쇄 등으로 소련 등 공산국가를 제외한 서구 자본주의 국가와 단절된 채 자급자족의 계획경제를 이어갔다. 실질 생산이 따라주지 않거나, 오히려 감소하는 상태에서 화폐의 지나친 발행이 화폐가치 하락의 원인이다. 세계 최빈국 대열에 들어선 베트남은 극도의 궁핍 속에 1986년 공산당대회에서 개혁과 개방, 시장경제, 사적 생산을 허용하는 도이모이를 선언했다. 하지만 한번 무너진 경제는 곧바로 나아지지 않는다. 이때부터 1990년 초반까지 만성적인 인플레이션에 시달려야 했다. 동화에 대한 신뢰가 떨어지면서 부동산 거래 등 큰 거래는 '금'으로 거래했다. 베트남 사람들이 금을 그냥 좋아한 게 아니다. 스스로의 재산을 보호하기 위한 최선의 선택이었다. 당연히 동화 환율도 급격히 상승했다. 화폐가치의 안정은 국가·정부·정권에 대한 신뢰다. 권력자가 화폐 발행의 달콤한 유혹에 빠져 화폐를 남발하면 그 경제가 망가진다. 이러한 현실이 베트남뿐만 아니었다. 세계 곳곳에서 일어났고 진행형이기도 하다. 베네수엘라가 그 대표적이다.

_ 지폐(紙幣) 발행, 인플레이션의 시작… 투자자는 지폐의 본질을 알아야

인플레이션 즉, 물가상승과 환율변동은 화폐와 직접적인 관련이 있다. 하지만 우리는 화폐의 본질에 대해 종종 잊고 산다. 그냥 화폐를 벌고, 쓰기만 하는 공기나 물과 같이 생각하며 사는 게 아닌가 생각해 볼 필요가 있다.

인플레이션(물가상승) 하면 우리는 사고자 하는 재화나 용역의 화폐 지불액 증가만 생각한다. 본질적으로 물가상승은 화폐가치의 하락을 의미한다. 지폐와 재화(용역)의 수요공급은 서로 반대로 작용한다. 지폐를 많이 발행하면 한정된 재화와 용역에 대한 화폐 지불액이 증가한다. 이게 곧 물가상승이고 인플레이션이다. 한정된 지폐에 재화와 용역이 증가하면 화폐가치가 올라가고 물가가 하락한다.

인류 역사에서 동전이 등장하면서 인플레이션이 발생하기 시작했다. 동전을 많이 주조했기 때문이다. 지폐가 생기면서 인플레이션이 본격화되었다. 동전은 금, 은, 동 등 금속으로 만들었다. 함량을 유지한 동전 제조에

한계가 있었다. 동전의 함량을 줄이기도 했지만 지폐처럼 폭발적이진 못했다. 지폐는 금속 함량을 무시하고 도안을 하고 윤전기만 돌리면 발행이 가능하다. 또 지폐는 동전보다 단위가 크고 권력자의 의지에 따라 무한정 찍어낼 수도 있다.

정부가 화폐를 독점적으로 발행하면서, 전쟁을 겪으면서, 금본위제를 없애면서 인플레이션의 발생빈도가 잦아지고 폭발적인 인플레이션도 자주 일어났다. '인플레이션'이라는 단어가 전문서적에 등장하기 시작한 시기는 1870년대부터라고 한다. 식민지 침략 등 전쟁이 잦아지면서 서구 유럽을 중심으로 악성 인플레이션이 발생하기 시작했다.

한편 세계 최초 지폐는 10세기 말경 중국 상인들에 의해 사용된 예탁증서 형태인 '교자(交子)'로 알려져 있다. 상인들의 필요 때문에 교자가 만들어졌다. 오늘날 같은 정부 주도 지폐는 원나라 쿠빌라이 칸이 금·은·동을 정부가 보관하고 대신 '지폐'를 발행함으로써 지폐 유통이 본격화됐다. 유럽은 이보다 늦은 17세기 초 영국 금 세공업자들이 발행한 '예치증서'가 오늘날 '은행권'의 모태가 됐다. 세계 최초의 은행권 지폐는 1661년 스웨덴 상업은행에서 발행됐다.

지폐(예탁증서, 은행권 등)가 통용되면서 화폐는 본원 가치(금·은과 동등가치) 이상의 신용을 창출했다. 각 정부와 중앙은행은 지폐발행 초기 금·은의 보유분만큼 지폐를 발행했다. 이후 각국은 금·은과의 동등가치를 무시하고 정부라는 신용을 바탕으로 무제한 지폐를 발행하기 시작했다. 특히 전쟁을 수행하는 국가의 지폐발행은 상상을 초월했다. 대만으로 밀려난 중화민국이 그랬고 몇 차례 전쟁을 치른 베트남도 그랬다.

정부나 (중앙)은행에 의해 발행된 지폐가 다시 은행으로 들어가면서 몇

베트남 투자 여행

배의 통화창출(통화승수)이 생겼다. 본원통화 발행액 대비 몇십 배의 통화가 시중에 유통됐다. 인플레이션 촉진제인 것이다.

니콜라스 A. 바스베인스가 지은 〈종이의 역사〉에서 1차 세계대전 이후 독일 바이마르공화국 지폐는 당시 일간신문 1부를 사려면 외바퀴 손수레에 가득 담긴 지폐로도 모자랐다고 한다. 심지어 마르크화 지폐를 벽지로 사용한 사진이 대서특필되기도 했다. 마르크화로 벽지를 사기보다 마르크화 지폐로 벽지를 바르는 게 더 싸게 먹혔다는 이야기다. 독일이 1차 세계 대전 참전 전비를 차입에 의존했으며 또한 전후 전쟁패배에 따른 막대한 배상금을 지불하기 위해 바이마르공화국은 무한정 마르크화를 발행했다. 이는 곧 천정부지 오르는 인플레이션의 직접적인 원인이었다.

중국인 쑹훙빙이 지은 〈화폐전쟁〉에서도 장개석 정부는 부패와 더불어 전쟁 수행을 위해 무분별하게 발행한 화폐('백성의 주머니를 털어가는 것'으로 표현)로 민심이 이반해 대륙에서 패배했다고 주장하고 있다. 패배에 여러 원인이 있겠지만 무분별한 화폐 발행이 중요한 원인 중 하나임은 부인하기 어렵다. 국가를 장악한 집권자들은 손쉽게 지폐발행 유혹에 빠진다. 유혹은 여러 분야에서 온다. 전쟁 수행을 위한다거나 전후 복구를 위해 지폐를 남발했다. 최근 역사에선 경제성장을 위해, 무상복지를 위해 또는 경제위기를 벗어나기 위해 엄청난 지폐를 발행했다. 미국은 베트남전쟁과 이라크전쟁, 2008년 금융위기를 겪으면서 엄청난 양의 달러를 발행했다. 미국 1달러가 베트남 동화로 2만3000동이 넘는다. 베트남은 달러 발행 이상으로 동화를 발행했음을 추정할 수 있다. 베트남에서 생산되는 재화나 용역 그 이상으로 동화 지폐를 발행했기 때문이기도 하다. 또 베트남 화폐는 베트남에만 머물러 있기 때문이다. 이로써 베트남 화폐는 고단위 화폐(저가치 화폐)가 됐다. 그 고통은 고스란히 국민들 몫이다. 급여로 지폐를 받아 본들 저축은커녕 당장 '먹고 입을 것' 사기도 힘들어진다는 뜻이다.

과거 베트남은 전쟁, 사회주의 정책 고수, 화폐발행으로 환율이 상승(동화 가치하락)했다면 앞으로는 경제성장에 따른 성장통으로 환율과 물가가 상승할 것으로 예상된다. 베트남 물가와 환율 변동성을 투자 체크리스트 필수 항목에 두어야 하는 이유다. 화폐의 본질을 꿰뚫어 보고 자신의 소득이나 재산 감소를 예방하는 지혜를 발휘할 수 있어야 한다.

_ 동화 환율상승과 가치하락의 역사… 환손실 막는 포트폴리오 필요

2006년 8월 짐바브웨가 화폐개혁을 하기 전까지 짐바브웨 달러가 세계에서 기장 고단위(저평가) 화폐였다. 이후 몇 개월 동안 베트남 동화가 세계에서 가장 가치가 낮은, 즉 고단위 화폐가 됐다. 이후 채 일 년이 지나지 않은 2007년 3월 짐바브웨 달러가 다시 가장 가치가 낮은 화폐가 됐다. 2009년 4월 짐바브웨 달러 사용이 중단된 이후 다시 베트남 동화가 가장 가치가 낮은 화폐가 됐다. 2014년 11월 이란의 리알(Rial)화가 이 자리를 물려받았다. 미국 등 서방과 대립으로 경제적으로 고립되었기 때문이다. 쿠바와 마찬가지로 이란의 도시에는 폐차되고도 남을 20~30년은 족히 넘는 낡은 차들이 굴러다니고 있다.

지금은 남미 베네수엘라 화폐가 단연코 최저 가치 화폐가 됐다. 사례를 들어보자. 2018년 4월 9일 달러 당 공식 환율은 9.98750볼리바르(Bolivar fuerte, 약어: Bs.F. 코드: VEF)다. 하지만 같은 달 6일 프리마켓 환율은 달러 당 최저 30만3904.35볼리바르에서 40만4천 볼리바르까지 다양하다. 암거래를 차단하기 위해 베네수엘라 외환 암시장 거래가격 발표가 불법이 됐지만 인터넷상에는 버젓이 공개되고 있다. 이때가 바로 베네수엘라 도심 상점에서 생필품 약탈이 성행하던 시기다. IMF에 따르면 2017년 베네수엘라 인플레이션이 무려 4,300%에 이르렀고 2018년에는 GDP가 18% 감소하고, 인플레이션은 무려 137만%에 이른다고 밝혔다. 이 정도면 화폐의 기능과 가치를 상실했다.

베트남은 1986년 도이모이 선언과 시장경제를 도입한 이후에도 경제 불안과 화폐가치 하락의 연속이었다. 1960년 1달러당 평균 97동 하던 환율이 1990년 6,500동, 2000년에는 두 배가 넘은 1만4,400여동까지 급등했다. 우리나라 IMF 금융위기를 포함하는 아시아 경제위기 여파가 베트남에도 영향을 미쳤기 때문이다.

2000년대 이후를 보면 2004년~2008년까지 1달러당 1만5000~1만6000동을 유지했으나 2009년부터 동화 가치가 급격히 떨어지기(동화 환율상승) 시작했다. 2010년에는 1만9495동이 됐다. 2008년에 일어난 미국발 세계 금융위기 충격을 베트남도 비껴갈 수 없었다. 금융위기의 원인은 미국이 제공했지만 그 피해는 경제 체질이 약한 저개발국가가 훨씬 심하게 입었다. 2015년 2만2450동, 2016년 말에는 2만2769동이 됐다. 2019년 5월에는 달러 당 2만3000여 동을 넘어섰다. 2015년 이후 무역적자가 줄어들고 경제가 성장하면서 과거보다 동화 가치가 차츰 안정을 찾고 있지만 환율은 여전히 완만하게 오름세를 보인다. 베트남은 2016년부터 동화 대 달러의 중앙은행 고시환율(Central Exchange Rate)을 매일 고시하고 일일 +−3% 이내로 변동폭을 주고 있다. 아직 완전한 변동환율제(Free Floating Exchange Rate System)로 가기엔 이른 시기다.

〈 달러 대비 동화 환율 변동 그래프 〉

SOURCE: TRADINGECONOMICS.COM | OTC INTERBANK

환율상승의 내부적 원인은 지나친 화폐 발행이다. 다음은 국가 외적 요인으로 선진국의 경제 상황 특히 미국의 금융정책에 많은 영향을 받고 있다. 베트남에 투자해 이익을 내더라도 동화 가치가 계속 하락하면 벌었던 이익이 상쇄되고 만다. 베트남 동화 환율 흐름을 이해하고 투자 포트폴리오을 짜야 하는 이유다.

베트남 투자 여행

_ 베트남 '동화', 세계 최고 수준의 '고단위 지폐'

인류는 금·은·엽전·소금 등을 교환과 가치척도로 삼았다. 종이 제조기술이 발달하고 인쇄술이 정교해 지면서 지폐는 금·은·동 화폐 역할을 대신하게 됐다. 지폐(紙幣)는 종이 역사의 한 부분이다. 지폐 제조기술이 발달하면서 지폐를 손쉽게 발행하게 됐다. 나라마다 지폐 발행 역사는 지폐 가치 하락의 역사와 궤를 같이한다. 오일 쇼크라는 기름값 상승(사실은 달러의 대량 발행과 달러 가치 하락이다)이 있기 전까지만 하더라도 '백만장자(One Millionaire)'는 1백만 달러(우리 돈으로 약 11억 원)를 가진 사람으로서 미국뿐만 아니라 세계적으로도 부자 대열에 들어갔다. 지금 백만 달러는 부자 축에 들지 못한다. 우리나라에서조차 개인 재산 11억 원 정도는 부자 소리를 듣지 못한다. 경제발전으로 그만큼 돈 많은 사람이 많아졌다는 의미가 되기도 하지만 화폐 측면에서 보면 지폐발행이 늘면서 보유재산의 화폐단위가 높아졌다는 의미이기도 하다. 예를 들어 같은 평형의 아파트가 30년 전에 1억원이었다면 지금은 10억원이 될 정도로 돈의 가치가 떨어졌다. 이를 우리는 '아파트 가격이 올랐다'고만 생각할 뿐 '화폐가치가 떨어졌다'고는 잘 생각하지 않는다. 투자자라면 이 두 가지 면을 동시에 읽어야 한다.

우리나라 화폐단위는 선진국 화폐단위에 비해 상당히 높다. 1 달러 당 1,200원에 근접하고 있다. 해방 이후 지금까지 지속적으로 화폐발행이 증가하면서 화폐가치가 떨어졌다. 해방 후 몇십 원이면 서울에서 집을 한 채 살 수 있었지만 지금은 어림도 없다. 미국이 달러도 많이 찍어냈지만 원화

(KRW)도 많이 발행했다는 뜻이다.

　하물며 베트남 화폐단위는 우리보다 더 높다. 우리 돈 1원이면 베트남 화폐로 약 20동(VND)이다. 화폐단위가 20배 더 높다. 1달러당 약 2만3,000여동에 이른다. 우리나라는 경제성장과 더불어 화폐가치가 하락한 반면 베트남은 2차 세계대전 이후부터 1975년까지 이어지는 독립과 통일전쟁 이후 이어지는 사회주의 공유정책, 서방과의 교역 단절이 고단위 화폐가 된 주요 원인이라 할 수 있다.

　화폐단위가 낮으면 거래가 편리하다. 지나치게 높은 화폐단위는 거래 및 회계처리에서 문제를 일으킨다. 하지만 베트남 사람들은 고단위 화폐에 큰 불편이 없는 모양이다. 베트남 사람들은 동화 화폐단위에서 숫자 '영(0)' 세

베트남 지폐 – 50만동

개(000)'를 빼고 부른다. 예를 들어 20만동이면 '200(200k)'으로 부른다. 뒤 '천 단위'는 천 단위 기호인 'Kilo'로 처리해서 제외한다.

베트남 최고액 화폐단위는 50만 동이다. 원화로 환산하면 2만5천원 수준이다. 우리나라 최고 화폐단위 5만원권과 비교된다. 베트남 최고액 화폐단위는 우리보다 10배 높으면서 화폐가치는 5만원의 절반 수준이다. 베트남 투자에서 화폐단위와 환율을 항상 염두에 두고 투자판단을 해야 한다고 앞에서 이야기했다.

베트남 독립 이후 약 4차례 화폐개혁이 있었다. 마지막 화폐개혁은 1985년 구화폐 10동을 1동으로 바꾸는 개혁이 있었다. 이로부터 30년 이상이 지났다. 다시 세계에서 선두 다툼을 하는 고단위 화폐가 됐다. 인도는 2016년 11월 전격적으로 화폐개혁을 단행했다. 고액권인 500루피와 1,000루피 구 화폐를 신화폐로 등가 교환하는 화폐개혁이었다. 장롱 속 화폐를 끌어내 양성화하기 위한 조치였다. 일부 부작용에도 불구하고 성공적이었다는 평가다. 이는 동등한 화폐단위 간의 화폐 교환이었기 때문일 것이다. 지폐 시대와 더불어 화폐개혁은 어느 나라나 중요한 화두다.

화폐발행과 환율

— 통화량 증가는 성장, 환율, 물가, 금, 주가, 부동산 자극

　금융투자를 결정하는 판단 요소(데이터)는 무수히 많다. 경제성장, 물가지수, 통화량, 환율, 제조업지수, 기준금리, 이자율, 주택가격지수 등 무수하다. 이 중 통화량은 기본적인 판단요소이지만 대부분 간과하고 만다. 물가지수(인플레이션)로 갈음한다. '수요·공급에 의해 시장가격이 결정된다'는 이론은 기본적일 뿐이다. 현대의 물가 즉 시장가격은 수많은 변수와 연동돼 있다. 단순히 수요·공급만으로 설명되지 않는다. 그중 통화량 증가는 수요가격과 공급가격을 동시에 수직으로 끌어올리는 역할을 한다. 예를 들면 이렇다. 공급 측은 통화량 증가로 가격을 올려 물건을 공급하고자 할 것이고, 수요 측은 더 많은 돈을 지급하더라도 기꺼이 물건을 사고자 할 것이다. 통화량이 증가하면서 부동산 가격을 밀어올리는 이유다. 통화량이 물가에 영향을 주는 유일한 변수는 아니지만 영향력이 큰 변수다. 물가는 통화량뿐만 아니라 소비자의 구매력, 원자재 가격 등 많은 변수의 영향을 받는다.

　하노 벡, 우르반 바허, 마르코 헤르만이 공동 저작한(강영옥 역) 〈인플레이션〉에서 "화폐유통량은 경제 상황을 진단하는 중요한 도구다. 한 국가의 현 경제 상태와 미래 투자가능성을 알고 싶다면 화폐유통량의 변동추이를

주의 깊게 살펴보아야 한다. 화폐유통량이 지나치게 많고 과도한 증가세를 보인다면 경고신호로 받아들이는 게 좋다"고 쓰여 있다. 적절한 표현이다.

한국은행 경제통계시스템의 '통화 및 유동성지표'를 보면 본원통화(M1)와 광의통화(M2) 통계자료를 볼 수 있다. 평잔(평균잔액의 줄임말)이든 말잔(말기잔액의 줄임말)이든 역사적 데이터를 보면 꾸준히 통화량이 증가하고 있다. 본원통화만으로 물가에 크게 영향을 미치지 못한다.

시중에서 예금과 대출이 연쇄적 반응을 일으키며 통화량을 증가시켜 인플레이션이 일어난다. 본원통화(M1), 광의통화(M2=M1+2년 미만 정기예·적금), 금융기관유동성(Lf=M2+만기 2년 이상 예금 등), 광의유동성(L=Lf+국채, 회사채, 기업어음) 순으로 통화가 늘어나면서 물가를 밀어 올린다. 물가상승은 곧 화폐가치의 하락을 의미한다. 통화량이 늘어나면 부동산과 금, 주가가 눈에 띄게 올라간다. 내 재산을 지키고자 하는 선호현상이다. 그리고 투자자들은 이들 자산에 많은 관심이 있다. 한국은행이 보여주고 있는 통화별 수치를 보면 현실감이 있을 것이다. 2019년 6월 기준 본원통화 평잔은 179조3925억 원, 광의통화 2798조7922억 원, 금융기관유동성 3968조1599억 원, 광의유동성(말잔)은 5041조7031억 원 순으로 기하급수적으로 늘어난다. 시중(우리나라)에 5천조 원 이상의 통화가 유통되고 있는 셈이다. 광의통화를 본원통화로 나눈 통화승수가 15.6이다. 본원통화에 비해 15.6배 광의통화가 창출된다는 의미다. 통화승수 15.6은 매우 낮은 수치며 경기가 호황이면 20을 넘기기도 한다. 통화승수가 높을수록 화폐의 유통이 활발해 물가를 자극한다거나 경기가 활발하다고 해석할 수 있는데 상황에 따라 해석을 달리할 수 있다. 금융기관유동성은 22.1배, 광의유동성은 28.1배다. 역사적(시계열적)으로는 얼마나 증가할까. 아래 본원통화와 광의통화 그래프를 보면 알 수 있다. IMF 금융위기 이후인 2001년부터 보여주는 그래프에서 2008년 미국발 금융위기 이후 통화량의 우상향 곡선이 가팔라지는 것을 볼 수 있다. 세계적인 양적 완화에 맞춰 우리 통화량도 급증했음을 알 수 있다.

2009년 초 미국 FRB 의장이었던 벤 버냉키의 '양적완화(Quantitative Easing, 量的緩和)' 정책이 한때 세계 금융계의 핵심 이슈였다. 양적완화란

〈 한국은행 경제통계시스템, 본원통화 그래프(월평잔) 〉

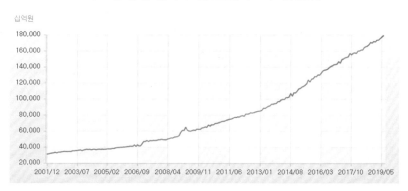

자료 : 한국은행 경제통계시스템

〈 한국은행 경제통계시스템, 광의통화 그래프(월평잔) 〉

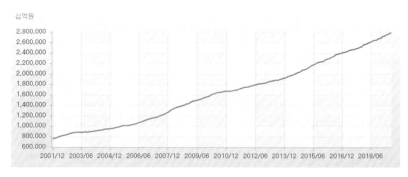

자료 : 한국은행 경제통계시스템

'달러를 찍어서 수렁에 빠진 경기를 회복시키겠다'는 우회적인 표현이다. 이후 미국은 엄청난 달러를 발행해 경제위기에서 벗어났지만 금, 주식, 부동산 가격이 급등했다. 양적완화의 직접적인 원인이다.

미국이 달러를 대량으로 찍어내면서 다른 나라들도 가만히 보고만 있지 않았다. 경제 강국인 유럽과 일본이 일제히 자국 통화량을 증가시켰다. 우리나라도 공개적으로 발표하진 않았지만 본원통화나 광의통화 증가율을 보면 2008년 이후 급격히 증가하고 있음을 알 수 있다. 불경기를 방어할 수 있었지만 그 후유증인 인플레이션(물가 상승)에 부닥치게 된다. 그 당시는 아직 불황이라 소비자물가지수는 낮게 유지될 수 있지만 급격히 불어난 통화량이 어느 순간 주식과 부동산 가격을 끌어올렸다. 넘쳐나는 달러가 주식시장과 부동산시장으로 흘러들었다. 미국의 뉴욕과 나스닥지수가 급등했다. 경기가 회복되기도 전에 뉴욕, 런던, 도쿄, 토론토, 홍콩 등 주요 도시 부동산 가격이 급등했다.

우리나라는 뒤늦은 2017년 하반기부터 부동산 가격이 올랐다. 정부와 언론은 부동산 투기로 매도했다. 그 주장의 일부분은 수긍하지만 더 큰 원인은 증가된 통화량과 길을 잃고 헤메는 통화의 방향성 영향이라고 할 수 있다. 예를 들면 통화량 증가가 부풀어진 풍선의 바람처럼 부동산 부문으로 분출되기 때문이다. 투자자들은 돈의 가치가 떨어질 것을 예상하기 때문에 안전한 부동산이나 금으로 자신의 재산을 이전시키는 행위로 볼 수 있다. 투기로 볼 수 있지만 자기 재산을 보호하기 위한 투자행위이기도 한 것이다. 통화증발이 일어나면 주식·부동산 가격 상승은 그 후의 결과다.

사실 '양적완화'라는 신조어가 언론에 등장하면서 이게 훗날 전 세계에

어떤 영향을 미칠지 잘 몰랐다. 관심을 가지지 않았거나 관심을 가졌더라도 알 수 없었을 것이다. 달러의 대량 발행으로 미국 경제는 부도위기에서 벗어났지만 세계 경제는 미국 버냉키 한마디에 춤을 추었다. 또한 영국, 일본 등 주요 선진국들도 양적완화에 불을 지피면서 불경기임에도 주식과 세계 주요 도시 부동산 가격을 이렇게 끌어올릴 줄은 미처 몰랐다. 나중에야 '아하 그렇게 되는 거구나' 정도일 것이다. 1998년 우리나라 금융위기 당시 기업이 줄도산하고 주가와 부동산이 폭락하는 현상과 반대 현상이 벌어진 것이다. 이런 현상을 예측할 수 있다면 '위기가 기회'인 셈이다. 양적완화는 화폐발행으로 나락으로 떨어지던 경기를 회복시켰다. 어느 정부건 손쉽게 채택할 수 있는 화폐정책(금융정책)이다. 투자자는 그 후에 미칠 영향에 대해 염려하고 대비해야 한다.

정부가 지폐를 많이 발행할수록 정부 부채의 가치가 상대적으로 줄어들게 된다. 정부 부채가 분모라면 화폐발행은 분자가 되기 때문이다. 정부 부채 (명목)규모는 일정할 수 있지만 화폐발행으로 정부 부채의 실질가치는 자연스럽게 하락하게 되는 이치다. 이에 따라 개인의 화폐자산 가치도 줄어들게 된다. 어느 정부건 이 유혹에서 벗어나기 어렵다.

미국은 1861년 남북전쟁이 일어나면서 전쟁수행을 위해 남부와 북부가 경쟁적으로 지폐를 남발했다. 북부의 인플레이션은 28%, 남부는 209%까지 치솟았다. 근세사에서 전쟁은 지폐 남발의 역사며 인플레이션의 역사다. 베트남도 이런 역사 굴레에서 벗어날 수 없었다.

베트남은 오랜 전쟁을 겪었다. 전비조달을 위해 화폐 증발이 불가피했을 것이다. 아쉽게도 이 시기 신뢰성 있는 통화지표를 찾을 수 없다. 단절된 사회주의 국가이며 미국과 벌인 전쟁과 이어진 국교 단절의 영향 때문일 것이다.

베트남이 개방정책으로 경제를 성장시켜야 한다는 신념이 이어진다면 화폐(동화)가치 유지를 위해 노력할 것이다. 하지만 경제성장을 위해 약간의 인플레이션은 불가피하다. 과거처럼 급격한 인플레이션이나 환율상승은 아니겠지만 꾸준한 물가상승과 환율상승이 일어날 것이다. 경제성장의 이익을 향유하면서 화폐의 실질가치 하락을 극복하기 위한 투자수단이 무엇일까 고민할 때다. 환율과 물가상승을 흡수하면서 투자자산을 보호·증가시킬 수 있는 적절한 수단을 찾아야 한다. 예금과 채권일까, 주식일까, 부동산 또는 금일까, 원자재와 사업(자영업)일까.

경제성장은 곧 한 국가의 GDP 증가를 의미한다. 재화와 용역(서비스)으로 대표되는 생산량의 증가를 의미하기도 한다. 한 국가가 생산량만 증가하고 화폐가 증가하지 않으면 재화와 용역의 유통이 경직되기 마련이다. 적절히 증가하는 화폐가 경제의 윤활유 역할을 한다. 따라서 경제가 성장함에 따라 화폐량도 이에 맞추어 적절히 증가함으로써 생산과 유통·분배가 원활히 이루어진다.

과거 각종 정보나 통계가 발표되지 않던 시절 정부가 화폐를 얼마만큼 발행하는지 알 수가 없었다. 물가가 치솟고 화폐가치가 형편없이 떨어질 때쯤 백성들은 뒤늦게 뭔가 잘못돼 가는구나 하고 짐작할 뿐이었다.

지금은 각국 정부와 중앙은행 그리고 IMF, 세계은행 등이 홈페이지를 통해 수많은 통계를 공개하고 있다. OECD에 가입했거나 WTO에 가입한 나라들은 대부분의 자료를 공개하고 있다.

　베트남 중앙은행은 한국의 중앙은행 통계시스템처럼 상세한 통계데이터를 아직 제공하지 못하고 있다. 특히 역사적 데이터가 부족하다. 통계청이나 중앙은행 등 정부의 통계시스템 구축은 오랜 시간과 자금·인력이 들어간다. 개인투자자는 베트남 정부나 중앙은행 통계에 접근하기 어렵다. 하지만 경제성장률, 물가지수, 환율 등 대표적인 지수나 지표는 언론을 통해 공개된다. 이로써 미루어 짐작하고 판단해야 한다. 또 어느 정부를 막론하고 통화량을 증가시키고 있다는 사실을 기억해 두어야 한다. 성장률, 물가, 환율 밑바탕에는 통화량이 깔려있다는 사실도.

중앙·국영은행과 금융개혁

_ 베트남 금융시스템 개혁… 중앙은행 및 4대 국영은행 탄생

　(1986년 이후~현재까지)

　1986년 베트남은 제6차 공산당대회에서 포괄적이고 근본적인 결의안, 도이모이정책을 채택했다. 이후 개혁·개방을 추진하면서 서서히 중앙 계획 경제에서 사회주의 시장경제 체제로 변화시켜 나갔다. 그리고 느리지만 단계적으로 국제경제 일원으로 편입되기 시작했다.

　1988년 3월 26일 베트남 정부는 은행시스템의 상업적 운용으로 전환하기 위한 시행령 53호(Decree No.53/HDBT)를 발표했다. 은행이 그동안 계획경제 하의 자금 분배기능에서 벗어나 예금과 신용창출(여신) 등 시장의 자금 수요·공급 기능으로 전환하겠다는 신호다.

　이를 통해 국영은행(The State Bank) 조직을 서방의 자본주의 금융기능 중심으로 개편했다. 중앙은행(SBV)은 화폐 발행과 화폐 정책적인 기능을 담당하게 했다. 자본주의적 중앙은행의 탄생이다. 국영은행은 ① 베트남 산업과 상업은행(The Industrial and Commercial Bank of Vietnam), ② 농업개발은행(The Agricultural Development Bank), ③ 투자와 건설은행(The Bank of Investment and Construction of Vietnam), ④ 외환은행(The Bank for Foreign Trade of Vietnam) 등 4개 은행으로 분리했다.

사회주의 계획경제, 배급경제의 혈맥 역할(분배기능)을 하던 국영은행을 자본주의 은행시스템인 기능주의 시스템으로 개편했다.

이들 은행은 정부가 필요로 하는 산업분야에 특화된 대출과 은행서비스를 제공한다. 중국의 국영은행이 개혁개방 이후 인민은행과 4대 국유은행으로 분화된 모습과 일치한다. 참고로 국영은행은 국가가 소유하고 경영하는 형태며 국유은행은 국가가 소유하되 주식을 매각하고, 경영을 분리할 수 있도록 주식회사화 한 제도이다. 상장으로 민영화하겠다는 사전단계이기도 하다. 우리나라의 경우 한국은행에서 외환은행이 분리되고 다시 수출입은행이 분리됐다. 또 정부 주도로 산업은행과 기업은행이 설립됐다. 경제성장을 위해 산업의 혈액인 자금을 정부 주도로 세분화해서 원활히 공급하겠다는 의지다.

1990년 5월 베트남 정부는 두 개의 은행 조례(Banking Ordinances)를 승인했다. 이에 따라 은행시스템은 당과 정부의 지침에 따라 강력하고 포괄적인 개혁에 들어갔다.

1990년에서 1996년까지 중앙은행(SBV)은 새로운 금융시스템을 규제(조절)하기 위한 금융 인적자원을 육성하고 최신 금융기법을 도입하면서 (단기)금융시장(Money Market)을 개설했다. 더불어 중앙은행의 화폐·금융정책 수단 중 하나인 이자율정책을 도입했다. 이로써 베트남 중앙은행은 기준금리 조정으로 통화량을 조절하는 수단을 가지게 됐다.

이 기간 은행의 신용거래(여신)가 확대됐다. 민간경제 부문과 모든 산업에까지 대출이 가능해졌다. 신용거래(대출)는 매년 평균 36% 증가했으며 이는 경제성장과 산업 구조조정에 성공적으로 기여했다. 민간기업에 이르기까지 대출을 하게 됐다고 하지만 민간기업, 중소기업, 자영업까지 여신을 풍족하게 공급하지 못하고 그저 물꼬를 튼 정도였다. 공항, 철도, 항만 등 인프라 구축과 국유기업에 우선하여 자금이 배분되었기 때문이다. 특히나 국민 개개인에게 제공하는 소매대출 즉 주택담보대출, 가계자금대출은 아직 생소하다.

축적된 자본이 빈약한 베트남으로선 자원의 최적 배분을 위해 국가가 필요로 하는 산업이나 영역에 우선적으로 대출과 투자를 하게 된 것이다. 우리나라 60~70년대 정유, 철강, 중공업, 도로 등에 우선 배분하였던 사실을 기억하면 쉽게 이해된다.

국제금융기구인 IMF, 세계은행(World Bank), 아시아개발은행(ADB)의 지원도 받게 됐다. 이 세 국제금융기구로부터 경제 및 금융정책 자문을 얻고 동시에 개발이 시급한 도로, 교육, 의료, 농촌 분야 등에 자금지원을 받게 됐다. 금융시스템의 시장체제, 자본주의 체제로 전환함에 따라 해외로부터 자금유입(도입)도 가능하게 된 것이다.

1997년 베트남 국회(National Assembly)는 시장 친화적이고 국제규범에 맞춘 '베트남 중앙은행법(Law of the State Bank of Vietnam)'과 '금융기관법(또는 은행법, The Law on Credit Institutions)'을 통과시켰다. 그동안 정부 지침에 따라 운영되던 중앙은행과 은행들이 제정된 '법'에 따라 자율적으로 운영하게 된 것이다.

중앙은행(SBV)은 1997년 아시아 금융위기 충격을 완화하기 위해 유연한 금융정책을 지속해서 추진했다. 특히 이자율정책을 신축적으로 적용했다. 금융기관 시스템을 개편하거나 통합해 막대한 부채를 서서히 해소하면서 재정역량을 키웠다.

은행 간 전자결제시스템(Inter-bank Electronic Payment System)과 인터넷뱅킹은 2002년 5월부터 공식 가동했다. 그리고 중앙은행은 세계무역기구(WTO) 가입을 위한 협상에 참여했으며 또 은행 시스템의 국제 결제시스템(SWIFT) 참여를 위해 활동했다.

2006년 하반기 세계무역기구(WTO)에 정식으로 가입하면서 금융시스템은 지배구조, 경영, 제도적 체계, 기술 등에서 혁신을 가져왔다. 2010년 6월, 12기 국회 7차 회의에서 1997년에 만들어진 베트남 중앙은행법과 금융기관법(은행법)을 국제적 기준에 맞추어 개정했다. 이로써 금융시스템과 규정이 자본주의 금융시스템에 편입되었다.

2008년 미국발 세계적 금융위기와 경제 침체에 직면해 경제를 회복시키기 위해 베트남 중앙은행은 우선적으로 인플레이션 억제를 위해 노력했다. 인플레이션이 궁핍과 피폐를 불러왔다는 역사적 경험에서 비롯된 정책이었다. 특히 2011년 이후 중앙은행 화폐정책은 단순히 시장을 보조하기보다 적극적으로 주도하는 방향으로 바꾸었다. 그 결과 금융과 외환시장이 과거보다 훨씬 안정적으로 운영되고 있다. 시장과 국민, 해외투자자들이 베트남 중앙은행의 정책을 점차 신뢰하게 됐다. 한편으로는 금과 외화거래 금지를 강제하기도 했다. 베트남 동화 거래 활성화와 신뢰 회복을 위한 조치였다. 이후 동화를 금과 달러로 바꾸는 민간의 거래 관행은 거의 사라졌다.

– 중앙은행의 독립성·중립성, 물가·통화량 변동과 직결

물가가 오르내리고, 기준금리를 결정하고, 화폐를 발행하고, 이 모든 게 중앙은행과 관련이 있다. 중앙은행의 주 기능은 통화량과 물가 조절이다. 현대 자본주의 사회에서 선진화된 국가일수록 중앙은행의 역할과 비중이 크다. 중앙은행이 정부 정책의 중립지대에 서 있고자 하는 스스로의 노력과 주위의 응원 때문이다.

우리나라 한국은행의 역할을 알아두면 다른 나라 중앙은행 정책과 큰 차이가 없어 이해하기 쉽다. 우리나라는 한국은행의 역할을 규정하는 '한

하노이시 소재 베트남 중앙은행(SBV) 전경

국은행법'이 있다. 한국은행법 제1조(목적) "효율적인 통화신용정책의 수립과 집행을 통하여 물가안정을 도모함으로써 국민경제의 건전한 발전에 이바지함을 목적으로 한다"고 명시돼 있다. 물가 즉 인플레이션 안정이 가장 큰 목적이다. 물가안정과 화폐 발행은 이율배반적 목적과 기능을 가지고 있다. 무분별한 화폐 발행은 물가안정을 해치고 국가경제를 파탄에 이르게 한다. 적절한 화폐 발행과 통화신용정책은 물가를 안정시키면서 경제를 활성화 시킨다.

한국은행법은 또 "통화신용정책은 중립적으로 수립되고 자율적으로 집행되도록 하여야 하며, 한국은행의 자주성은 존중되어야 한다"고 명시해 정부에 대해 '독립성'보다 완화된 '중립성'으로 표현하고 있다. 덧붙여 "통화신용정책은 물가안정을 해치지 아니하는 범위에서 정부의 경제정책과 조화를 이룰 수 있도록 하여야 한다"며 정부 정책과의 조화를 강조하고 있다.

한국은행은 정책결정기구로서 금융통화위원회(이하 '금통위')를 두고 있다. 7명의 위원으로 구성되며 기획재정부 장관 추천 1명, 금융위원회 위원장 추천 1명 등 정부 측 위원 2명이 참여한다. 정부와의 정책조화를 표방하지만 정부 정책을 반영해 달라는 주장이 강할수록 입김이 세다고 할 수 있다. 조화와 입김 간의 간격은 어느 쪽에서 보느냐에 따라 다르다.

금통위의 역할은 막중하다. 한국은행권 발행에 관한 기본사항, 지급준비율, 재할인, 기준금리 결정, 국채 또는 정부보증증권 등의 매매, 통화안정증권의 발행·환매 등 금융정책의 중요사안을 결정한다.

한국은행은 금통위를 통해 '한국은행권'이라는 화폐발행권을 가진다. 세계 어느 나라도 '금본위제'를 채택하고 있지 않다. 정권에 따라, 정책에 따라 마음껏 화폐를 발행할 수 있는 구조다. 화폐발행은 곧 인플레이션(물가상승)을 유발시키고, 민간부문의 화폐자산 가치를 감소시키고, 정부 부채를 축소시키는 역할도 한다. 어느 나라에 투자하건 중앙은행의 화폐발행과 통화신용정책은 투자수익(손실)에 직간접적으로 영향을 미친다. 이 정책을 음미하며 투자 퍼즐을 풀어야 한다.

정부가 국채(정부부채)를 발행하면 한국은행이 인수한다. 인수한 국채를 ①시중은행이나 국민연금(우리나라 국채 최대 보유기관이다) 같은 연기금에 팔기도 하면서 시중의 자금을 끌어모으거나, ②한국은행권이라는 신권을 발행해서 국채를 보유하기도 한다. 또한 수출 또는 금융거래(외국인의 국내 주식, 채권투자 등)로 유입되는 달러를 신권 화폐로 교환하면서 시중에 원화 자금을 풀기도 한다.

한국은행 통화안정법에 따라 한국은행만이 통화안정증권을 발행할 수 있다. 통화안정증권은 금통위가 통화정세를 고려하여 설정한 한도 내에서 발행한다. 물가상승이 우려되면 통화안정증권을 발행하여 시중의 화폐를 회수한다. 반대로 통화안정증권의 매수를 통해 신종 화폐 발행 없이 시중 통화량을 늘리기도 한다.

이외 지급준비율과 재할인율 및 기준금리를 통해서 간접적으로 시중의 통화량을 조절하기도 한다. 이중 기준금리 변동이 채권가격 변동에 바로 직결된다. 특히 미국 FRB의 기준금리 변화에 따라 전 세계 채권과 주식 시장이 출렁거린다. 미국의 연기금 및 투자금융회사들은 양적완화로 막대하게 풀린 달러자금을 바탕으로 전 세계 금융시장(주식·채권·현물시장)에 진출해 있다. 달러 기준금리를 올리면 전 세계에 흩어져 있던 달러자금이 미국으로 회귀하면서 우리나라, 브라질, 베트남 등 신흥국 금융시장이 출렁(채권가격 및 주가 하락, 환율급변 등)이면서 몸살을 앓고 있다.

어느 정권이건 재정지출을 늘리고 통화를 풀어서 경기를 부양하고 복지 혜택을 늘리고 싶어 한다. 여론의 지지, 표와 직결되는 '표풀리즘' 정책이다. 그 중요한 실행 수단이 증세와 국채발행(부채)이다. 또한 정부는 물가를 감수하고서도 경제성장을 원한다. 성장이 곧 적절한 물가상승과 동반하는 이유다. 이를 견제하는 기관이 중앙은행이다. 하지만 현실은 그러하지 못하다.

① 기본적으로 중앙은행장(미국의 경우 FRB 의장)을 대부분의 나라에서 대통령이 임명하고 있다.

② 역사적으로 정권은 경제성장과 국민 복지를 위한다는 명분으로 화폐발행 또는 국채발행의 유혹에 빠진다. 이러한 유혹에 빠진 나라들이 수두룩하다. 1930년대 독일의 인플레이션은 금융역사에 각인돼 있다. 전쟁배상금을 지불하기 위해 화폐를 무한정 발행했기 때문이다. 독일 국민들은 허덕였고 히틀러가 집권하는 계기가 됐다. 지금은 베네수엘라, 나이지리아가 여기에 해당된다. 국민들이 화폐를 보유하거나 예금을 하면 할수록 손해를 보는 그런 인플레이션을 낳았다. 한 바구니의 지폐로 빵 한 조각과 우유 한 병 사기도 힘들어지게 되는 것이다. 국가 신용등급 평가에서 정권의 성향과 정책 부문이 큰 비중을 차지하는 이유이다.

전쟁이 발발하거나, 정권이 불안하거나, 이념적 정권이 들어서면 경제의 불안정성이 높아진다. 개인투자자들이 각 나라 정부와 중앙은행의 금융정책을 예의주시하지 않을 수 없는 이유다. 베트남은 우리보다 수출입 규모가 작고, 외환보유고도 적으며, 금융이 취약하고, 재정도 빈약하다. 하지만 힘차게 발전하고 있다.

베트남 중앙은행은 공산당과 정부의 영향력 아래 있다. 베트남은 1988년 3월 '은행시스템의 상업적 운용 전환'의 기초가 되는 시행령 53호(Decree No.53/HDBT)를 발표했다. 이를 통해 화폐 발행과 화폐정책적인 기능을 중앙은행(SBV)으로 넘겼다. 금융부문에서 시장경제를 받아들이는 초기 조치다. 우리나라 지폐는 '한국은행'이라는 표시와 '한국은행 총재 직인'이 찍혀 있다. 베트남 동화에는 '베트남사회주의공화국' 표시만 있다. '베트남 중앙은행' 글자가 어디에도 없다. 그동안 정부에서 화폐 발행을 주도했다는 증거일 것이다.

최근 몇 년 동안 베트남 동화 가치(환율)가 안정적으로 유지되고 있다. 물가상승률도 4%대에서 안정적이다. 베트남 정부와 중앙은행의 물가안정 정책과 환율안정 정책이 조금씩 빛을 보는 게 아닌가 싶다.

물가가 얼마나 안정적으로 유지되느냐에 따라 중앙은행의 중립성 내지는 독립성이 잘 지켜지는지 가늠할 수 있다.

또 국내 자본이 빈약한 베트남으로서는 외자 유치(또는 해외투자 유치)를 통한 경제성장을 추구하고 있다. 해외자본 유치를 위해 베트남의 환율안정과 물가안정이 무엇보다 필요하다. 물가와 환율이 급등하면서 화폐가치가 떨어지는 불안정한 나라에 투자를 하지 않기 때문이다. 게다가 투자했던 자금, 특히 단기성 금융투자 자금이 썰물처럼 일시에 빠지면 금융 패

닉이 올 수도 있다. 중앙은행의 목적, 역할, 중립성을 장황하게 설명하는 이유다.

_ 베트남 환율정책: 중앙고시환율제도

2016년부터 베트남 중앙은행(SBV)은 매일 달러 대비 동화에 대한 중앙 고시환율(Central Exchange Rate)을 발표하고 있다. 외환거래가 허용된 금융회사는 중앙고시환율에서 +/−3% 한도 내에서 외환거래를 한다. 이러한 제도는 환율에 취약한 국가들이 외환시장에서 환율 급변 리스크를 방지하기 위한 거래방식이다. 베트남이 아직 변동환율제(Free Floating Exchange Rate System)로 가기엔 이르다. 환율 급변은 대개 환율 급등(자국 화폐가치 하락)을 말한다. 베트남에 투자하는 해외투자자도 이러한 환율 급변을 원하지 않을 것이다. 외화가 부족한 국가의 외환시장을 시장 자율에 맡기면 국제 환 투기자들의 먹잇감이 되기 쉽다. 외환시장은 정부 또는 중앙은행의 적절한 통제와 개입이 필요한 시장이다. 하지만 선진국 대열에 들어서면 환율을 마음대로 통제(조작)하지 못한다. 특히 미국에 대해 무역흑자를 내는 나라(독일, 일본, 중국, 한국 등)에서 환율을 조작한 증거가 발견되면 미국으로부터 '환율조작국'으로 지정돼 미국 수출에 막대한 지장을 초래할 수 있다.

_ 경제성장, 물가, 환율 동행하거나 엇박자이거나… 전망은 각자의 몫

경제는 살아있는 생물체와 같다. 늘 꿈틀거리고 변화한다. 물가, 이자, 주식, 채권, 부동산, 환율, 고용, 경제성장률 등 모든 것이 독립적이면서 상호 유기적으로 살아 움직인다. 이를 잘 감지하는 게 경기예측이며 투자행위 자체다. 투자 전문가만의 영역이 아니다. 재테크에도, 해외투자에도, 개인투자자도, 기관투자자에게도 요구되는 능력이다. 각종 경제지수 생산과 생산된 지수를 읽어내는 것은 전문가 영역이다. 하지만 이러한 데이터를 바탕으로 만든 보고서나 기사를 읽고 이해하고 예측하는 것은 각자의 경험과 지혜와 노력이다.

70년대에서 90년대까지 우리나라 경제성장기를 보면 경제성장과 더불어 물가상승과 환율상승이 동반했다. 베트남의 물가상승을 보면 2008년과 2011년의 높은 물가상승을 제외하면 평균적으로 4~5%의 물가상승률을 보인다. 2008년의 높은 물가상승은 급격한 동화 환율상승과 동반했다. 미국발 금융위기라는 국제적 요인이 큰 원인이었을 것이다. 반대로 2011년의 급격한 물가상승은 재정수급을 위한 통화증발과 미국의 양적완화라는 국내외적 복합 요인으로 보인다.

2018년 12월 27일 현재 베트남 인플레이션은 2.98%다. 미국의 경우 2019년 1월 11일 현재 1.9%다. 베트남은 물가상승 이상의 경제성장을 유지하고 있다. 2018년 GDP 성장률은 7.31%를 보였다. 물가안정 속에 고도성장을 하는 모양새다.

경제성장, 물가, 환율은 서로 비슷하게 가기도 하지만 때로는 어느 한 지

수가 치고 나가기도 하고 엇박자를 내기도 한다. 큰 틀에서 경제가 성장하면서 물가도 덩달아 상승한다. 80~90년대 급여가 올랐다고 좋아할 새도 없이 인근 식당 음식값도 덩달아 오른 것을 경험했다. 식당 주인에겐 매출 증가(경제성장)이고 소비자로선 물가인상이다. 이렇게 성장과 물가가 같이 간다면 다행이다.

베트남도 매년 임금이 인상됐고 앞으로도 인상될 것이다. 경제성장의 과실이기도 하고 그 자체가 경제성장이고 개인소득 증가이기도 하다. 하지만 베트남 쌀국수값도 많이 올랐다. 물가가 따라 오르는 모양새다. 경제성장은 곧 GDP 증가이다. GDP는 한 해 동안 국가 전체가 생산하는 부가가치의 합이다. 부가가치에는 제품가격 인상, 음식값 인상도 포함돼 있다. 이러한 인상들이 경제성장에도 포함되고 물가에도 포함된다.

한편 환율이 오르면 제품이나 원자재 수입가격이 올라 물가가 오르기도 한다. 물가상승은 곧 화폐가치 하락으로 환율이 상승하기도 한다. 그 인과관계는 경제 상황에 따라 그때그때 다르게 나타난다. 이런 걸 읽어내는 게 투자자의 몫이다. 통계적이고 학문적일 필요는 없다. 각종 자료(언론기사 포함)에 경험과 생각을 보태 얻어지면 된다.

경제성장, 물가, 환율은 국내외적 경제환경 상호 간의 영향도 크지만 정부의 관리능력(의지)도 무시하지 못한다. 이 세 지수의 동향과 각자의 투자 포트폴리오와 연관 지어 보는 습관이 투자습관이다. 예를 들어 '베트남 투자에서 환율도 오르고 물가도 오른다면 동화 예금이나 채권보다 주식이나 부동산이 유리할 것이다'라는 나름의 판단 연습이다. 하지만 실제 투자에서는 더 세부적인 요소와 리스크를 고려해야 한다.

베트남 투자 여행

해외투자자들이 베트남으로 가는 이유는 많을 것이다. 베트남 정부의 대외개방과 해외투자 유치라는 러브콜이 우선이다. 또 베트남 시장을 바라보는 전망도 한 몫 한다. 이는 베트남 경제지표(지수)가 선순환이고 푸른신호여야 가능한 일이다.

_ 베트남 인플레이션과 물가관리목표

도이모이 선언을 도입한 1986년 한 해 동안 인플레이션이 무려 453.5%까지 치솟았다. 1988년에는 374.4% 상승했다. 국민들은 절대빈곤에 허덕였다. 개혁이든 쇄신이든 하지 않았다면 베트남 공산당은 물론 정부도 위태로워졌을 것이라는 추측이다.

〈 도이모이 전후의 인플레이션율 〉

구분	1985년	1986년	1987년	1988년
인플레이션	91.6%	453.5%	360.3%	374.4%

자료: IMF DataMapper(2017년 10월)

베트남 통계청 자료에서 2000년 7월에는 -2.7%로 하락하기도 했으나 2008년 8월 28.3%, 2011년 8월에는 23.0%에 이르는 인플레이션을 겪었다. 2008년에는 세계적인 금융위기 영향으로 베트남 인플레이션도 급등했다는 것을 알 수 있다. 베트남 정부는 2008년과 같은 상황을 겪지 않기 위해 물가안정 목표를 4%로 잡았다.

참고로 한국은행에선 1998년부터 '물가안정목표제(Inflation Targeting)'를 도입해 관리하고 있다. 2019년의 물가안정목표는 전년 동기 대비 '소비자물가상승률' 기준 2%를 목표로 관리하고 있다. 한국은행의 정책 목표는 통화량과 물가 관리임을 앞서 설명했다.

소비자물가지수는 대상 품목들의 가격 상승(하락)을 가중치 지수로 나타낸 것이므로 개념적·수치적 차이가 발생하기도 한다. 경제전문가들은 개념과 수치를 구분해서 볼 수 있겠지만 일반적으로 소비자물가지수를 인플레이션으로 보고 있다.

도매물가지수, 원자재가격 등은 기업인들이 피부로 느끼는 물가지수인 반면 소비자물가지수(CPI)는 소비자, 즉 개인이 소비과정에서 느끼는 물가

〈 베트남 인플레이션 그래프 〉

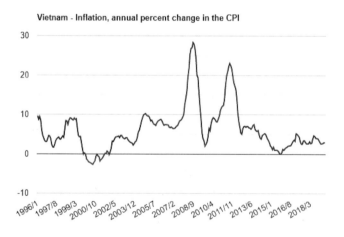

Measure: percent
Source: General Statistics Office of Vietnam

자료: 베트남 통계청

베트남 투자 여행

지수다.

다음은 베트남 중앙은행이 2019년 1월 3일 발표한 2018년 12월 소비자 물가 관련 내용이다. 매월 지수가 발표된다. CPI 대상 11개의 상품그룹 중 8개가 지난달 대비 오른것으로 나타났다. 의약과 의료서비스그룹이 가장 높은 5.76% 증가했고, 의류·신발·모자는 0.43% 상승했다. 음료와 담배는 0.22%, 가정 생활용품은 0.16% 증가한 것으로 발표했다.

반면 교통 물가지수는 가솔린과 디젤 가격이 두 차례 내린 덕분에 4.88% 감소했고 주택과 건축자재도 0.89% 감소했으나 교육부문은 변동이 없는 것으로 나타났다.

2018년 12월의 CPI는 2017년 12월 대비 2.98% 올랐으며 매월 평균 0.25% 늘어났다. 2018년 평균 코어 인플레이션은 2017년에 비해 1.48% 증가했다.

코어 인플레이션이란 일반적으로 예상치 못한 일시적 외부충격(석유파동, 이상기후, 제도 변화 등)에 의한 물가변동 분을 제거하고 난 후의 장기 물가상승률을 의미한다. 미국 노동부는 에너지와 식료품을 제외한 소비자 물가지수를 코어 인플레이션이라 하여 매월 원지수와 함께 발표하고 있다.

CPI에는 포함되지 않았지만 2018년 12월 금 가격지수는 지난달 대비 0.41% 올랐으나 2017년 12월에 비해 0.41% 하락했다. 금값은 2017년 대비 2018년 평균 2.36% 오른 것으로 발표됐다.

위 자료에서 베트남 소비자물가지수 중 의료부문 가격이 가장 높게 상승했음을 알 수 있다. 소득수준과 평균수명이 높아지면서 의료수요가 폭발적으로 증가하고 있음을 느낄 수 있다. 의료·제약산업을 주의 깊게 살펴볼 수 있는 대목이다. 한편 두 차례 기름값 하락으로 교통 관련 물가지

수가 큰 폭으로 하락해 전체 물가지수 상승 억제에 상당히 기여했음을 알
수 있다.

또 금 거래 억제 영향으로 금 가격지수가 소비자물가지수보다 낮은 것을
알 수 있다.

세계은행 자료에서 2017년 베트남 경제성장률은 6.812%이고 2018년은
7.31%로 나타났다. 2018년 평균 CPI는 3.54%로 물가안정 목표 4% 및 경
제성장률을 하회하는 수치이다. 경제 성장을 유지하면서 물가가 안정적으
로 관리되고 있음을 느낄 수 있다.

이 자료는 시간이 지나면 과거 데이터가 되겠지만 물가지수, 물가관리 목
표, 경제성장률 비교를 통해 베트남 경제의 전체적인 흐름을 읽을 수 있는
바탕이 될 수 있을 것이다.

베트남 투자와 환율

_ 해외투자에서 투자손익과 환율손익은 구분해야… 환율도 해외투자의 한 축

해외투자에서 환율을 빼고선 이야기되지 않는다. 환율만 가지고도 복잡한 이론과 각자의 경험이 다르다. 여기선 해외투자와 직접적인 관련 부문만 알아보자. 해외 상품(주식, 채권, 부동산 등)의 매입과 매도 판단에서 그 상품의 가격은 물론 환율도 동시에 고려해야 한다. 따라서 환율과 늘 연계해서 해외투자를 생각하는 습관이 필요하다.

• 우선 달러 대비 상대국 화폐 환율을 살펴야

해외투자에서 해외 송금은 통과의례다. 원화를 해외로 송금하지 못한다. 상대방 국가 은행에서 받아주지 않는다. 원화는 국내용이지 해외에서 유통되지 않기 때문이다. 대부분 달러로 환전해서 송금한다. 따라서 달러 매입수수료를 지급해야 한다. 다음은 국내 은행 송금수수료와 국제결제시스템과 해외 수취은행의 취급수수료를 지불해야 한다. 마지막으로 해외투자처가 베트남이라면 현지은행 달러계좌에 입금된 달러를 베트남 동화(VND)로 환전해야 이체나 투자가 가능하다. 따라서 또 환전수수료를 지급해야 한다. 해외에 투자했던 자금을 한국으로 역송금할 때도 같은 절차와 같은 수수료를 지급해야 한다. 이런 제반 수수료가 국내투자에선 부담하지 않아도 되는 비용이다. 해외투자는 달러 또는 현지 통화로 투자하기에 환율을 눈여겨봐야 하는 이유다. 원화 환율이 하락(원화 가치 상승)할 때 외화를 매입하고 해외 송금을 하면 유리하다. 반대로 해외투자 당시 보다 원화 환율이 상승했을 때 해외투자 자금을 한국으로 역송금 받으면 환차익을 볼 수 있다.

베트남의 모든 거래에서 금과 달러 등 외화 거래를 금지하고 동화로만 거래하고 투자해야 한다고 설명했다. 심지어 부동산매매 대금 지불도 현금 지불을 금지하고 은행계좌로만 거래하게 한다. 이런 절차를 거쳐야 사업장을 임차하던, 아파트를 사던, 주식을 매입 할 수 있다.

베트남에 투자한 이후에는 달러 대비 동화의 환율을 유심히 살펴야 한다. 우선 달러 대비 동화 환율의 역사적 데이터를 바탕으로 현재의 경제지표와 비교해서 환율이 우상향 또는 우하향할 것인지 나름 예측해야 한다. 다음은 베트남 동화가 달러 대비 강세인지 약세인지 검토한다. 예를 들어 미국달러가 강세면서 동화가 약세면 동화 환율은 상승하게 된다. 반대로 미국달러가 약세면서 동화가 강세라면 동화 환율은 하락하게 된다. 단순화해서 보는 안목이 필요하다.

베트남과 같이 신흥국 화폐의 환율은 역사적으로 우상향, 즉 환율 상승(화폐 가치 하락)으로 이어져왔다. 다만 환율상승이 점진적이냐 급등이냐의 차이가 있을 뿐이었다. 도이모이 선언 후 베트남 화폐는 두 차례 환율이 급등한 적이 있었다. 1998년 아시아 외환위기 때와 2008년 미국발 세계 금융위기로 큰 폭의 상승이 있었다.

베트남 투자 여행

환율에 영향을 미치는 변수는 많다. 자국 변수에 상대국 변수, 국제적 변수까지 살펴야 하기 때문이다. 전통적으로 환율의 큰 변수는 무역수지다. 만성적 무역수지 적자에서 환율이 하락(자국 화폐가치 상승)할 수 없다. 국내로 들어오는 달러(수출액)보다 해외에 지불해야 하는 달러(수입액)가 많아지기 때문이다. 반대로 무역수지 흑자 국가는 정부가 외환시장에 개입하지 않으면 환율이 하락(자국 화폐가치 상승)하게 된다. 베트남은 무역수지 만성 적자국에서 흑자로 조금씩 돌아서고 있다. 2017년 20.3억 달러 흑자에서 2018년에는 많이 늘어난 68억 달러 흑자를 보였다. 수출품도 쌀 위주의 농산품에서 휴대폰 등 전자제품 등으로 고도화되고 있다. 이러한 추세가 정착된다면 환율안정에 많은 도움이 될 것으로 보인다.

다음은 자본의 국가 간 이동이 자유로워지면서 또 다른 변수가 생겼다. 자본자유화(금융자유화)로 인해 순식간에 달러 등 외화가 들어오거나 빠져나간다. 무역수지 흑자 국가임에도 순식간에 달러가 빠져나간다면 환율이 급등(자국 화폐가치 하락)하게 된다. 하물며 무역수지 적자가 이어진다면 더 큰 일이다. 1998년 우리나라 IMF 사태가 대표적이다. 무역수지는 반도체 착시현상이 사라지면서 악화되고 여기에 금융회사들의 과다한 단기 외화차입이 화근이었다. 단기 외화 차입금이 급속히 빠져나가면서 달러가 바닥나 버렸다. 국가 부도 일보 직전에 IMF 구제금융을 받게 됐다. 혹독한 IMF의 요구조건과 후유증(기업 줄도산, 금리폭등, 대량실업, 부동산 폭락)으로 기업과 가정에 큰 상처로 남았다. 직장에서 쫓겨나면서 가정이 파탄되고, 인생 망가진 사람이 부지기수다. 맷집이 약한 신흥국들은 감히 자본자유화를 하지 못한다. 자본유입은 쉽게 하지만 유출은 엄격히 통제한다. 자국 산업과 금융을 보호하기 위해서다. 베트남도 이런 국가 중 하나다. 베트남도 경제규모가 커지고 맷집이 좋아지면 자본거래 자유화를 요구하는 선진국의 압력을 받게 될 것이다. 하지만 아직은 아니다.

자본자유화가 되면 세계적인 투자회사와 연기금들의 자금과 금융을 교란시키는 헤지펀드들의 자금이 자유롭게 들락거린다. 세계적인 금융투자 세력은 미국을 비롯한 선진국 자본이다. 우리나라 국민연금도 규모가 커지만 대부분 국내 국채와 주식·채권 등에 투자한다. 점점 해외투자 규모를 확대하게 될 것이다. 연기금 등 장기·안정적인 투자기관이 있는가 하면 레버리지를 이용해 치고 빠지는 단기투자(핫머니), 선물환·공매도 등 기법을 이용하는 세력, 외환시장에서 투기를 일삼는 세력, 대규모 자금을 이용해 기업 경영을 위협하는 행동주의 사모펀드 등 다양하다. 이러한 세력에게 대항할 수 있을 정도의 맷집이 있어야 자본자유화를 할 수 있다. 베트남은 국제금융과 외환에선 아직 맷집이 약하다고 할 수 있다.

• 달러 대비 원화 환율 및 원화 대비 동화 환율

미국 주식이나 부동산에 투자한다면 달러 대비 원화 환율만 지켜보면 된다. 하지만 베트남에 투자한다면 달러 대비 원화 환율, 원화 대비 동화 환율, 달러 대비 동화 환율 등 세 가지 환율을 살펴야 한다.

예를 들어 베트남 주식시장에 투자한다면 원화 ⋯→ 달러 ⋯→ 동화 순으로 환전해서 최종적으로 동화로 주식투자를 하게 된다. 주식을 매도해 차익을 실현한다면 동화 ⋯▸ 달러 ⋯▸ 원화 순으로 환전해서 손에 쥐게 된다. 동화에서 원화, 원화에서 동화로 직거래 된다면 달러 대비 원화 환율을 고려하지 않아도 된다. 하지만 중간거래로 달러를 거치게 된다. 따라서 달러 대비 원화와 동화 환율을 고려하지 않을 수 없다.

달러 대비 동화 환율이 안정적이라도 원화가 달러 대비 강세면 원화 투자수익이 상쇄되거나 손실을 키우기도 한다. 반대로 원화가 약세라면 원화 투자수익이 증가할 수 있다. 사례를 들어 보자. 미국에 대해 만성적인 무역흑자를 일으키는 중국, 독일, 일본과 더불어 한국도 환율조작국 지정 위협으로 압박받고 있다. 이럴 경우 달러 대비 원화 환율이 내려가면서 원화 강세가 이어진다. 이때 이미 미국 주식에 투자했다면 환율에서 손실을 입었을 것이다. 하지만 이미 원화 환율이 많이 내렸고 앞으로 원화 환율이 점진적으로 올라갈 것으로 예상한다면 오히려 미국 주식에 투자할 시기다. 여기서는 개별 주식의 투자수익 여부를 떠나 환율에 의한 투자시기와 매도시기 판단에 관한 문제를 생각해 본 것이다.

이제 원화 대비 투자대상국 환율을 보자. 해외 국채투자로 이슈가 되고 있는 브라질 헤알화로 가정해 보자. 헤알화는 브라질 내부 정치적 불안정으로 달러 대비 헤알화 가치가 하락(헤알화 환율상승)하고 있다. 달러 당 3.1헤알대에서 3.9헤알대까지 올랐다고 치자. 원화는 달러 대비 강세를 유지하고 있다면 헤알화 대비 원화 환율은 더욱 내려가게 된다. 1 헤알 당 350원이었다면 300원대까지 내려가게 된다는 의미다. 이때 이미 브라질 국채에 투자했다면 환율에서 손실을 입었을 것이다. 반대로 아직 브라질 국채를 매입하지 않았다면 원화가 달러 및 헤알화 대비 모두 강세이므로 브라질 국채를 매입할 시기다. 여기서 채권수익률에 대한 판단은 제외하고 오직 환율로만 투자 시기를 가늠하는 것이다. 각 은행에서 외환시장에서 거래되는 상대국 화폐의 환율을 인터넷으로 실시간 및 역사적 데이터까지 알려주고 있다. 다만 매매 주문에는 시차가 있다. 한국 거래시간(낮 시간)에 주문을 하면 브라질 거래시간에 주문이 들어가고 체결된다. 한국과 브라질 리우나 상파울로시와 시차는 12시간이다. 한국에서 주문 시간보다 최소 12시간 늦게 체결되는 셈이고, 그 시차로 인해 주문 시점과 체결 시점의 환율이 달라질 수 있다는 것도 염두에 두어야 한다.

환율에서 추세선과 변곡점 즉 상승에서 하락으로 전환하거나 하락에서 상승으로 바뀌는 시점을 예측할 수 있으면 좋은 데 어려운 문제다.

• 환율 측면에서 본 해외투자 매입 시기와 매도 시기

이번엔 환율 측면에서 본 해외투자 매입 시기와 매도 시기를 살펴보지. 앞 문단과 다소 중복인 감이 있지만 이해를 돕기 위해 다시 설명한다. 여기서 주식이나 채권 등 실물 가격변동은 제외한다. 예를 들어 이미 해외 주식이나 채권을 매입했다고 가정해 보자. 매입 시점 이후 원화 환율이 올라(원화가치 하락) 앞으로 추가로 오를 가능성이 약하다면 환차익 측면에서 주식이나 채권의 매도 시기가 된다. 반대로 매입 시점을 판단한다면 투자대상국 화폐 대비 원화 환율이 내리고(원화 가치상승) 저점이라고 생각할 때가 매입 시기가 된다. 환율 예측이 복잡하다고 느낄 수 있다. 나름대로 환율 추세선의 상하한선을 그리며 검토하면 좀 더 쉽게 접근할 수 있을 것이다. 이어지는 추세선에서 상하한선 변곡점 부근에서 매입시기와 매도시기를 잡는 것이다. 경험으로 단순화하는 노력과 연습이 필요하다. 다행히 금융회사에서 해외 주식 또는 채권별 '외화수익률'과 환손익이 반영된 '원화수익률' 화면을 보여주고 있다.

• 해외투자는 장기투자해야… 수수료 등 비용이 많아

해외투자는 환전과 송금에서 비용이 많이 든다고 앞서 설명했다. 해외로 투자할 때와 해외 투자자금을 한국으로 회수할 때 2차례에 걸쳐 환전과 송금 비용이 들어간다.

부동산투자는 직접 해외에 가서 조사하고 계약하고 등기하고 임대해야 하는 번거로움과 여행비용이 든다. 이러한 고비용 구조로 인해 단기 해외투자를 하면 손실을 입기 쉽다. 펀드와 채권투자는 중개하는 금융회사의 중개수수료와 판매수수료를 선 결재해야 한다. 펀드나 채권의 판매수수료는 비싸다. 펀드의 경우 매년 운용보수까지 지급한다. 또 우리나라 중개회사와 상대국 중개회사 두 군데를 거쳐야 한다. 이런 해외투자는 초기 비용으로 인해 이미 원금 손실을 보면서 투자하게 된다. 해외투자의 장기투자가 요구되는 이유다.

장기투자를 할 경우 주식이나 채권을 매도한 후 현지 화폐로 현지 계좌에 보관한다면 환전과 송금수수료 등 비용이 적게 들어갈 것이다. 이 경우에도 여전히 환율을 잘 살펴야 한다. 환전과 송금수수료 절약을 위해 현지 화폐로 보관했다가 환율상승으로 환차손을 입을 수도 있다. 나름 경우의 수를 정해놓고 오래도록 지속해서 관심을 가져야 한다. 환율은 무관심 속에 어느 날 갑자기 변동폭을 키우는 경우가 종종 발생한다.

베트남은 만성적 환율상승 국가다. 달러를 동화로 환전해 베트남에 투자(주식, 채권, 부동산 등)한다면 동화 환율상승 분 만큼 환차손이라는 손실이 발생한다. 따라서 앞서 설명한 수수료 등 비용과 현지 화폐의 환율까지 상승한다면 이중으로 투자 손실을 볼 수 있다. 반대인 경우도 상상할 수 있지만 그 가능성은 희박할 것이다.

예금과 송금, 이자율

베트남에서 달러, 위안화, 유로화를 포함한 외화 예금에 이자가 붙지 않는다. 베트남 정부는 베트남 국민이건 외국인이건 외화를 개인적으로 비축(저축)하지 말고 동화로 환전해서 예금하든 사용하라는 뜻이다. 베트남 동화 이용 활성화와 안정을 위한 조치다. 베트남은 달러 등 외화가 부족하다. 따라서 외화는 외환보유고로 비축하거나 수입 결제 및 중요산업 투자에 우선적으로 사용하기 위해서일 것이다.

하지만 모든 정책이 정부의 의지대로 되지 않는다. 부작용이 있게 마련이다. 달러를 가졌다면 은행에 보관하지 않고 집에 보관할 수도 있다. 은행에 보관하나 집에 보관하나 이자가 없기는 마찬가지고 오히려 동화 환율상승의 혜택을 받을 수 있다. 화폐란 돌고 돌아야 가치를 증대시킨다. 화폐가 은행이 아닌 가정집에 보관된다면 확대 재생산이 어렵다. 아무리 촘촘한 그물 같은 정책을 시행하더라도 악화가 양화를 구축하듯이 부작용(副作用) 내지는 반작용(反作用)이 있기 마련이다.

베트남 대도시 도로변 상가에 금고 판매 가게가 자주 눈에 띈다. 집에 금고를 많이 들여놓고 있구나 하는 것을 느낄 수 있다. 귀금속은 물론 외화와 동화 현찰까지 가정집 금고에 많이 보관할 것으로 예상할 수 있는 장면이다. 달러 예금은 가능하다. 그러나 이자가 없고 예금한 달러를 인출하면 수수료를 떼기도 한다. 수입대금 결제 등 지정된 계좌 이외는 달러 상태로 송금도 할 수 없다. 달러를 동화로 환전해야 송금이 가능하다고 설명한 바 있다. 베트남에 투자한다면 이런 독특한 금융제도를 이해하고 따라야 한다. 우리와 금융제도가 다르다고 불평해선 투자할 수 없다.

베트남 외환보유고는 2016년 369억 달러에서 2018년 635억 달러로 늘어났다. 한국의 2018년 말 외환보유고는 4036억 달러다. 베트남이 외화거래를 자유롭게 하기엔 아직 외환보유고가 부족하다. 베트남도 무역수지 흑자가 정착되고 외환보유고가 쌓이면 외화 거래와 유출입 통제를 완화할 것으로 보이지만 그 시기가 언제인지는 알 수 없는 일이다.

〈 베트남 연도별 외환보유고 〉

구 분	2013년	2014년	2015년	2016년	2017년	2018년
외환보유고	257	341	286	369	495	635

(단위: 억 달러)

베트남의 경우 출입국 시 미화 5천 달러 또는 베트남 동화 1,500만동 이상은 세관에 신고하도록 하고 있다. 어느 나라 건 외화를 많이 가지고 입국하는 경우는 관대하다. 하지만 외화를 많이 휴대하고 출국하면 엄격하다.

투자를 위해 달러를 휴대하고 베트남에 입국할 경우 입국장 세관에 휴대한 달러를 신고하고 신고필증을 받아두면 편리하다. 이 경우 5천 달러 이상은 물론 5천 달러 이하인 경우에도 베트남 은행에 입금·이체할 계획이라면 신고하는 게 좋다. 베트남 내 은행에 달러를 입금하고 또 동화로 이체하고자 할 경우 달러 휴대 입국 시 신고한 세관 신고필증을 제시해야 한다. 이러한 신고 없이 베트남에 들고 들어온 달러는 은행 입금을 거절당한다. 단지 베트남 내에서 쇼핑 등으로 소비한다면 세관 신고가 번거로울 수 있다. 베트남 공항 입국 시 달러 현금 신고필증이 있거나 6개월 이내 달러 현금 인출 기록이 있어야 달러 입금이 가능하다. 달러 입금이 불가능하면 당연히 베트남 내 이체 송금도 불가능하다. 베트남 내 부동산 거래는 동화 이체 송금으로만 대금 지불이 가능한 것과 연계해서 생각해야 한다. 다만 외국인의 동화 현금 입금은 1억동(약 500만원)까지 가능하다. 가지고 온 달러를 길거리 환전소에서 1억동으로 환전해 은행 입금신청서 비고란에 '한국에서 휴대 반입 자금'이라고 기재하고 입금할 수 있고 이체도 가능하다. 한편 훗날 투자자금을 베트남 외의 국가로 반출할 경우 베트남 입국 시 신고한 달러 신고필증이 반출 입증자료가 된다.

우리나라에서 베트남에 개설된 본인 계좌로 달러를 송금하면 베트남 내에서 동화 이체가 자유롭다. 또 달러 반출 시 이 송금 자료를 바탕으로 반출이 허용된다. 정리하면 해외에서 외화 반입(해외에서 송금, 휴대 입국 시 외환신고)이 입증되어야 베트남 내에서 이체 및 투자를 할 수 있다. 또 베트남 외로 외화 반출 시 입증자료가 되기도 한다. 투자를 위해 베트남에 간다면 먼저 베트남 내 은행에 가서 여권을 제시하고 달러 계좌와 동화 계좌를 개설하고 타국에서 인터넷 이체가 가능하도록 해 두어야 한다고 부동산 편에서도 설명했다.

우리나라는 국내 달러 누적으로 물가를 자극하기도 한다. 따라서 해외투자를 용인하는 추세다. 투자목적 해외 부동산투자 한도를 폐지했다. 신고만 하면 얼마든지 해외투자를 할 수 있다. 하지만 이는 한국에서만 적용된다. 베트남에서도 자유롭게 외화를 입금해서 투자하게 한 것은 아니다. 베트남에서 외국인이 외화로 투자하기 위해선 위와 같은 금융거래 절차를 준수해야 한다. 그렇게 하지 않으면 금융거래 자체가 어렵다.

_ 베트남 예금·대출이자율과 기준금리 이해

베트남에서 모든 거래는 동화로 결제해야 한다. 수출입을 제외하곤 외화(달러)로 거래(결제, 이체)할 수 없다고 설명한 바 있다. 또한 외화 예금은 할 수 있으나 이자가 붙지 않는다. 동화 예금에만 이자가 붙는다. 동화 정기예금 이자율은 7.8%로 고시돼 있다. 즉 7.8%가 최고이자율인 셈이다. 반면 대출 이자율은 6.49% 부터다. 신용카드 대출의 경우 이자율은 29.23% 이상이다. 우리나라 신용카드 대출금리는 17~22% 정도다. 우리나라도 고도 경제성장기인 90년대까지 이자율이 10% 내외로 매우 높았다. 지금은 어림도 없다. 경제성장율도 2% 내외이고 예금이자율도 2% 내외다.

〈 베트남 예금·대출 이자율 〉

예금·대출 종류	이자율(적용기간)	이자율(적용기간)
정기예금(Term Deposit)	7.60%까지(16.7~18.5)	7.8%(18.6~
저축계좌(Savings Accounts)	1.00%까지(17.8~18.5)	0.50%(18.6~
모든 대출(All Loans)	6.49%부터(17.8~)	좌동
가계대출(Home Loans)	6.49%부터(17.8~)	좌동
신용카드대출(Credit Cards)	29.23%부터(17.8~)	좌동

자료: vietnam.deposit.org

세계은행 자료에 따르면 베트남 예금이자율이 가장 높았던 시기는 1993년으로 무려 22.03%였다. 2011년 13.994%에서 점차 하향 안정세를 나타내고 있다. 동화를 안정시키면서 이자율도 하향 안정화 된 것으로 보인다. 어느 정부건 화폐 발행권을 독점하고 있다. 따라서 통화안정, 물가안정, 환율안정은 정부의 의지와 정책이 많이 작용한다. 또한 이자율도 물가, 경제성장과 관계가 깊다. 베트남은 고성장 국가이므로 자금의 수요보다 공급이 부족하다. 이자율이 높게 형성되는 원인이다. 수요자 입장에선 높은 이자율로 돈을 빌려도 이자율 이상의 수익을 남길 수 있기에 대출을 받게 된다. 수익을 내지 못하면 대출받기를 꺼린다.

〈 예금이자율 그래프 〉

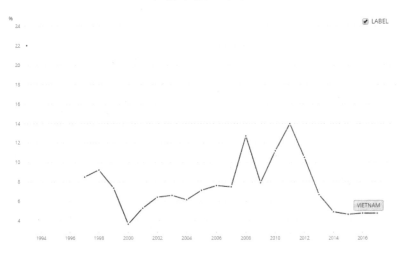

자료: 세계은행.(2019.1.26.)

2017년 베트남 평균 예금이자율이 4.78%다. 우리나라 예금이자율의 2배가 넘는다. 베트남에 장기 거주한다면 이자율이 높은 정기예금을 고려해 볼 수 있지만 환율 변동성을 고려해야 한다. 환율하락(동화 가치상승)을 예상한다면 예금을 고려할 수 있다. 그 반대로 환율상승(동화 가치하락)을 예상한다면 예금은 좀 더 고민할 필요가 있다. 환율상승이 이자를 상쇄하기 때문이다. 하지만 베트남 내에서 장기 거주하고 투자 활동을 한다면 고금리 예금을 고려해 볼 수 있다.

2017년 베트남 평균 대출이자율은 7.4%다. 평균 예금이자율 4.78%와는 2.62% 차이다. 2.62%는 예대마진인 셈이다. 베트남 대출이자율이 가장 높았던 시기는 예금이자율이 가장 높았던 시기와 일치하는 1993년이다. 이 시기 대출이자율은 32.183%에 이른다. 2011년 대출이자율 16.954%를 기점으로 점차 하향 안정세를 보이고 있다. 예금이자율의 하향 안정세와 같은 추세다.

베트남 투자 여행

대출이자율은 경제성장과 많이 연계돼 있다. 경제성장률이 높으면 대출이자율이 높아진다. 투자가 활성화되어 자금수요가 공급 보다 많아지기 때문이다. 물론 반대의 경우도 적용된다. 우리나라는 저성장, 낮은 이자율 국가에 해당된다. 자금 공급은 넘쳐나지만 마땅히 투자할 곳을 찾지 못한다. 이에 따라 은행들은 제조업 대출보다 안전한 주택담보대출로 몰리고 민간자본도 제조업보다 부동산 투자로 몰리는 이유다. (채권, 대출, 예금) 이자율은 주식투자 수익률, 부동산 투자 수익률, 제조용역투자 수익률과 비교 대상이다. 수익률이 높은 쪽으로 자금이 너무 많이 몰리는 게 거품(버블)이다.

〈 대출이자율 그래프 〉

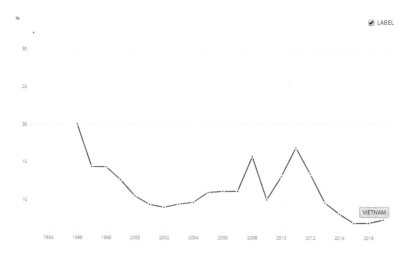

자료: 세계은행,(2019.1.26.)

베트남 중앙은행(SBV)은 2019년 9월 16일 기준금리를 6.25%에서 6.0%로 0.25% 인하했다. 기준금리는 2013년 7.0%, 2014년 6.5%로 인하했으며 2017년 7월에 6.25%로 인하한 후 2019년 9월 6.0%로 인하했다. 예금 이자율과 대출이자율, 채권수익률이 기준금리에 연동돼 움직인다. 기준금리는 그 나라의 물가, 통화량, 경기동향 등과 연계돼 결정된다. 물가가 오르면 기준금리를 올려 시중의 통화량을 흡수하고, 물가가 내리고 저성장 국면에 접어들면 기준금리를 내려 시중 통화량을 늘리기도 한다.

〈 기준금리변동 그래프 〉

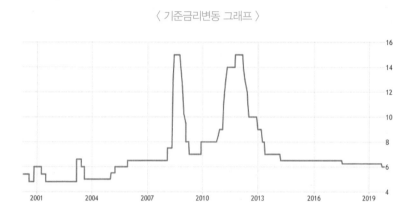

자료: 트레이딩이코노믹(2019.11.22.)

_ 베트남 예금자보호(보험) 대상 금융회사와 예금

'알아두면 약이 된다'는 말이 있다. 예금자 보호제도도 알아두면 리스크 예방에 도움이 된다. 베트남에도 예금보험공사(DIV, Deposit Insurance of Vietnam, www.div.gov.vn)라는 예금자 보호기관을 1999년 11월 9일 설립했다. 예금보험공사는 예금자보호 대상 금융기관으로부터 예금보험료를 징수하고 예금보험펀드를 운영한다. 그리고 은행 등이 파산하면 예금자에게 예금보험금을 지급한다.

그러나 예금을 법적으로 보호하는 예금보호(험)법(The Law on Deposit Insurance)은 예금보험공사 설립보다 한참 후인 2013년 1월 1일 시행됐다. 이 법은 은행시스템의 건전한 운영과 예금자의 이익을 보호할 목적으로 만들어졌다. 우리나라는 1997년 시행됐으므로 우리보다 약 15년 늦게 법이 시행됐다. 예금자를 단순히 보험으로만 보호하다, 세계적 추세에 따라 법으로 보장함으로써 은행 파산에 따른 예금자들의 불안을 잠재우고 뱅크런을 방지하게 됐다.

2017년 6월 15일 총리 결정문 21호(Decision No.21/2017/QD-TTg)를 통해 예금자 보험한도를 올렸다. 종전 5천만동에서 2천500만동 인상된 7천500만동(한화 약 375만원, 20동/1원)으로 인상했다.

예금자보호법 제18조에서 베트남 동화로 입금된 개인들의 정기예금(Time Deposit), 요구불예금(Demand Deposit), 저축(성)예금(Savings Deposit), 예금증서(Deposit Certificate), 약속어음(Promissory Note), 단기재정증권(Treasury Bill), 기타 금융기관법(또는 은행법)(The Law on Credit Institutions)에 정해진 예금을 보호한다고 명시하고 있다. 하지만 보호대상에서 협력단체(Co-operate Group), 민간기업 및 동업자의 예금 등을 제외하고 있다. 즉 개인 예금자만이 보호받을 수 있다는 점에 유의해야 할 것 같다.

동 법 제19조에서 예금자 보호대상이 되는 예금이라 하더라도 예금자보호가 되지 않는 4가지 형태의 예금이 있다. ① 예금을 받고 있는 금융기관 자본금의 5% 이상을 소유하는 주주 개인의 예금, ② 예금을 받고 있는 금융기관의 이사회 멤버, 감사위원회 멤버, 이사, 차장 개인의 예금, ③ 외국은행 지점의 이사와 차장으로서 그 지점에 예치된 예금, ④ 예금자보험에 참여하는 기관이 발행한 무기명 유가증권 등 4가지다.

베트남은 아직 예금자 보호규모(액수)가 우리와 비교해서 매우 적다. 큰 자금을 예치하기엔 불안할 수 있다. 그리고 동화 이외 외화는 보호대상이 아니므로 이 또한 염두에 두어야 한다. 따라서 해외투자자인 경우 베트남에 설립된 자국 은행이나 선진 외국계 현지 은행이 편리하고 안전할 수 있다. 예를 들어 한국계 은행이라면 한국 소재 모(母) 은행이 부도나지 않는 한 베트남에서 부도를 낼 일은 좀처럼 없을 것이다. 또 은행 창구에서 같은 모국어를 사용한다면 이용이 편리할 것이다. 베트남어로 대화할 수 없거나 서류를 읽을 수 없다면 영어가 가능한 은행이 좀 더 편리할 것이다. 외국계 큰 은행이라면 부실화될 염려가 적을뿐더러 영어로 서비스가 가능할 것이다. 하지만 대도시(하노이, 호찌민) 이외 지역은 한국계 또는 외국계 은행지점이 없을 수 있다. 이럴 경우 하노이나 호찌민시 등 대도시에 있는 한국계 또는 외국계 은행에 자금을 예치하고 지역 은행과 서로 인터넷 이체하면서 입출금하는 방법도 있을 것이다.

베트남 일반 상업은행에 예치할 경우 이자율 비교뿐만 아니라 예금자보호가 되는 금융기관인지도 살펴봐야 한다. 베트남 은행에 예치할 경우에도 규모가 큰 4대 국유은행과 거래한다면 좀 더 안심하고 거래할 수 있을 것이다.

예금자 보호가 되는 은행인지 아닌지는 베트남 예금보험공사가 발급한 '예금자보험 허가증(Certificate of Deposit Insurance)'이 있는지 확인해야 한다. 동법 제6조에서 정부 정책은행을 제외한 모든 금융기관과 외국은행 지점은 예금 수취업무를 하기 위해 허가가 필요하며, 허가를 받기 위해 영업개시 15일 이전에 예금자보험에 가입해야 한다. 그리고 허가증을 영업장에 공개적으로 게시해 두어야 한다. 예금자보호가 되는 금융기관이더라도 1인당 보호한도가 375만원가량이므로 분산 예치해야 할 것이다.

우리나라도 저축은행과 상호신용금고 같은 소규모 지역은행의 경우 부실한 대출로 파산이 난 경우가 더러 있었다. 베트남도 소규모 지역은행들은 문을 닫을 수 있다는 것을 염두에 두어야 한다.

우리나라 예금자 보호는 동일 금융회사에 1인(개인, 법인 포함)당 원금과 이자를 합하여 5,000만원이 상한이다. 1997년 1월 1인당 2,000만원에서 출발했다. IMF 당시 한때 한도 무제한으로 보호하기도 했다. 동일 금융회사에 대출이 있는 경우 대출을 공제한 후 남은 예금에 대해 보호한다.

또한 양도성예금증서(CD), 환매조건부채권(RP), 주택청약저축, 주택청약종합저축, 특정금전신탁 등은 보호대상 예금이 아니다. 보호대상 금융회사로는 은행, 투자매매업자·투자매매중개업자(증권, 자산운용, 선물, 증권금융), 생명보험, 손해보험, 종합금융, 상호저축은행 등이다. 외국은행·외국보험사·외국증권사의 국내지점도 예금보험공사에 가입하면 보호대상이 된다. 농·수협 지역조합, 신용협동조합, 새마을금고는 관련 법률에 따라 자체 기금에 의해 예금이 보호된다.

예금보험공사 자료에 따르면, 미국의 예금자 보호금액은 25만달러, 일본은 1,000만엔이다.

제4부

베트남
주식·채권시장과
기업 민영화

베트남 주식시장 개황 1

_ 베트남 주식시장의 거시적 포석… 중국 주식시장 개방절차 이해해야

주식시장은 용트림하는 생물체와 같다. 주식시장 문이 열리면 '주식시세 표시기(Stock Ticker)'엔 초 단위로 가격과 거래량이 깜빡이며 변동한다. 주가는 매 순간 수많은 내·외부 변수로 인해 끊임없이 움직이고 어느 방향 으로 튈지 예측할 수 없다. 다만 여기서는 베트남 주식시장의 거시적 측면, 시장규모, 수요·공급, 주가지수, 거래절차, 경제성장과의 인과관계, 정부의 정책 방향 등 큰 틀에서의 변동성을 이야기해 보고자 한다.

국내 주식시장 정보는 비교적 접근하기 쉽지만 해외 주식시장 정보는 접 근과 수집이 어려울 뿐만 아니라 사실 여부를 판단하기도 쉽지 않다. 하지 만 국가 전체의 경제지표는 인터넷으로 쉽게 검색할 수 있다. 그리고 향후 경제(경기)가 우상향으로 나아갈지, 우하향으로 나아갈지 장기적인 측면에 서 나름 가늠할 수 있을 것이다. 바둑에서 직접 둘 때보다 훈수 둘 때 더 잘 보이는 경우와 같다. 개별 나무보다 숲 전체를 보는 안목이다. 숲을 보 게 되면 자연스럽게 장기투자와 연결된다.

베트남 주식시장에 들어가기 전에 중국 주식시장을 먼저 이해한다면 베트 남 주식시장을 읽는 데 도움이 될 것이다. 중국 정부도 개방 초기 주식시장

베트남 투자 여행

을 키우기 위해 무진 애를 많이 썼다. 첫 번째 목적이 국유기업 상장과 매각을 통해 정부 재원을 마련하는 일이다. 겉으로야 국유기업 소유와 경영 분리 및 회계투명성으로 경쟁력을 높여야 한다고 했지만 속내는 자금 마련이다. 베트남도 지금 이와 비슷한 과정을 밟고 있다. 중국의 거대 국유기업은 상장과 동시에 업종별 세계 최대 시가총액이 될 정도로 규모가 크다. 공상은행의 경우 상장과 동시에 세계 금융기관 중 시가총액 1위가 됐다. 하지만 시장 수요(주식투자자)가 이를 따라주지 못했다. 유통주와 비유통주로 나누어서 상장하되 유통주만 거래하도록 했다. 일부는 홍콩 주식시장에 상장하기도 했다. 비유통주까지 한꺼번에 유통시키면 시장이 주저앉을 염려 때문이다. 비유통주는 천천히 단계적으로 정부의 지시에 따라 유통했으며 지금은 비유통주가 사라졌다. 그만큼 중국 주식시장의 볼륨이 커졌다는 의미다.

한편 한 개의 기업이 A주와 B주로 구분해서 A주는 위안화로 중국 국내 투자자만 거래하고, B주는 홍콩달러로 해외투자자에게 개방해 기업이 해외 자금을 조달할 수 있게 했다. 또한 해외 기관투자자를 주식시장에 유치하기 위해 QFII(Qualified Foreign Institutional Investors, 적격외국기관투자자)라는 제도를 도입해 해외 기관투자자에게 우선적으로 문호를 개방했다. 상해와 선전 A주를 거래할 수 있도록 투자자격을 부여하는 제도라 할 수 있다. 한꺼번에 해외투자자에게 개방하면 주가 상승의 수익을 해외투자자들이 싹쓸이할까 봐. 그리고 주식시장이 요동치는 것을 방지하기 위해 단계적으로 문호를 개방했다. 마지막 단계로 2014년과 2015년에 걸쳐 후강퉁과 선강퉁으로 홍콩을 통해 해외 모든 투자자에게 중국 주식시장을 개방했다. 하지만 기대와 달리 미중 무역전쟁이 격화되고 중국 경제성장이 둔화되면서 주가가 한 단계 레벨업되지 못하고 주저앉았다.

이 당시 국내 금융회사들이 앞다투어 중국 증권사와 연계해 중국 주식투자를 유도했지만 결과는 신통치 않았고 투자자의 기억에서 사라지고 말았다. 하지만 장기적으로 중국 경기가 회복되면 언젠가는 또다시 살아날 것이다. 베트남도 국유기업을 상장하고 해외 투자자금을 모으기 위해 주식시장은 물론 채권시장도 키우고 있다. 실제 장기계획을 가지고 단계적으로 추진하고 있다. 투자자도 장기적 관점에서 베트남 시장을 바라보아야 할 것이다.

_ 글로벌 지수로 본 베트남 주식시장… '프론티어시장'에 편입

자본시장에는 주식시장, 채권시장, 외환시장, 상품시장과 현물·선물시장 등 다양하다. 이들 시장마다 지수 산정 기관(MSCI, FTSE 등)이 지수 편입 자산(주식, 채권 등)을 선정하고 지수를 산출해 발표한다. 세계적 기관투자자인 각국의 연기금, 투자회사, 자산운용사, 사모펀드들이 이들 지수를 기반으로 투사 전략을 짜고 포트폴리오를 구성한다. 이들 지수는 대륙별, 선진국·이머징국가별, 나라별, 업종별(산업별), 대·중·소기업 별로 지수 산출을 위한 구성을 짠다. 이들 지수에 편입하기 위해 나라별, 산업별, 기업규모 별로 대표 기업을 선정한다. 이들 지수에 편입되는 기업은 각 국가 또는 업종별 대표 기업(또는 우량 주식)이다. 정기적인 평가로 영업실적이 떨어지거나 재무구조가 취약해진 기업들은 편입 종목에서 제외하고 신규 기업을 편입시키기도 한다.

세계적으로 인정받고 뉴스에 회자되는 대표지수로는 미국의 MSCI지수, S&P지수나 영국의 FTSE지수가 있다. 이들 지수는 이제 기관투자자들이

추종하는 벤치마크 지수가 됐다.

MSCI지수(Morgan Stanley Capital International Index)는 미국 모건스탠리 캐피털 인터내셔널 바라(MSCI Barra)가 발표하는 주가지수다. MSCI바라의 최대주주는 세계적인 투자은행 중 하나인 모건 스탠리다.

MSCI 글로벌투자가능시장지수(MSCI Global Investable Market Indexes, MSCI GIMI)는 세계적으로 주식투자가 가능한 국가를 4개의 큰 시장으로 구분하고 있다. 선진시장(Developed Markets), 이머징시장(Emerging Markets), 프론티어마켓(Frontier Markets), 마지막으로 스탠드얼론마켓(Standalone Markets)으로 구분한다. MSCI는 이외에도 기업규모별, 나라별, 섹터별 등 다양한 지수를 개발해 발표하고 있다. 베트남은 방글라데시와 같은 '프론티어시장'에 편입돼 있다. 베트남 시장이 태동기에 불과하고 더 성장해야 하는 시장이란 것을 알 수 있다. 베트남 경제가 지금처럼 지속 발전한다면 이머징마켓 진입도 머지않아 이루어질 것으로 보인다. 한편 한국은 중국과 같이 '이머징시장'에 편입돼 있다. 언젠가는 이들 두 나라도 선진시장에 편입될 것으로 보인다. 선진시장에 속한 나라들이 이들 두 나라보다 규모가 작은 나라들이 많이 있다.

〈 MSCI 아시아지역 국가별 소속 시장 구분 〉

시장 구분	국 가
선진시장	호주, 홍콩, 일본, 뉴질랜드, 싱가포르
이머징시장	중국, 한국, 인도, 인도네시아, 말레이시아, 파키스탄, 필리핀, 태국, 타이완
프론티어시장	방글라데시, 스리랑카, 베트남
스탠드얼론시장	"없음"

MSCI ACWI & FRONTIER MARKETS INDEX										
MSCI ACWI INDEX						MSCI EMERGING & FRONTIER MARKETS INDEX				
MSCI WORLD INDEX			MSCI EMERGING MARKETS INDEX			MSCI FRONTIER MARKETS INDEX				
DEVELOPED MARKETS			EMERGING MARKETS			FRONTIER MARKETS				
Americas	Europe & Middle East	Pacific	Americas	Europe, Middle East & Africa	Asia	Americas	Europe & CIS	Africa	Middle East	Asia
Canada United States	Austria Belgium Denmark Finland France Germany Ireland Israel Italy Netherlands Norway Portugal Spain Sweden Switzerland United Kingdom	Australia Hong Kong Japan New Zealand Singapore	Brazil Chile Colombia Mexico Peru	Czech Republic Egypt Greece Hungary Poland Qatar Russia South Africa Turkey United Arab Emirates	China India Indonesia Korea Malaysia Pakistan Philippines Taiwan Thailand	Argentina	Croatia Estonia Lithuania Kazakhstan Romania Serbia Slovenia	Kenya Mauritius Morocco Nigeria Tunisia WAEMU²	Bahrain Jordan Kuwait Lebanon Oman	Bangladesh Sri Lanka Vietnam
MSCI STANDALONE MARKET INDEXES¹										
				Saudi Arabia		Jamaica Panama³ Trinidad & Tobago	Bosnia Herzegovina Bulgaria Ukraine	Botswana Ghana Zimbabwe	Palestine	

자료: MSCI 웹사이트

S&P지수는 국제 신용평가회사인 미국의 스탠다드앤푸어스(Standard and Poors, S&P)사가 만든 지수다. 뉴욕증권거래소에 상장된 기업 중 업종별 우량기업 500개를 선정해 만든 지수가 'S&P500 지수'다. 이 지수에 속하는 업종별 지수로는 공업주 400종목, 운수주 20종목, 공공주 40종목, 금융주 40종목 등으로 세분화된 지수가 있다. S&P500 지수는 미국의 자산운용사, 펀드매니저들의 연간 실적을 평가하는 기준으로 활용되고 있다. 즉 한 해 동안 자산 또는 펀드 운용실적이 S&P500지수 상승률(또는 하락률)과 비교해 더 많은 수익을 냈느냐 또는 더 적은 손실을 냈느냐로 평가하는 잣대인 셈이다.

한편 미국 다우존스산업평균지수는 뉴욕증권거래소의 블루칩 30종목으로 구성된 지수이다. 이 지수는 나스닥지수, S&P500지수와 더불어 미국 3대 지수로 불리고 있다. 이들 세 지수에 의해 세계 각국 주식시장이 많은 영향을 받는다. 따라서 전 세계 금융시장 뉴스에서 자주 언급되는 지수며 우리나라 국제금융 뉴스에서도 매일 인용되다시피 한다. 지난밤에 일어났던 미국 주식시장 움직임이 고스란히 우리나라 주식시장에 반영되는 경우가 많아서다. 그만큼 영향력이 크다는 뜻이다.

S&P지수도 글로벌시장을 선진시장, 이머징시장, 프론티어시장으로 구분하고 나라별 대륙별 지수를 산출해서 발표하고 있다.

FTSE(Financial Times Stock Exchange Index) 지수는 영국의 파이낸셜타임스(FT)와 런던증권거래소(LSE)가 1995년 공동 설립한 FTSE인터내셔널에서 발표하는 글로벌지수다. 주로 영국을 비롯한 유럽계 기관투자자 또는 펀드들이 투자 지표로 삼고 추종한다.

FTSE인터내셔널은 주가지수를 전문적으로 개발하고 관리하는 기업이다. 전 세계를 포괄하는 대표 지수로는 FTSE 글로벌 에쿼티인덱스 시리즈(FTSE Global Equity Indes Series, FTSE GEIS)가 있다. 이는 다시 2018년 9월 현재 48개국 7,850개 기업으로 구성된 전 세계(All World)인덱스, 선진(Developed)인덱스, 이머징인덱스, 글로벌 올캡(Global All Cap)인덱스 등 12개 인덱스로 나누어져 있다.

또다시 나라별로 선진시장(Developed Markets), 선진 이머징시장(Advanced Emerging Markets), 후순위 이머징시장(Secondary Emerging Markets), 프론티어시장(Frontier Markets)으로 구분하고 있다. 우리나라는 2009년 9월 선진시장에 편입됐다. 선진시장에 편입되면 안심하고 거래할 수 있는 시장으로 판단한다. 또 각국 기관투자자들이 나라별 포트폴리오 구성에서 주식거래 비중을 높이는 효과가 있다. 중국의 경우 후순위 이머징시장에 편입돼 있다. 주식시장 규모는 크지만 아직은 변동성이 높은 불안한 시장으로 평가하고 있기 때문일 것이다. 베트남의 경우 방글라데시, 스리랑카와 같은 '프론티어시장'으로 분류돼 있다. 좀 억울하다고 할 수 있겠으나 시작단계이고 경제가 성장하고 주식시장 볼륨도 커지게 되면 업그레이드될 것으로 보인다. 베트남이 비록 고속 성장해 찬사를 받고 있지만 해외 기관투자자들은 베트남 주식시장을 역사가 짧고, 규모가 작으며, 불안한 시장으로 보고 있다는 사실을 기억해야 할 것이다.

〈 FTSE 아시아지역 나라별 소속 시장 구분 〉

시장 구분	국가
선진시장	호주, 홍콩, 일본, 뉴질랜드, 싱가포르, 한국
선진 이머징시장	말레이시아, 타이완, 태국
후순위 이머징시장	중국, 인도, 인도네시아, 파키스탄, 필리핀
프론티어시장	방글라데시, 스리랑카, 베트남

자료: FTSE Group 웹사이트

　베트남을 비롯한 해외 주식의 경우 거리적, 시간적 제한으로 개별 기업 정보를 제대로 알 수 없다. 이럴 경우 이들 세계적 지수나 베트남 자체에서 생산하는 대표 지수에 편입된 기업인지를 확인해볼 필요가 있다. 이들 지수에 편입된 기업이라면 갑자기 부도가 난다든지 하는 리스크 하나를 제거하는 셈이 된다. 또 기관투자자들이 이들 지수에 편입된 기업에 우선적으로 투자하고 있다.

　우리나라 대표 지수로는 코스피지수가 있으며 코스피에 소속된 대표기업 200개를 선정해 발표하는 '코스피200지수'가 있다. 코스피200지수에 소속된 기업이 해외 기관투자자들이 한국 주식시장에 투자할 때 우선적인 투자 대상 기업이 된다. 기업의 안정성·거래량 등이 따라주기 때문이다.

일부 개인투자자들이 지수 편입 종목은 기관투자자의 몫으로 치부하고 여기에 편입되지 않는 소형주, 코스닥, 신규 상장기업 등에 관심을 많이 가진다. 이들 기업은 변동성이 크다. 따라서 수익을 크게 내기도 하지만 손실을 크게 보기도 한다. 기관투자자들은 이들 대표 지수의 연간 상승률(또는 하락률)을 투자 수익률의 기준으로 정하고 포트폴리오를 구성한다. 베트남 주식시장을 잘 모른다면 기관투자가적인 접근 방식이 리스크를 줄이는 방법일 수 있다.

_ 호찌민증권거래소와 하노이증권거래소

베트남은 두 곳의 증권거래소를 운영하고 있다. 호찌민증권거래소 (HOSE 또는 HSX, Ho Chi Minh Stock Exchange)와 하노이증권거래소 (HNX, Hanoi Stock Exchange)다. 1986년 도이모이정책 선언 14년 후인 2000년 7월 호찌민증권거래센터(HoSTC, Ho Chi Minh City Securities Trading Center)로 출발해 2007년 호찌민증권거래소로 명칭을 변경했다. 증권거래소를 관리·감독하는 증권위원회(The State Securities Commission)는 이에 앞선 1996년에 설립했다.

호찌민거래소는 두 개의 상장기업으로 단촐하게 출발했다. 냉장전기엔지니어링(REE)과 사이공케이블앤통신(SACOM)이다. 설립 후 10년이 지난 2010년 7월에는 247개 기업으로 불어났다.

호찌민증권거래소는 호찌민시 1군에 있으며 프랑스 식민시절인 1954년까지 상공회의소로 운영하던 건물이다. 1967년부터 1975년 통일이 되기까지 남부 베트남 상원이 있던 자리다.

하노이증권거래소는 호찌민증권거래소보다 5년 늦은 2005년 3월 하노이증권거래센터(Hanoi STC, Hanoi Securities Trading Center)로 출발해 2009년 하노이증권거래소(HNX, Hanoi Stock Exchange)로 명칭이 변경됐다. 앞으로 두 거래소 기구가 통합되더라도 시장으로서의 두 거래소는 계속 운영될 것으로 보인다.

두 거래소 주식 액면가격(Par Value)은 1만동(약 500원), 채권은 10만동이다. 거래시간이 우리보다 많이 짧다. 호찌민 거래소 오전장은 2시간 15분(하노이는 2시간 30분)이고 오후장은 1시간 30분에 불과하다. 그리고 점심시간은 1시간 30분 동안 휴장이다. 우리나라는 점심시간 휴장 없이 오전 9시부터 오후 3시 30분까지 6시간 30분 동안 거래한다. 베트남도 상

하노이시에 소재한 하노이증권거래소 전경

장업체 수와 시가총액이 늘어나면 거래시간도 늘어나리라 본다. 베트남은 우리보다 2시간이 늦다. 하노이거래소의 경우 우리 시간으로 오전 11시에 개장하는 셈이다. 주식거래 상·하한 폭은 호찌민거래소 ±7%, 하노이거래소 ±10%이다. 아직 대차거래와 공매도를 금지하고 있다. 주식시장 규모가 작기 때문인 것으로 풀이된다.

〈 호찌민 및 하노이거래소 거래시간 〉

시장	오전 / 오후	거래시간 (베트남시간)	거래시간 (한국시간)
호찌민 주식시장	오전장	09:15~11:30	11:15~13:30
	오후장	13:00~14:30	15:00~16:30
하노이 주식시장	오전장	09:00~11:30	11:00~13:30
	오후장	13:00~14:30	15:00~16:30

호찌민증권거래소(www.hsx.vn)와 하노이증권거래소(www.hnx.vn) 홈페이지 및 베트남 현지 증권회사는 베트남어와 영어가 지원되므로 필요한 정보를 실시간으로 조회할 수 있다. 특히 우리나라에서 베트남에 진출한 증권회사(한국 증권사의 자회사로서 현지에 별도법인으로 설립된 베트남 증권회사를 말함) 홈페이지를 인터넷 '즐겨찾기'에 설정해 실시간으로 주식 정보를 조회할 수 있다.

베트남 주식시장 상장조건은 ① 2년 이상 이익이 발생해야 하며, ② 최소 자본금은 50억동(한화 약 2억5천만원)이며, ③ 회사 근로자가 아닌 주주 50인 이상이 지분 20% 이상 보유해야 한다. 또한 지정된 독립 회계법인의 감사보고서를 제출해야 한다.

베트남 주식시장 개황 2

_ 베트남 주식시장 볼륨, 작지만 성장 잠재력 높아

베트남에 거주하는 경우 식당, 카페, 부동산중개 등 자영업을 하거나 하면서 주택(아파트 포함)과 주식 투자에 관심이 많을 것이다. 이외 채권, 실물자산으로서 금 등이 있으나 아직은 생소하다. 베트남 부동산에 대해서는 앞서 설명했다. 베트남 주식투자도 국내 금융회사에서 중개하고 있다. 국내 증권사를 통해 베트남 주식을 직접 거래하거나 베트남 펀드에 간접투자할 수 있다. 베트남에 거주하는 경우 베트남 증권사에서 직접 거래할 수 있다.

해외시장 어디든 마찬가지겠지만 베트남 주식시장도 장기적인 시각에서 눈여겨볼 대상이 아닌가 생각한다.

2007년 글로벌 금융위기로 베트남 주식시장이 곤두박질쳤다. 그 당시는 베트남뿐만이 아니었다. 우리나라 역시 곤두박질쳤다. 최근 몇 년 동안 베트남 경제가 6% 이상 고속 성장하는 동안에는 대세 상승을 유지하고 있다. 하지만 베트남 경제와 주식시장이 소년기와 같이 조금은 허약하다. 국내 또는 국제 문제로 언제든 곤두박질칠 수 있다는 사실을 염두에 둘 필요가 있다. 모든 경제지표가 한 방향으로 흐르지 않는다. 중간중간 또는 갑자기 꺾임이 발생한다. 주식시장은 선물시장과 더불어 그 정도가 좀 더 심하다.

거시적 측면에서 주식시장의 볼륨(시가총액과 상장업체 수)과 경제성장, 인구 등을 비교해 보면 감을 잡기가 좀 더 쉬울 것이다.

2019년 12월 4일 현재 미국 뉴욕거래소(NYSE) 시가총액(Market Capitalization)은 23조2,400억 달러다. 세계에서 시가총액 규모가 가장 큰 거래소다. 미국 2018년 GDP 20조4,941억 달러의 113.4%에 달한다. 미국 나스닥(NASDAQ) 시가총액은 12조1,400억 달러로 GDP 대비 59.2% 수준이다. 나스닥 역시 뉴욕거래소에 이은 두 번째로 시가총액이 큰 시장이다. 미국 양 거래소 시가총액 합은 35조3,800억 달러로 GDP 대비 무려 172.6%에 달한다. 달러 발행 국가다운 엄청난 달러가 미국 주식시장으로 몰리면서 시가총액 세계 1위가 된 것이다.

한국증권거래소(KRX) 자료에 따르면 2019년 12월 6일 현재 우리나라 증권거래소에서 거래되는 상장기업은 코스피 886개, 코스닥 1,322개, 코넥스 151개 등 2,359개 업체다. 시가총액은 코스피 1,398조원, 코스닥 222조원, 코넥스 5조원을 합한 1,625조원이다. 한국 시장 전체 미화 시가총액은 약 1조3,600억 달러다. 시가총액 규모 면에서 세계 14위다. 한국 2018년 GDP 1조6000억 달러 대비 85% 수준이다. 시가총액 면에서 미국 전체 시장 대비 3.8% 수준에 불과하다.

2019년 12월 5일 현재 하노이거래소(HNX) 시가총액은 미화 81억 달러다. 베트남 2018년 GDP 2,449억 달러 대비 3.3% 수준이다. 호찌민거래소(HOSE) 시가총액은 1,457억 달러다. 베트남 GDP 대비 59.5% 수준이다. 양 거래소 시가총액을 합치면 1,538억 달러로 베트남 GDP 대비 62.8%

다. 미국과 한국의 GDP 대비 시가총액 비율과 비교해 보더라도 베트남 시가총액은 앞으로 크게 성장할 여지가 남아 있다. 우리나라 시가총액 대비 11.3%에 불과하다.

2019년 12월 5일 현재 베트남 상장기업 수는 744개다. 같은 날 우리나라 상장기업 수는 2,359개의 31.5% 수준이지만 불과 2년 전 보다 두 배 이상 증가했다.

베트남은 매년 6.0% 이상 고도 성장하고 있다. 베트남 두 거래소 시가총액이 GDP 증가와 더불어 크게 늘어날 것으로 예상할 수 있다. 상장과 증자(공급 측면)가 계속 이어지고 한편 국내·해외투자자(수요 측면)가 늘어나면서 시가총액이 한층 늘어날 것이다.

게다가 인구 면에서 한국은 5천만 명이 조금 넘는 수준이고 베트남은 1억 명에 가깝다. 개인소득이 우리의 절반만 돼도 국내총생산(GDP)은 우리나라와 대등하게 된다.

많은 시간이 지나고 누군가 이 부분을 보면서 베트남 시가총액과 GDP 규모를 비교해 보면 베트남이 뭔가 많이 변화되었음을 느낄 수 있으리라 본다.

세계은행 '아시아 본드 온라인' 2018년 자료에 따르면 아세안 국가의 GDP 대비 자본시장 규모에서 베트남은 싱가포르, 말레이시아, 태국, 필리핀, 인도네시아에 이는 6위를 차지하고 있다. 주식과 채권을 합해야 GDP 대비 50%를 조금 넘는 수준이다. 1위 싱가포르는 GDP 대비 300%에 육박하고 있다. 자본시장 규모는 주식, 국채, 회사채를 포함한다. 베트남에 이은 7·8·9위는 미얀마, 라오스, 캄보디아 순이다. 베트남의 자본시장 규

베트남 투자 여행

모가 매우 작다는 것을 느낄 것이다. 이는 한편 베트남 경제성장 속도에 비추어 보면 자본시장 성장 잠재력도 높을 것으로 예상되는 대목이다. 베트남 자본시장은 주식시장과 국채시장이 양분하고 있으며 회사채시장은 없다시피 할 정도로 미미한 수준이다. 베트남 정부는 주식시장, 국채시장, 회사채시장 모두를 키우기 위해 장기 플랜을 마련하고 또 추진하고 있다.

〈 아세안 국가의 GDP 대비 자본시장 규모 〉

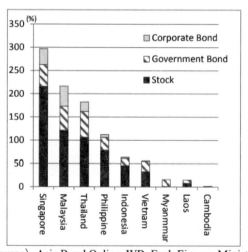

(Source) Asia Bond Online, WB, Each Finance Ministry

_ 베트남 주가지수들

베트남 주식시장은 MSCI 아시아지역 나라별 소속 시장에서 '스탠드얼론 시장'보다 앞선 단계인 '프론티어 시장'에서 방글라데시, 스리랑카와 같이 속해 있다. 또 FTSE의 아시아지역 나라별 소속 시장에서도 베트남 주식 시장은 마지막 단계인 '프론티어시장'에 속해 있다고 앞에서 설명했다. 해외 기관투자자에게 별로 주목받지 못하고 있다고 할 수 있다. 따라서 베트남 이 자체 생산한 지수를 통해 기업의 안정성과 성장성을 판단해야 한다.

'베트남주가지수(VNX All Share Index)'는 베트남 증권거래소(호찌민, 하노이)에 상장된 모든 종목의 시가총액 가중지수로서 베트남을 대표하는 주가지수다. 기준일은 2000년 7월 28일이며 기준지수는 100이다. 2019년 6월 현재 지수는 1,300포인트 주변이다. 베트남 대표 기업 50개 종목으로 구성된 VNX50 지수도 있다. 이 50개 종목을 우선으로 연구한다면 베트 남 주식투자에 도움이 될 것이다.

호찌민거래소 대표 지수로는 'VN종합지수(VN All Share Index, VNIAS)', 'VN지수(VNI)'가 있고 대표 주식으로 구성된 'VN30 지수'가 있 다. VN종합지수는 2007년 1,100을 돌파하였으나 미국발 세계 금융위기 당시 지수가 250까지 후퇴한 적이 있다. 2019년 6월 현재 VN종합지수는 839포인트, VN지수는 948포인트, VN30 지수는 861포인트 언저리를 맴 돌고 있다. 시장규모가 작아 경제위기, 금융위기에 취약해 변동성이 크다 는 것을 느낄 수 있다.

베트남 투자 여행

지수	정의
VN All Share	호찌민거래소에 등록된 모든 기업으로 구성된 지수
VN Index	베트남 호찌민주가지수로 불리며 호찌민거래소 상장된 모든 기업 자본 가중치 지수
VN30	호찌민거래소에 상장된 주식 중에서 높은 유동성과 시가총액이 큰 30대 기업으로 구성된 지수
VN Midcap	호찌민거래소에서 중간 정도의 시가총액을 가진 70개 기업으로 구성된 지수
VN100	VN30과 VN Midcap을 합친 100개 기업으로 구성된 지수
VN Smallcap	소규모 시가총액을 가진 기업으로 구성된 지수
VN All Share Sector	호찌민거래소의 모든 주식을 '국제산업표준분류(GICS)'에 따라 구분한 업종별 지수

자료: 호찌민증권거래소 웹사이트(www.hsx.vn)

하노이거래소 대표 지수로는 'HNX지수(HNXI)'가 있다. 또 호찌민거래소와 마찬가지로 하노이거래소 대표 주식지수로는 'HNX 30지수'가 있다. 2019년 6월 현재 HNX지수는 103포인트 언저리, HNX 30지수는 187포인트 언저리다. 호찌민거래소 지수보다 매우 낮음을 알 수 있다. 시작이 늦었고 규모가 작기 때문이다. 이외 대기업지수, 중소기업지수, 업종별지수(금융업, 건설업, 제조업)가 있으나 분석 대상으로 보기엔 아직은 규모가 크지 않다.

지수	정의
HNX Index	하노이거래소에 등록된 모든 기업으로 구성된 지수
HNX30	하노이거래소 주식 중 유동성과 시가총액이 큰 30대 기업으로 구성된 지수

자료: 하노이거래소 웹사이트(www.hnx.vn)

또 장외주식시장이 하노이거래소에 개설됐다. 이를 '업콤(UPCoM, Unlisted Public Company Market)'이라 부르며 성장하는 중소기업의 자금 조달을 위한 시장이다. 이는 상장을 위한 징검다리 역할을 하는 일종의 '메자닌거래소'에 해당된다. 업콤에도 업콤지수(UPCoM Index), 업콤 대·중·소기업지수(UPCoM Large·Medium·Small Index)가 있으며 2019년 6월 현재 54포인트 언저리다.

해외투자자로서 베트남 주식시장에 투자한다면 유동성과 시가총액이 큰 호찌민거래소의 VN30 지수 소속 30개 기업과 하노이거래소의 HNX30 지수 소속 30개 기업이 우선 투자 고려 대상이 될 수 있을 것이다.

외국인 투자자에 대한 주식투자 한도를 점차 확대하고 있다. 초기 전체 시장규모에서 외국인 주식 지분은 20%, 채권은 40%로 제한했다. 2003년 7월에는 외국인 주식 지분 보유 한도를 30%로 올리고 발행채권의 외국인 매입 한도를 폐지했다. 이은 2009년 총리 결정문(Decision)에서 외국인 투자지분 법정 상한을 일반 상장기업 49%, 은행 30%로 매입을 제한하고 있다. 더불어 실제 상한은 법정 상한 범위 내에서 기업 자체적으로 결정하도록 했다. 2015년 11월 1일부터 외국인 투자 한도를 완화했다. 국가증권위원회(SSC)의 승인을 조건으로 상장기업의 외국인 투자 한도를 100%까지 확대했다. 다만 외국인 소유 제한이나 조건이 있는 업종은 여전히 49%이다. 상장된 국유기업에 대한 외국인 지분 제한은 관련 국유기업법 등에 따라 결정하도록 했다. 외국인에게 주식시장을 점진적으로 개방함으로써 투자수요를 늘리고 동시에 거대 국유기업의 상장과 매각을 촉진시키고 있다. 한편 베트남 주식시장이 MSCI 프론티어마켓에서 한 단계 위인 이머징마켓에 포함되기 위한 포석이기도 하다.

베트남 재무부는 베트남 주식시장의 외국인 소유 지분이 2017년 말 21.6%에서 2018년 9월 말 현재 23.33%로 높아졌다고 발표했다. 주식시장 개방이 확대됨에 따라 외국인 소유 지분 규모와 비율이 점점 높아질 것이다.

주식투자 방식과 세제

_ 베트남 주식 계좌개설과 양도소득세 및 배당소득세

베트남 주식거래는 국내 증권사를 통해서 거래하거나 베트남 현지 증권사에서 계좌를 개설해 거래할 수도 있다. 우선 국내 증권사에서 계좌를 개설하면 국내 주식이든 해외 주식이든 선택적으로 거래할 수 있다. 하지만 해외 거래는 계좌개설 후 곧바로 거래할 수는 없다. 우선 계좌에 입금된 원화를 달러로 환전하여 송금한 후 베트남에서 달러를 동화로 다시 환전하는 절차를 거쳐야 한다. 원화에서 베트남 동화(VND)로 직접 환전할 수는 없다. 따라서 환전 요청일로부터 3일 이후 베트남 주식 매수주문이 가능하다. 현지 주식을 매도할 경우 매도 및 VND 출금 신청 후 1일이 지나면 달러로 환전해 한국으로 송금한다. 매도 및 VND 출금 신청 후 2~4일이 지나면 한국계좌에 입금된다. 과거 중국으로 위안화 송금 시 우선 달러로 환전해 중국으로 송금하고 중국 현지은행에서 달러를 위안화로 환전하던 절차와 같다. 아무래도 두 차례 환전을 하다 보면 환전수수료가 많이 든다. 이럴 경우 환전수수료를 꼼꼼히 따져봐야 한다. 환전금액이 많다면 환전수수료 인하를 요청할 수 있다.

국내 주식투자에는 없고 해외 주식투자에만 부과되는 세금이 있다. 매매차익에 대한 '양도소득세'다. 해외주식 매매차익에 대해 22%(지방소득세 포함)의 양도소득세가 부과되며 원화 기준으로 환산해서 부과된다. 단 종합과세대상이 아닌 분리과세 대상이다. 양도소득세 부과 기준일은 매년 12월 31일이며 연간 순 매매차익에 대해 부과한다. 즉 연간 매매차익에 매매손실을 차감한 금액에서 기본공제 250만원을 초과하는 수익(수수료 등 비용공제 후)에 대해 부과하게 된다. 연말 시점 보유 주식 평가차익은 양도소득세 부과대상이 아니다. 따라서 그해 매매차익이 많이 발생할 경우 보유 중인 나머지 주식은 다음 해에 매각하는 것도 양도소득세 절세 방안이다. 증권사에서 미리 양도소득세를 정산해주고 있어 편리하다.

해외 주식 보유에 따른 배당소득세는 국내 주식과 마찬가지로 15.4%(지방소득세 포함)가 부과된다. 1994년 맺은 베트남과의 조세조약에 따라 베트남에서 배당소득세를 10% 이내에서 원천징수할 수 있다. 이럴 경우 국내 세율 15.4%에서 현지 원천징수 금액을 차감한 후 징수한다. 배당소득세는 국내 주식이든 해외 주식이든 연간 배당소득이 2,000만원으로 초과하면 투자자의 다른 소득과 합산해 다음 해 5월 말까지 종합소득세를 신고해야 한다. 해외 주식 매매차익 양도소득세가 분리과세인 것과 다른 점이다.

베트남 현지 증권사 계좌개설은 까다롭고 불편하다. 따라서 한국어가 지원되는 한국계(한국 증권사가 투자한) 현지 증권사를 선택하면 편리할 것이다. 현지 증권사를 방문하면 연계 은행계좌 개설과 여권 사본 공증을 요구한다. 은행 연계계좌는 2종류가 있다. 외국(한국)에서 베트남 연계계좌은행으로 송금하는 방식(이를 'IICA'라 부른다)과 베트남 내 연계 은행에 현지 입금하는 방법이다. 외국에서 은행 송금을 통해 연계 은행에 입금해 베트남 주식을 거래하면 주식 매도 후 별도 해외 송금 승인 없이 현지 증권사에서 현금을 환전하여 외국(은행)으로 송금이 가능하다. 그러나 베트남에서 직접 연계 은행에 입금하면 주식을 팔고 난 후 외국(한국)으로 송금이 불가능하고 베트남 내에서 동화로만 인출이 가능한 차이가 있다. 어느 방법을 택할 것인지는 본인이 선택해야 한다. 외국에 거주한다면 첫 번째 방법을, 베트남에 거주한다면 두 번째 방법을 선택할 수 있다. 증권사와 연계계좌 은행은 서로 간 협약에 의해 지정돼 있다. 증권사와 협약을 맺은 은행으로 가서 계좌를 개설해야 하는 번거로움이 있다. 우리나라 증권사에서 계좌를 개설하면 은행에 갈 필요 없이 증권사에서 곧바로 은행 연계계좌를 개설해 주는 것과 차이가 난다.

다음은 현지 지방 인민위원회(우리의 구청과 같음, 호찌민시 1군 소재 증권사의 경우 1군 인민위원회)에 가서 여권사본 공증을 받아야 한다. 인민위원회 증명발급 부서에서 여권을 복사하고 번호표를 뽑아 기다리면 차례

호찌민시 1군 인민위원회 입구 간판

로 발급해 준다. 민원발급 신청인이 많이 몰리면 30분에서 1시간 정도 기다려야 하는 불편함이 있다. 말이 통하지 않을 경우 주변에 여권사본 공증받는 사람을 유심히 살펴서 따라 하면 어려움 없이 발급받을 수 있다. 여권사본 공증료 3만동(약 1500원)과 여권 복사비용이 들어간다.

베트남 증권회사도 MTS(모바일 앱 거래시스템)과 WTS(웹 거래시스템)를 모두 제공하므로 계좌를 개설하면 한국에서 실시간으로 거래가 가능하다. 계좌를 개설하면 증권사에서 영문으로 된 '데일리 리포트'를 이메일로 보내준다. 전날의 시황과 여러 가지 기업 정보가 실려 있다.

_ 간접투자자는 베트남 내 '간접투자 자본계좌(IICA)' 통해 거래 가능

주식투자, 채권투자 등 금융투자를 일반적으로 간접투자라 부른다. 베트남은 아직 자본(이동, 거래)자유화가 되지 않았다. 따라서 자본시장, 금융거래에 대한 정부의 간섭과 통제가 엄한 편이다. 베트남 중앙은행(SBV)이 자본시장, 금융거래에 관한 관리와 감시를 담당하고 있다. 2004년 5월 24일 베트남 중앙은행은 시행규칙 03호(Circular NO.03/2004/TT-NHNN) '베트남기업에 투자하는 해외투자자의 주식 매수와 자본출자에 관한 환율관리 가이드라인'을 발표했다. 베트남 개방 초기 환율 변동성을 예방하기 위한 관리 목적으로 이 제도가 도입됐다. 그리고 10년 후인 2014년 3월 12일 시행규칙 05호(Circular No.05/2014/TT-NHNN)에서 '베트남에서 간접투자를 위한 간접투자 자본계좌의 개설과 이용에 관한 가이드라인(Guidelines on Opening and Use of Indirect Investment Capital Accounts)'으로 변경했다. 이를 줄여서 'IICA가이드라인 또는 IICA계좌'라 부르기도 한다. 앞서 설명한 바와 같이 증권사와 협약이 된 은행 계좌 개설이 곧 간접투자 자본계좌(IICA)에 해당한다.

베트남인이나 비거주 해외투자자(기구 및 개인)가 베트남 내에서 간접투자를 할 경우 이 가이드라인(시행규칙 5호)에 따라 동화 계좌로만 거래하도록 했다. 외화통장 개설을 금지하고 오직 동화 계좌로 거래해야 한다. 따라서 해외에서 베트남 동화 거래계좌로 송금해 동화로만 간접투자를 할 수 있도록 했다. 간접투자 자본계좌는 베트남 증권회사와 연계된 은행 한 곳에서, 하나의 계좌만 개설할 수 있다. 또 IICA계좌는 정기예금이나 저축계좌로도 전환할 수 없도록 했다. 하지만 외국인 직접투자는 이 시행규칙을 적용하지 않는다. 외국인 직접투자는 투자법 등에서 외화 자본계좌와 동화 거래계좌를 동시에 개설할 수 있다.

특이한 점은 업콤(UPCOM)시장(비상장회사 거래시장)이나 주식시장에서 베드님 기입 주식을 매입하거나 자본출자한 해외투자자는 그 기입의 경영 참여를 금지하고 있다. 간접투자자는 주식, 채권, 동화로 된 무기명 유가증권 등 거래를 할 수 있지만 경영참여는 차단하고 있다.

국유기업 개혁 역사와 형태

_ 1975년 국유화에서 1986년 이후 다시 민영화로

2차 세계대전이 끝나자 북부 베트남에서 호찌민 주도로 사회주의공화국을 설립했다. 토지, 주택, 민간기업 등 사유재산을 몰수했다. 이 과정에서 많은 피를 흘린 건 중국과 마찬가지다. 남의 눈에 띄지 않게 숨겨 둘 수 있는 재산은 금, 은, 골동품 정도뿐이다. 화폐 개혁으로 숨겨둔 화폐는 노출되거나 폐지로 전락하게 된다. 몰수한 농지에 집단농장을 만들었다. 집단농장에서 농민은 농사를 짓고 먹을 만큼 배급을 받고 나머지는 도시민에게 공급됐다. 기업 역시 몰수되거나 헌납되어 국유기업으로 전환했다. 사회주의 국가는 이를 인민 전체의 공유라 부르고 당·정·군이 관리했다. 주장(구호)과 현실이 다르다는 것은 세월이 지난 후에야 드러났다. 개혁이 요구됐다. 국유기업엔 국유기업 개혁이 필요했다.

남부 베트남은 1975년 북부 베트남에 의해 흡수 통일됐다. 통일 이전에는 자본주의 국가로서 사유재산이 인정돼 개인과 민간기업이 경제의 주축이었다. 2차 세계대전 이후 다른 동남아 국가처럼 화교들이 상권, 경제권의 많은 부분을 장악했다. 이런 현상도 통일 이전까지뿐이었다. 오늘날 태국, 말레이시아, 인도네시아, 필리핀 등에서 화교들이 상권과 금융의 많은 부분을 장악했다. 싱가포르는 화교 국가다. 이들 나라에서 화교 재벌이 재벌 상위에 랭크되고 있다. 자본주의가 유지되는 한 이런 틀을 깨기 힘들 것이다. 동남아에서 화교는 유럽과 미국에서 유대인과 같은 존재가 됐다.

하지만 베트남 화교는 예외다. 1975년 통일 이후 사유재산이 몰수되고 국유화됐다. 남부 베트남 화교들은 미처 팔지 못한 재산을 남겨두고 금과 귀중품만 챙기고 보트피플이 되어 황급히 떠났다. 이들이 소유했던 것은 물론 모든 기업과 점포가 국유화됐다. 이로써 남·북 베트남 공히 지주, 자영업, 민간기업이 사라졌다. 화교상권도 같이 사라졌다. 통일과 국유화 이후 베트남은 국제적으로 오직 러시아 등 몇몇 공산국가들과 교역했다. 미국을 비롯한 서방 자본주의 국가와 교역이 단절됐다. 공산국가들도 가난하긴 마찬가지였다. 베트남은 고립되고 빈국 대열에 들어섰다. 국민들은 삶의 활력을 잃었다. 국유화 후 채 10년이 되기도 전에 국가와 국민이 나락으로 떨어졌다.

중국의 성공적인 개혁개방에 자극받고, 궁핍에 빠진 국민들에 충격받은 베트남 공산당은 내부의 격렬한 논쟁 끝에 1986년 공산당 6차 태회에서 도이모이정책을 신언했다. 동유럽 공산국가처럼 몰락하느냐 중국처럼 공산체제는 유지하면서 성장하느냐의 선택이었다. 도이모이는 민영경제 인정, 수요와 공급이 작동하는 시장경제 도입, 자본주의 국가를 향한 대외 개방이 핵심이다. 이후 사유재산, 민간기업 모두 제로 베이스에서 하나씩 싹트기 시작했다. 농민에게 농지가 분배되고 스스로 농사지어 이윤을 남겼다. 주택의 영구 소유가 허용됐다. 주식회사 등으로 바뀐 기업은 지분을 사고 팔 수 있게 해 소유와 경영을 분리했다. 영리활동을 하면서 경제가 활력을 찾기 시작했다. 영리활동의 원천은 인간의 이기심이다. 이 이기심을 자극하면서 베트남이 깊은 수렁에서 벗어나기 시작했다.

하지만 기업은 많은 부분에서 여전히 국유기업이었다. 계획생산과 분배에 젖은 국유기업 체질을 바꾸기에는 많은 어려움과 시간이 걸렸다. 1990년대부터 국유기업을 개혁했지만 2016년 연간 GDP의 30%를 차지할 정도로 국유기업 비중이 높다. 주식시장에서 잘 나가는 기업 역시 국유기업이다. 비나밀크가 대표적이다. 민간기업은 국유기업 대비 아직 소규모 단계다. 베트남 정부는 비대하고 비효율적인 국유기업을 민영화하고자 노력하고 있다. 또 정부 재정 확충을 위해 국유기업 지분을 매각하고 있다.

_ 국유기업 개혁 역사는 민영화 역사

베트남 정부는 1992년부터 국유기업 개혁을 추진하기 시작했다. 국유기업 개혁 방법으로 민영화, M&A, 구조개혁 및 해체를 망라했다.

1990년대 초기 국유기업 개혁에는 국유 대기업도 자본시장도 아닌 중앙정부와 지방정부가 관리했던 중소 규모의 국유기업 개혁에 초점을 맞추었다. 이외 국가 전략산업 부문에서 여러 개의 국유기업을 통합시키기도 했다. 2000년대에 들어서면서 오히려 중요 전략산업 분야에서 대규모 집단을 형성한 국유기업들이 비핵심 분야로 사업을 확장하기 시작했다.

2008년 세계 금융위기 이후 베트남 정부도 미국, 유럽, 일본과 마찬가지로 대규모 양적완화를 단행했다. 이런 분위기 속에서 국유기업 집단은 경영효율성을 고려하지 않고 부동산과 주식에 투자하면서 그 규모가 더욱 커지게 되었다.

또한 2000년대에 접어들면서 국유기업을 주식회사로 전환해 민간부문에 주식을 파는 민영화도 동시에 추진했다. 이러한 조치는 국유기업을 국제적 운영기준에 맞추기 위함과 동시에 2006년 WTO 회원국 가입을 위한 선제적 조치였다. 이를 위해 국유자산 관리·매각을 위한 '베트남 국유자산 투자회사(The Vietnam State Capital Investment Corporation, SCIC)'를 설립했다.

베트남 정부는 또 2011년 7월 18일 국유기업 개혁에 관한 시행령 59호(Decree No.59/2011/ND-CP)를 발표했다. 이를 통해 ① 100% 지분 소유가 불필요한 국유기업의 지분을 분산하고, ② 국내투자자는 물론 해외투자자에게도 국유기업 투자를 개방하고, ③ 국유기업의 재무능력을 증대시키고, ④ 경쟁과 효율성 증대를 위해 기술과 경영을 개혁하기로 했다. 국유기업을 민간뿐만 아니라 해외투자자에게도 개방해 경쟁력과 효율성을 높이겠다는 의지다.

이어서 2014년 6월 18일 결정문 37호(Decision No.37/2014/QD-TTg)를 발표했다. 이 결정문에서 국유기업을 3개의 그룹으로 나눴다. 첫째 중앙정부와 지방정부가 100% 지분을 보유하는 기업, 다음은 중앙 또는 지방정부가 운영하는 유한책임회사, 마지막으로 정부가 대주주 지분을 유지하는 주식회사로 구분했다. 그리고 주식회사로 전환한 국유기업을 상장해서 지분을 매각하도록 했다. 이때부터 사실상 국유기업 지분 매각 모멘텀을 갖게 됐다고 할 수 있다.

2016년 구성된 새 정부는 그해 12월 28일 결정문 58호(Decision No.

58/2016/QD-TTg)로 국유기업 민영화 계획을 발표했다. 이 결정문은 2017년 2월 17일 발효되면서 2014년 결정문 37호를 대체했다. 이 결정문에서 2016년부터 2020년까지 240개 국유기업 중 정부가 100% 지분을 가지는 국유기업은 103개, 지분 65% 이상 보유기업 4개, 지분 50~65% 보유기업 27개, 50% 이하 지분 보유기업 106개로 구분해서 추진하기로 했다. 여기서 100% 지분 보유기업 103개를 제외한 나머지 137개 국유기업 지분을 매도하거나 상장하도록 했다. 이에 따라 2017년 상반기 베트남 최대 유가공업체이며 국유기업인 비나밀크(Vinamilk)의 지분 9%를 처분했다.

2017년 8월에는 2020년까지 국유기업 주식 매각에 박차를 가하기 위해 매각 일정, 매각할 지분을 발표했을 뿐만 아니라 각 감독기구는 매 분기 매각 결과를 재무부에 보고하도록 했다. 이어서 2018년 2월에는 정부기관, 국유자산투자회사(SCIC), 지방정부 간 파벌 현상을 타파하고 국유기업 민영화를 가속화하기 위해 국유기업을 통합 관리하는 새로운 기구로서 '국유자산관리기구(The State Capital Administration)'를 설립했다. 여기에는 중앙정부가 관리하는 국유기업, 군이 소유한 국유기업, 국유자산투자회사 또는 지방정부가 관리하는 국유회사로 분산돼 있어 민영화 추진에 걸림돌로 작용했기 때문이다. 민영화를 강력하게 추진하기 위한 조치라 할 수 있다. 당분간 국유기업이 베트남 증권거래소에 상장되는 최대 공급처가 될 것이다. 알짜 기업이 공개될 수도 있고, 현 주식시장 볼륨에 비해 규모가 큰 국유기업이 공개됨에 따라 수급 불균형(수요 대비 공급 과다 현상)이 발생할 수도 있다.

우리나라 80~90년대에 걸쳐 한국전력, 한국통신공사(KT), 포스코 등을 상장하면서 '국민주' 개념을 도입해 전 국민이 이들 기업 주식을 보유하게 했다. 이에 따라 일시적 주식 공급 초과 현상을 해소하는 효과를 보기도 했다. 중국은 거대 국유기업을 민영화하면서 상장을 하되 유통주, 비유통주로 나누기도 하고, A주와 B주로 나눠 B주에 대해 해외투자를 허용하기도 하고, 해외 기관투자자의 투자를 한정적으로 허가(QFII제도)하기도 하는 방법으로 오랜 시일에 걸쳐 국유기업 상장과 민영화를 추진했다. 베트남 국유기업도 중국 국유기업만큼 거대하지는 못하더라도(중국 인구 13억과 베트남 인구 약 1억명과 비교하면 쉽게 이해가 될 것이다.) 베트남 주식시장에 엄청난 물량이 될 것으로 예상된다. 앞으로도 베트남 정부는 국유기업 개혁과 주식시장 확대·개방정책을 지속적으로 추진하게 될 것이다.

자본주의 국가들 중에서도 자국 산업을 개방하지 못하고 있는 나라들이 더러 있다. 대외적으로는 '개방했다'고 발표하지만 교묘하게 장벽을 치고 있다. 자국 기업을 온실 속에서 보호하고 있는 것이다. '보호'가 길어지면서 자국 기업의 경쟁력이 점점 떨어지면서 경제는 좀처럼 성장하지 못하고 있다. '정체'는 성장하는 국가에 비해 상대적 후퇴를 의미한다. 베트남은 후발주자로서 국유기업 매각과 투자유치를 통해 성장의 발판을 마련하고 있다. 베트남은 개혁을 추진하는 공산당 외에 개혁을 가로막는 기득권 세력이 없어서 오히려 개혁이 순조로운 게 아닌가 싶다.

베트남 국유기업 개혁과 자본시장(주식, 국채, 회사채시장) 육성은 불가분의 관계이다. 국유기업 비중이 크고 민간기업은 도약 단계에 있다. 주식시장의 대세는 국유기업이다. 앞으로 회사채시장 육성에도 국유기업이 대세일 수밖에 없다. 따라서 베트남 주식시장뿐만 아니라 자본시장 전체를 전망하기 위해서라도 베트남 국유기업(State Owned Enterprises, SOEs)을 이해할 필요가 있다.

사회주의 국가 중 개혁과 개방에 성공한 나라는 중국과 베트남이다. 사회주의 근간인 집단농장과 국영기업을 성공적으로 개혁하면서 이루어졌다. 사회주의 국가에서 기업은 모두 국영기업이었다. 계획생산과 분배의 주체였다. 국영기업(國營企業)은 국가가 경영하는 기업을 뜻하고 자본과 경영이 분리되지 않은 상태다. 국영기업을 주식회사 등 체제로 바꾼 기업을 국유기업(國有企業)이라고 부른다. 국유기업도 국영기업과 마찬가지로 정부가 지분을 소유하고 또 경영하는 기업을 말한다. 다만 국유기업은 지분을 민간이나 해외투자자에게 매각할 준비가 된 기업이다. 둘 다 의미를 혼동해서 쓰기도 한다. 어쨌든 국영기업, 국유기업 모두 국가가 소유하고 경영했다. 이거나 저거나 사회주의 국가에서 구분이 무슨 필요가 있겠나 싶기도 하다. 하지만 시장경제를 받아들이면서 확연히 구분되고 있다. 국유기업은 언제든 소유와 경영을 분리할 준비가 돼 있으며 또한 경영을 전문경영인에게 맡기거나 아예 민간에게 경영권을 넘기는 경우도 있다.

베트남이 개방과 더불어 국영기업을 국유기업으로 바꾸고 이 과정에서 계획경제 시절 만성 적자로 운영되던 국유기업을 통폐합하거나 지분을 단계적으로 매각하고 있다.

한편 국유기업 탄생 배경을 좀 더 이해해야 국유기업 민영화 과정을 쉽게 이해할 수 있을 것이다. 통틀어 국유기업이라 하지만 좀 더 세분화하면 공산당 소속·군부 소속·중앙정부 또는 지방정부 소속 국유기업으로 구분된다. 중국, 북한, 베트남 등 사회주의 국가 탄생에서 그 배경을 살펴볼 수 있다. 사회주의 국가 운영주체는 당·군·정이다. 우리의 삼권분립과 얼핏 비슷한 모양새지만 완전히 다르다. 당·군·정이 상호 견제를 하는 것으로 보이지만 그렇지 않다. 공산당 일당 독재 국가로서 당이 군대, 정부, 사법, 공안을 모두 지배한다. 당 중앙이 영도(지도)하고 군대는 무력으로 지원하고 정부는 행정적인 역할로 지원한다. 당군사위 주석, 당 서기, 국가 주석을 겸해야 명실상부한 지도자(실권자)가 된다. 덩샤오핑은 특이하게 당군사위 주석만 유지한 채 국가 전체를 다스리기도 했다. 중국 공산혁명 시절 무기·의식주 등을 해방구, 군구 별로 스스로 조달해야 했다. 고립된 해방구 투쟁과 게릴라전을 하면서 중앙에서 무기와 의식주를 제대로 보급받을 수 없었다. 그 당시 당 중앙인들 제대로 된 재력과 무기가 없었다. 독립채산제와 같이 스스로 무기 조달과 경제적 문제를 해결히면서 투쟁해야 했다. 이런 가운데 자연스럽게 당 소속 기업, 해방군 소속 기업, 행정부 소속 기업이 만들어졌다. 기업 경영을 당에서 하거나 군에서 하거나 하는 식이다. 그리고 그 이익도 각 소속에서 분배했다. 이런 국영기업이 주식회사로 전환되고, 상장, 민영화하면서 그 지분을 당, 군 또는 행정부가 소유하게 된 배경이다. '모 국영 통신회사는 어디 소속'이라는 이야기가 나도는 이유다. 이런 배경이 당 중앙과 행정부에서 국유기업 민영화를 촉구해도 당·군·정 각자 소속 기업을 놓치기 싫어 민영화가 더딘 이유이기도 하다. 기득권을 놓치기 싫은 까닭이다.

베트남 증권거래소 상장기업 상당 부분이 국유기업이다. 정부가 지분을 소유하되 (일부)지분을 팔 수 있도록 했다. 국유기업 상장으로 ① 정부는 소유 지분을 팔아서 재정을 확보하고 ② 이렇게 확보된 자금으로 인프라에 투자하고 ③ 전문경영인으로 하여금 기업의 효율성과 수익성을 높여 기업 가치를 높이도록 했다.

중국은 개혁개방을 하면서 시장경제는 자본주의 전유물이 아니라고 주장했다. 자본주의라는 개념과 체제가 정립되기 이전 전제군주국가 시절에도 시장경제는 엄연히 있었다. 다만 사회주의는 시장경제를 없애고 정부 계획대로 움직이는 계획경제를 만들었다. 하지만 계획경제는 쓰라린 실패를 체험했다. 시장경제의 주축은 민간기업이다. 국유기업 민영화가 필요한 이유다. 민영화는 공산당이나 군과 정부가 기득권을 포기하는 강력한 결단력이 있어야 한다. 베트남 정부는 당군정에 흩어진 국유기업 민영화를 강력히 추진하고 있다.

한편 이런 절묘한 개혁을 해보지도 못하고 서구 공산주의는 사라졌다. 몰락한 서구 공산주의 국가 지도자들이 보았다면 통탄할 일이다. 왜 저런 아이디어, 사상적 유연성, 과감한 개혁이 없었을까 하고 말이다. 베트남 공산당도 중국의 개혁, 구소련 해체, 서구 공산국가의 몰락, 국민의 절대빈곤 속에서 쇄신을 선택했다. 그리고 중국과 같은 길을 걷고 있다. 베트남은 공산주의를 포기하지 않았다. 학교에서는 여전히 공산주의 사상과 공산당사를 정규 과목으로 가르치고 있다.

1990년대 초 1만2천여 개에 이르던 국유기업이 계속 줄어들고 있다. 하지만 2015년 국유기업 종사자는 약 150만 명에 달하며 이는 전체 기업종사자의 15%에 해당할 정도다. 베트남 국유기업의 GDP 기여도도 1990년 40%에서 2016년에는 30%에 이를 정도로 크게 줄지 않았다. 여전히 살아 있는 국유기업은 국가 기간산업이며 대기업이기 때문에 비록 그 수는 줄었지만 베트남 경제에서 차지하는 비중이 여전히 높음을 알 수 있다.

국유기업 상장은 매년 늘어나고 있다. 2011년 12개에서 2015년 289개로 늘었다. 호찌민거래소 설립 초기 상장기업은 국유기업뿐이었다. 상장할 만한 민간기업이 없어서였다. 지금도 기업 공개의 많은 부분을 국유기업이 담당하고 있다. 주식시장, 회사채시장 육성이 국유기업 정책과 맞물려 있다.

국유기업 매각과 민영화

베트남 정부는 2017년 12월 16일 국유기업(SOEs) 민영화 계획 시행령 126호(Decree No.126/2017/ND-CP)를 발표하고 기 시행령 59호(Decree No.59/2011/ND-CP)를 대체했다. 이 시행령에서 국유기업 민영화와 주식 매도에 박차를 가하기 위한 구체적인 매각방법과 기업가치 평가방법을 제시하고 있다.

우선 국유기업을 관리하는 국유자산관리기구가 국유기업의 자본의 일부 또는 전부를 팔거나 증자를 위해 주식을 발행하거나 하는 조치에서 정부의 간섭을 줄이도록 했다. 경매, 인수, 사적모집 또는 수요예측(Book-building)을 통한 상장 등 다양한 방법으로 국유기업을 매각할 수 있도록 했다. 당·군·정 간섭을 차단해 매각을 신속히 할 수 있도록 한 조치로 볼 수 있다.

더불어 베트남 국내투자자와 해외투자자 모두 국유기업 주식을 인수할 수 있도록 했다. 정부도 특별한 경우 민영화된 국유기업 주식을 50% 이상 보유할 수 있도록 했다. 베트남 정부는 또 전략적 투자자에게 우선적으로 국유기업 주식을 매각하도록 했다. 전략적 투자자는 인수한 국유기업을 위해 기술이전, 훈련과 파견근무, 기업지배구조(Corporate Governance)를 선진화하도록 했다. 또 다른 인수 조건이 없다면 인수 후 적어도 3년 동안 국유기업 브랜드와 현 사업을 유지하도록 했다. 기 시행령 59호에서 인수 지분을 5년 동안 팔지 못하도록 한 조항을 3년으로 줄였다.

국유기업을 상장해 주식 공개모집이 완료된 후에는 사적모집 형식으로 자격 있는 전략적 투자자에게 지분을 매도할 수 있도록 했다. 블록딜 형태로 대량의 주식을 전략적 투자자에게 매도할 수 있게 한 것이다. 이때 전략적 투자자에 대한 주식 매도가격은 공개모집 평균가격보다 높아야 한다.

마지막으로 시행령 126호에서 국유기업의 재무회계 방법, 자산평가 방법을 구체화하고 있다. 국유기업의 투명성을 위한 조치다. 국유기업의 회계 및 경영 투명성 부족이 해외투자자 유치에 장애가 되고 있다는 점을 인식한 것이다. 베트남 자본시장은 한동안 민영화하는 국유기업이 주도하게 될 것이다. 국유기업 민영화 과정이 자본시장 볼륨을 키우면서 발전하는 과정이기도 하다.

한편 베트남 정부는 재무부 등 정부부서가 보유하고 있는 국유기업 중 증권거래소에 등록했으나 거래되지 않는 기업 리스트를 공개하기로 했다. 주식을 기래하도록 유도하는 간접 압박인 셈이다. 정부 공식 웹사이트에서 이런 국유기업 명단을 열람할 수 있다.

국유기업 매각을 촉진하는 일련의 정책에 대해 우려도 있다. 일시에 대량의 주식이 거래된다면 공급 과다로 국유기업이 제대로 평가를 받지 못하는 헐값 매도와 동시에 주식시장 침체를 불러올 수도 있다는 우려.

국유기업의 대규모 상장이 주가 상승을 의미하진 않는다. 주식 공급 규모는 늘어나겠지만 이를 수용할 수요(주식투자자)가 뒷받침하지 못할 경우를 상상해야 한다. 중국의 국유기업 상장에서 보듯이 거대 국유기업의 상장은 수요 공급의 균형을 깨트린다. 이를 방지하기 위해 중국은 국유기업을 상장했지만 비유통주는 주식시장에서 유통하지 못하도록 했다. 국유기업의 성공적인 상장은 베트남 국민의 주식시장 참여 확대, 해외투자자의 투자확대 등이 고르게 이루어져야 한다. 개인투자자들은 국유기업 민영화 과정에서 정부가 최대주주 지분을 유지하는 기업보다 민간에 경영권을 완전히 넘기는 기업에 관심을 가져볼 만하다. 정부가 최대주주인 기업은 여전히 국유기업인 것이다.

_ 중앙정부의 재촉에도 불구하고 국유기업 상장과 매각 지연

국유기업 공개(상장)와 매각을 위한 중앙정부(재무부)의 강력한 요구에도 불구하고 국유기업 매각이 부진하다. 기업의 평가·상장·매각 경험이 없고, 이해관계자가 많고, 절차가 복잡하고, 주식을 인수하고자 하는 투자자가 부족하다. 주식 매각이 의지대로 잘 추진되지 않는 게 오히려 적절한 표현이다. 2018년 11월 21일 재무부 발표를 살펴보자. 국유기업 주식 공개와 지분 매각 독려에도 불구하고 667개 국유기업이 주식시장에 상장하지 못했다.

베트남 중앙정부에서 관리하는 상장하지 않은 295개 국유기업 가운데 베트남북부식품회사(Vinafood1)가 가장 많은 지분을 매각했다. 하지만 아직 상장하지 않은 18개 자회사가 여전히 남아 있다. 그중에 하손빈푸드회사(Ha Son Binh Food Co.), 비나푸드1 플로어 밀(Vinafood 1 Flour

Mill co.), VNF1 디스트리뷰션-리테일 합작회사(VNF1 Distribution-Retail JSC), 그리고 탄호아푸드 합작회사(Thanh Hoa Food JSC) 등이 있다고 밝혔다.

베트남섬유의류그룹(Vietnam National Textile and Garment Group, Vinatex)의 14개 자회사 중 찌엔탕의류 합작회사(Chien Thang Garment JSC), 비나텍스-딴따오투자그룹(Vinatex-Tan Tao Investment Corp)과 베트남울 합작회사(Vietnam Wool JSC)가 있다.

정부가 운영하는 거대기업 중에는 베트남석유(Vietnam National Petroleum, Petromex), 베트남전기(Vietnam Electricity, EVN), 베트남오일가스그룹(Vietnam Oil and Gas Group, PVN), 베트남화학그룹(Vietnam National Chemical Group, Vinachem) 그리고 베트남철도(Vietnam Railways)가 있다.

이러한 기업들은 개혁(상장 및 지분매각) 압박에 이의를 제기하며 기업공개를 지연시키거나 또는 주주수나 자본금 등 상장요건을 맞추지 못한다.

재무부는 또 각 시(市)나 성(省)에서 운영하는 372개 비상장 국유기업을 공개했다. 그중 호찌민시가 가장 많으며 11개 그룹이 수 백 개의 자회사를 가지고 있지만 상장하지 않았다고 밝혔다.

이런 현상으로 뒤이어 주식 공개와 매각을 준비하고 있는 국유기업 순서가 뒤로 더 밀리고 있다. '2016~2020 국유기업 구조개혁'에 관한 국무총리 훈령 04호(Directive No.04/CT-TTg)에서 국유기업은 IPO 이후 1년 이내 주식을 거래하도록 했다. 2018년 8월 부총리가 다시 "정부 공식 웹사이트에 국유기업 명단을 제때 공시하지 않은 기업 명단을 공개하라"고 재무부와 관련 정부부서에 지시했다. 이 지시가 세 번째다. 2017년 4월과 이

베트남 투자 여행

어서 4개월 후에도 지시했다. 중앙정부의 거듭되는 독촉에도 국유기업 매각이 지연되고 있다.

앞서 2017년 135개, 2018년 181개의 국유기업 매각 계획을 세웠으나 2018년 11월 21일 재무부 발표에서 2018년까지 31개 기업만 상장과 주식 매각을 거의 완료했다고 밝혔다. 국유기업 개혁이 중앙정부의 의지대로 추진되지 않고 있음을 알 수 있다. 계획생산과 분배에 젖은 국유기업을 개혁하기란 쉽지 않을 것이다. 사회주의 습관도 아직 남아 있을 것이다. 직원의 복지, 노후연금도 준비하지 못한 상태에서 덜컥 기업을 구조조정하고, 상장해 매각할 수 없는 일이다. 개혁이 지연되고 있지만 언젠가는 국유기업이 공개되고 매각될 것이다. 그리고 주가 등락과 관계없이 베트남 주식시장 볼륨도 엄청 커지게 될 것이다. 중국 국유기업이나 한국 공기업 매각과 비교하면서 주의 깊게 살펴봐야 할 부분이다.

베트남 채권시장 현황

북한이 국채를 발행하기나 할까? 사회주의 국가는 굳이 국채를 발행할 필요 없이 화폐를 발행하면 될 일이다. 또 발행한 국채를 사는 투자자가 있을까? 아무것도 알 수 없다. 다만 해외 기관투자자라면 아무도 사지 않을 것이다. 같은 공산권 국가에서 원조 형식으로 빌려준다면 모를까. 이러함에도 북한 국채를 사는 사람은 북한의 개방으로 정상국가가 되면 국채를 상환받을 수 있다는 희망과 남북통일 이후 통일 정부가 상환할 것이란 기대감으로 사 모으는지도 모를 일이다. 일제식민지 시절 임시정부가 발행한 국채를 대한민국 정부가 보상하듯이. 이렇게 북한 국채에 투자한다면 이는 투기에 가까운, 회수를 장담할 수 없는 반영구 투자가 된다. 북한 국채 발행과 거래에 관한 가상 시나리오를 그려 봤다. 국채발행은 자본시장이 작동하는 정상국가에서나 가능한 일이다. 특히 외화표시 국채의 경우 국가 신용등급이 좋아야 발행할 수 있다.

베트남 국내에선 동화 표시 국채가 활발히 거래되고 있다. 동화 표시 회사채도 어렵사리 조금씩 발행되고 있다. 채권시장 발아기인 셈이다.

개인투자자로서 베트남 채권시장에 접근하기엔 시기상조(時機尙早)로 보인다. 베트남 채권시장의 미성숙, 외화표시 국채·회사채 발행의 어려움, 동화 표시 채권에 대한 환율 변동 등 여러 가지 어려운 문제가 도사리고 있다. 베트남 정부는 이런 문제를 해결하고 채권시장 활성화를 위한 계획을

세우고 추진하고 있다. 주식시장을 키우듯 채권시장도 키우기 위한 계획을
마련해 추진하고 있다. 관심을 가져볼 만한 분야이다.

_ 달러의 위력과 개도국이 외화표시 국채발행에 애쓰는 이유

국채시장에서 미국 국채는 독보적이다. 굳이 미국이 국채를 팔기 위해
해외 로드쇼를 할 필요가 없다. 전 세계 대부분 기관투자자가 안전자산으
로서 미국 국채를 사고 FRB가 달러를 찍어 매입하기도 한다. 사실 미국
정부는 세계 최대 채무국이다. 그런데도 미국 국채를 가장 신뢰한다. 이
유는 미국이 세계적으로 통용되는 가장 강력한 기축통화, 달러를 발행하
기 때문이다. 달러를 찍어 상환할 수 있어서다. 강력한 화폐란 경제 선진
국으로 SDR(IMF의 특별인출권)에 편입된 화폐로 달러, 유로화, 파운드,
엔 및 위안을 말한다. 그중 달러, 유로화가 으뜸이다. 2008년 리먼 사태
를 기점으로 촉발한 세계적 금융위기에서 벤 버냉키 미 FRB 의장은 헬기
타고 공중 살포하듯이 달러를 찍어내 '미스터 헬리콥터'라는 별명이 붙었
다. 이로 인해 미국은 부도를 모면하고 구제금융을 받은 금융회사와 기업
은 살아났다. 이에 앞선 1998년 IMF 금융위기 당시 우리는 살아남기 위
해 전 국민이 집에 보관한 금붙이를 들고 나왔다. 금을 팔아 달러를 사기
위해서였다. 달러를 사서 외화부채를 갚고 원유와 원자재를 수입해야 했
다. 미국이 금융위기에서 달러를 찍어내 살아남는 것을 보고 기가 찰 노
릇이지만 어쩔 수 없는 현실이다. 달러 방출로 일시적으로 달러 가치가 떨

어지고(달러 수요가 위축되고) 금값이 올랐다. 금 1온스당 무려 1,600달러를 넘어서기도 했다. 1971년 미국 닉슨 대통령 독트린으로 폐지된 '금본위제' 체제에서 금 1온스당 35달러였다. 35달러에서 1,600달러라면 무려 45.7배나 올랐다. 언론에서 '금값이 계속 오른다'고 했다. 금값이 올랐다기보다 '달러 가치가 떨어졌다'가 더 적합한 표현이다. 금값은 그대로인데 '달러'를 마구 찍어내 '달러 가치'가 떨어진 것이다. 무려 45.7배 만큼 달러 가치가 떨어졌다.

달러 가치가 이렇게 떨어졌음에도 불구하고 지구 상에서 믿을 만한 화폐는 달러밖에 없다는 인식이 깔려 있다. 미국은 달러가 넘치지만 미국 외 다른 나라 특히 신흥국은 달러 기근이다. 미국이 긴축을 하고 금리를 인상하면 달러가 다시 미국으로 몰려가면서 신흥국들은 달러 부족으로 자국 화폐가치가 폭락하는 등 몸살을 앓게 된다. 미국은 달러를 찍어서 부도위기를 모면하고 경기를 부양했지만 다른 나라는 달러를 벌거나(수출), 달러를 빌리거나(해외차입), 해외투자를 받아 달러를 비축해야 한다. 미국 달러에 비해 신흥국들은 화폐의 불평등 내지는 차별대우를 받고 있는 셈이다. 베트남도 달러 부족 국가다. 해외투자자에게 문호를 개방했다. 외화 유입을 위해서다. 하지만 아직 외화표시 국채를 마음껏 발행할 정도는 아니다. 베트남이 외화표시 국채를 발행하기 위해 노력하지만 해외 기관투자자들이 쉽사리 호응하지 않고 있다. 다만 베트남 경제가 지속해서 성장한다면 조만간 외화표시 국채는 물론 회사채 발행도 가능할 것으로 보인다.

채권은 발행금리와 채권수익률을 주로 따진다. 금리가 오르면 채권(거래)가격은 내려가고, 반대로 금리가 내리면 채권가격은 대체로 오른다. 채권 보유자 입장에서 매입가 대비 채권가격이 내리면 채권수익률은 떨어지고, 채권가격이 오르면 채권수익률은 올라간다. 채권수익률은 유통시장에서 채권을 사고파는 과정에서 생기는 수익(또는 손실)을 말한다. 선물에만 열심히 투자하는 사람이 있듯이 채권투자에만 열중하는 사람이나 기관이 있다. 기관투자자나 펀드들은 사실 주식보다 채권에 많이 투자한다. 주식보다 안정적인 채권 수익을 기본으로 깔고 가자는 뜻이다. 채권형 펀드는 대부분 채권에 투자하고 주식형 펀드라도 적어도 절반 정도는 채권에 투자한다. 채권이 주식보다 변동성이 적기 때문이다. 하지만 채권을 발행한 정부나 기업이 부도위기에 몰리면 채권가격은 한없이 추락한다. 채권을 발행한 정부나 기업이 안정적이라는 가정하에 주식 변동성보다 채권 변동성이 적다는 의미다.

채권에는 사채(社債, 회사채), 국·공채로 크게 나눈다. 채권을 발행하고 싶은 정부·공기업, 기업은 신용평가를 받고 신용등급을 부여받아야 한다. 신용등급이 없거나 낮다면 채권발행이 사실상 어렵다. 보증(담보)이 없는 무보증사채 발행 등급을 매기기 때문이다. 국공채, 회사채는 통상 짧게는 2~3년 길게는 10년, 20년 만기로 발행된다. 따라서 채권을 발행하고자 할 경우 좋은(높은) 신용등급을 받기 위해 노력한다.

사채는 기업 신용등급, 국·공채는 중앙정부 또는 지방정부, 공기업 신용등급이 필요하다. 정부도 심심치 않게 부도(모라토리엄)나고 있기 때문에 등급이 필요하다. 연방 국가의 지방정부는 독립성이 강하다. 방만한 운영으로 지방정부(주 정부)가 부도나는 경우도 있다. 중앙정부는 물론 지방자치단체 및 공기업(공사)에 대해서도 정부신용등급에 준한 등급이 매겨진다. 지방정부나 공기업이 잘못되면 중앙정부가 책임을 지기 때문이다. 늘 그런 건 아니다. 사실 국제적인 신용평가회사로부터 BBB 이상의 투자 적격 등급을 받는 나라가 그리 많지 않다. 투자 적격 등급을 받지 못한 나라라도 국채를 발행할 수 있다. 자국 내에서 자국 화폐로 발행하면 되는 일이다. 다만 해외에서 해외투자자를 상대로 한 외화채권을 발행하기가 어려울 뿐이다.

국가신용등급과 국채금리는 반비례 관계다. 국가신용등급이 높으면 국채발행 금리는 낮고, 국가신용등급이 낮으면 국채발행 금리는 대체로 높다. 사채 역시 신용등급에 따라 차별화된다.

신용사회는 물적 인적담보 없이 물건(상품 또는 원자재)을 건네거나, 자금을 대여해 주는 사회다. 상대방을 믿고 거래하는 사회다. 신용대출이란 담보 없이 신용(믿음)만으로 대출해 주는 제도다. 채권발행에서 투자적격 신용 등급이란 무보증(무담보) 채권발행이 가능한 등급을 의미한다. 정부 또는 기업 자체 신용으로 채권을 발행할 수 있는 등급이다. 사실 어느 정부가 모라토리엄을 선언한다고 하더라도 그 국채를 보유한 투자자들이 해당 정부의 국토를 담보로 가져올 수 없는 일이다. 그래서 양호한 신용등급이 필요하다.

대체로 BBB까지 투자적격 신용등급으로 본다. 무담보 채권발행이 가능한 등급이다. 그 미만인 BB급 이하를 투기등급이라 부르고 '정크본드'라 부르기도 한다.

기관투자자는 투기등급의 국채나 회사채는 대체로 잘 투자하지 않는다. 심지어 BBB급 투자적격 등급의 경우에도 불황이거나 전망이 '부정적'으로 바뀌면 투자를 기피하고 보유한 채권을 내다 팔게 되고 따라서 채권가격이 급락하기도 한다. 비록 AA 등급 등 상위등급이지만 전망이 부정적으로 바뀌면 투자를 기피하기도 한다. 신용등급과 전망을 동시에 봐야 하는 이유다. 예를 들어 건설업 경기가 불황이면 BBB등급 건설업 채권의 신규 발행은 물론 차환발행도 쉽지 않다. 이 경우 자금 부족으로 부도가 나기도 전에 자금조달 미스매치로 부도나는 수도 더러 있다.

절대수익을 추구하는 헤지펀드는 투기등급 국채나 회사채를 거래하기도 한다. 채권 이자뿐만 아니라 채권수익률과 환율변동 수익까지 염두에 두고 하는 투기(모험)에 가까운 투자를 한다.

금융기법 및 IT기술 발달로 경제·금융 행위를 하는 개인은 물론 모든 주체(기업, 국가)가 신용평가 대상이다. 국가(또는 정부)는 매우 중요한 경제·금융 행위 주체다. 정부는 철도, 고속도로, 상수도 등 대규모 투자를 한다. 정부가 투자 주체. 정부는 국채(Soverign Bond), 재무부채권(Treasury Bond) 등의 이름으로 자금을 조달(부채)해서 투자나 복지 또는 세금 부족에 이용한다. 이 경우 정부는 채무자로서 금융행위 주체가 된다. 어느 정부나 해외에서 외화표시(주로 달러나 유로화) 국채를 발행하기 위해서 국제적 신용평가회사의 신용등급을 받되 그 등급이 좋아야 발행이 순조롭다.

채권도 주권(주식)도 증권이다. 채권시장 또는 주식시장으로 구분해서 부르기도 한다. 증권시장 테두리 안이다.

채권시장을 영어로 본드마켓(Bond Market)이라 부른다. 우리가 부르는 채권(Bond)은 채권자(채권보유자) 입장에서 부르는 명칭이다. 국채든 회사채든 매수자 입장에선 권리가 되므로 채권이고 채권시장(Bond Market)이 된다. 반대로 채권발행자 입장에선 부채가 되고 부채시장(Debt Market, Liabilities Market)이 된다. 또한 보증부 사채가 있긴 하지만 주로 물적 담보나 보증 없이 채권을 발행하므로 신용-(대출)시장(Credit Market)이라 부르기도 한다.

국채 또한 여러 가지 이름으로 부른다. 국채(Sovereign Bond), 정부채(Government Bond), 재무부채권(Treasury Bond, Treasury Note) 등 나라에 따라 달리 부르고 있다.

개인투자자들이 접근하기 쉬운 채권이 국채다. 채권 중에서 가장 안전하고 수량이 풍부해 거래하기도 쉽다. 가격 변동성 측면에서도 비교적 안전하다. 그러나 해당 국가 회사채 대비 안정적이라 할 수 있지만 전적으로 믿을 수는 없다. BBB 등급 이상의 국가보다 BB 등급 이하의 국가가 더 많다. 신흥국의 경우 정권에 따라 국가 신뢰도가 심하게 요동친다. 정치적 안정성이 국가 신용등급에 많은 영향을 미치기 때문이다. 과거 몇십 년 동안 부도위기에 몰리거나 모라토리엄(디폴트, 지급불능)을 선언한 국가를 우리는 심심치 않게 보아왔다.

베트남 국가신용등급과 국채

_ 국가신용등급(Sovereign Credit Rating)은 외화 국채 장기상환능력 의미

세계적인 신용평가회사들이 정기·수시로 국가별 기업별 신용등급을 평가한다. 신용등급 평가는 곧 채무상환능력의 종합적인 평가다. 세계적 신용평가회사에는 미국의 S&P와 무디스(MOODYS), 영국의 피치(FITCH)가 있다. 물론 나라마다 신용평가회사가 있다. 우리나라에도 한국신용평가(한신평), 기업신용평가 등 신용평가회사가 있지만 주로 국내 기업이나 프로젝트를 대상으로 평가한다. 해외기업이나 국가를 평가하기엔 조직이나 신뢰도 면에서 시기상조다. 반면 국내 기업이나 프로젝트에 대한 평가는 해외 어느 나라 평가회사보다 정확히 평가할 수 있다. 국내 기업 정보를 쉽게 접할 수 있고 같은 시장 내에서 활동하기 때문이다.

한편 국제적 신용평가 회사들이 국내 기업을 평가하기도 하지만 국내 신용평가회사보다 등급을 대체로 낮게 매긴다. 속속들이 기업 내막을 잘 모르기도 하지만 기본적으로 외화채(주로 달러나 유로화) 발행을 전제로 평가하기 때문에 해당 기업의 외화 유동성, 즉 달러 유동성을 우선 체크한다. 아무리 국내 기업 신용상태가 좋다 하더라도 채권 만기에 외화를 제때 조달해서 상환할 수 있는지를 따져 등급을 매기기 때문에 국내 신평사보다 등급이 낮을 수밖에 없다. 등급 차이가 무려 6단계까지 나는 수도 있다.

베트남 정부나 기업의 경우 그 규모나 재무구조도 그렇지만 외화 조달 능력도 부족하기 때문에 신용등급을 제대로 받기가 어려운 실정이다. 따라서 해외 기관투자자를 상대로 외화표시 국채를 발행하기가 쉽지 않다. 베트남 기업의 외화표시 회사채발행은 더욱 어렵다.

그러나 베트남 자국 내 채권시장에서 동화채권 발행시장과 유통시장은 점진적으로 규모가 확대되고 활성화되고 있다. 베트남 정부가 채권시장 활성화를 위해 노력하고 있다. 또 경제가 성장하면서 크게는 금융시장, 적게는 채권시장의 규모도 점점 커지고 있다.

신용평가회사 무디스가 2017년 5월 중국의 장기 국가신용등급을 Aa3에서 A1으로 강등하고 전망은 부정적에서 안정적으로 변경했다. 중국 정부가 미국과 유럽 위주의 신용등급 평가에 불만을 품고 별도의 신용평가회사를 설립했지만 아직 국제적 이용도나 신인도가 낮다. 한국의 무디스 등급은 Aa2(안정적)로 중국보다 2단계 위다. 한편 S&P도 2017년 9월 중국에 대해 AA−에서 A+로 신용등급을 내리고 전망 역시 부정적에서 안정적으로 조정했다. S&P 역시 한국의 신용등급이 중국 보다 두 단계 위인 AA(안정적) 등급이다. 중국으로선 자존심이 상할만한 일이나. 국세 신용평가사는 신용등급 강등 이유로 중국의 급격한 부채 규모 증가를 꼽았다. 등급 하향 조정에 대해 중국 정부와 언론은 강력히 반발했다. 신용평가등급에 대한 치열한 논쟁이다. 신용평가기법의 정교성은 물론 오랫동안 쌓아온 신뢰로 이들 평가회사의 신용등급을 믿고 이용한다. S&P는 2011년 8월 미국의 신용평가등급을 AAA에서 AA+로 한 단계 낮추었다. 지나치게 많은 정부 부채가 주요 원인이다. 이 당시 미국 정부도 자국 기업 S&P를 강력히 비난했다.

국가신용등급(Soverign Credit Rating)은 그 나라의 경제력, 정치·제도적 투명성, 정부 재정 건전성, 리스크 대응능력으로 크게 나누어 볼 수 있다.

① 경제력은 그 나라 경제구조가 얼마나 튼튼한지를 평가한다. 경제성장률, 환율의 안정성, 무역수지 등 모든 경제지표나 변수가 평가 대상이 된다.

② 정치·제도적 투명성은 국제적 기준에 맞춘 법과 제도에 따라 운영되고 있는지를 본다. 국제적 기준은 자본주의적 법치는 물론 OECD나 WTO 등이 내세우는 기준을 말한다. 사유재산을 보호하고 경제적 행위의 자율성을 보장하는지를 보는 기준이다. 또한 정치제도나 지도자에 따라 정책 예측이 가능한지를 따져 본다. 부패 등 행정의 투명성도 평가대상이 된다.

③ 재정 건전성은 정부의 세입과 세출이 적정한지, 정부 부채 규모는 물론 정부 부채가 매년 증가하는지 감소하는지를 살펴본다.

④ 리스크 대응능력은 그 나라의 외환보유고 등이 대상이 된다. 갑작스러운 사건으로 외화 부족 현상이 발생할 경우 채무상환을 원활히 할 수 있는지를 보기 위함이다. 이중 정치적 안정성을 매우 중요하게 여긴다. 이어서 각 부문별로 매우 높음(Very High)에서 매우 낮음(Very Low)까지 5등급을 매긴다. 분야별 등급을 합해 국가별 신용등급을 최종 결정하게 된다.

〈 등급(Scale) 단계 〉

매우 높음 (Very High)	높음 (High)	보통 (Moderate)	낮음 (Low)	매우 낮음 (Very Low)

장기 신용등급에서 BB+ 이하인 국가가 많이 있다. 세계적 기관투자자들은 이런 나라의 외화표시 국채 매입을 꺼린다. 하지만 이들 나라가 곧 부도가 나거나 부도가 나기 쉽다는 뜻은 아니다. 이런 국가들도 오래도록 안정적인 경제운영을 잘하고 있다. 다만 외환보유고 규모가 적어 외화 채무 상환능력에 대한 우려 또는 정치적 불안 등의 요인 때문에 등급이 낮을 수 있다. 이런 투기등급채권만 전문적으로 취급하는 헤지펀드나 자산운용사도 있다는 것을 알아둘 필요가 있다. 이런 나라들에 대해 비록 현재 신용등급은 낮지만 미래 가능성을 보고 투자하는 경우라 할 수 있다.

〈 세계 3대 신용평가회사의 장기신용등급 구분 〉

등급 구분	무디스	S&P	피치
최고등급(Prime)	Aaa	AAA	AAA
높은등급(High Grade)	Aa1	AA+	AA+
	Aa2	AA	AA
	Aa3	AA−	AA−
중상위(Upper Medium Grade)	A1	A+	A+
	A2	A	A
	A3	A−	A−
중하위(Lower Medium Grade)	Baa1	BBB+	BBB+
	Baa2	BBB	BBB
	Baa3	BBB−	BBB−
투기등급 (Non−investment Grade Speculative)	Ba1	BB+	BB+
	Ba2	BB	BB
	Ba3	BB−	BB−

베트남 투자 여행

높은 투기등급(Highly Speculative)	B1	B+	B+
	B2	B	B
	B3	B-	B-
상당한 위험(Substantial Risks)	Caa1	CCC+	CCC+
	Caa2	CCC	CCC
	Caa3	CCC-	CCC-
최고 투기등급(Extremely Speculative)	Ca	CC	CC
	Ca	CC	C
회복 가능성이 조금 있는 디폴트 (In Default with little prospect for Recovery)		SD	RD
디폴트(In Default)	C	D	D
	C	D	DD
	C	D	DDD
등급 외(Not Rated)	WR	NR	

S&P, 무디스, 피치 같은 세계적인 신용평가회사는 각국의 신용등급을 평가해 발표하고 있다. 각 평가회사들이 한 나라에 대한 신용등급을 일시적으로 달리 평가할 수도 있지만 장기적으로 같은 등급으로 수렴하곤 한다. 등급 전망(Outlook)은 긍정적(Positive), 안정적(Stable), 부정적(Negative) 전망 등 세 가지로 나눈다.

부정적 전망은 향후 신용등급을 낮출 수 있다는 신호며 반대로 긍정적 전망은 신용등급을 올릴 수 있다는 신호다. 신용등급 그 자체보다 전망이 오히려 중요할 수 있다. 아무리 높은 등급이더라도 부정적 전망이 제시된 후 등급이 하락하기도 전에 모라토리움을 선언하기도 하기 때문이다.

 S&P는 2012년 6월 이후 베트남 중장기 국가신용등급을 'BB−'에 전망은 안정적(Stable)으로 유지하다 2019년 4월 'BB' 등급으로 상향 조정하고 전망은 여전히 안정적으로 유지한다고 발표했다. S&P는 베트남 경제가 세계적인 무역전쟁, 증가하는 재정적자와 공공부채, 상대적으로 취약한 금융부문을 지적하면서도 경제의 급속한 확장, 강력한 해외직접투자 유입, 통제 가능한 대외부채, 2012년 이후 평균 경제성장률 6.2%, 2022년까지 매년 평균 5.7% 성장 가능성, 높은 교육수준과 노동생산성을 반영해 신용등급을 한 단계 상승한다고 발표했다.

 무디스(MOODY'S)는 2017년 4월 직접투자(FDI)의 강력한 유입, 거시경제 안전성과 적절한 부채를 인용하면서 베트남 국가신용등급과 선순위 무담보채권(Senior Unsecured Debt)에 대한 등급을 종전(2014년 7월 29일)과 동일한 'B1'으로 발표했다. 이은 2018년 8월에는 국가신용등급을 'B1'에서 'Ba3'로 상향 조정했다. 전망은 긍정적(Positive)에서 안정적(Stable)으로 조정했다. 이에 앞선 2018년 5월 피치도 신용등급을 'BB−'에서 'BB' 등급으로 상향시켰다. 전망도 무디스와 같이 긍정적에서 안정적으로 변경했다. BB 등급은 투자적격등급인 BBB에서 3단계 아래며 여전히 투기등급에 해당한다. 2018년 들어 세계 3대 신용평가회사 모두 베트남 국가신용등급을 한 단계씩 올렸다. 베트남의 정치적 안정과 더불어 경제도 안정적으로 성장하고 있음을 보여주고 있다.

 신용평가회사의 신용등급 조정사유를 보면 그 나라 정치 경제의 전체적 상황은 물론 개별 항목별로도 지적하고 있다. 따라서 국가별 신용등급과 전망은 그 나라 경제를 종합적으로 판단할 수 있는 좋은 자료가 된다. 특히 리스크 요인, 변동성 요인을 많이 점검하고 있다.

〈 3대 신용평가회사의 베트남 국가신용등급 〉

평가기관	평가일	등급(Rating)	전망(Outlook)
S&P	2012년 6월	BB-	Stable
	2019년 4월	BB	Stable
무디스(Moody's)	2017년 4월	B1	Positive
	2018년 8월	Ba3	Stable
피치(Fitch)	2017년 5월	BB-	Positive
	2018년 5월	BB	Stable
	2019년 5월	BB	Positive

투기등급 이하의 신용등급을 가진 나라는 해외채권 발행이 어렵다고 앞서 말했다. 해외에서 채권을 발행할 경우 해외 투자자(주로 선진국 금융기관, 연기금 등 기관투자자)들은 달러화 또는 유로화 등 안정적인 외화표시 채권을 원한다. 채권 만기일에 달러나 유로화로 원리금을 제때 상환받을 수 있느냐에 초점을 맞춘다. 따라서 신흥국에서 달러화 또는 유로화 국채 발행에 성공했다면 그 나라 경제나 정치 상황에 대해 해외투자자들이 신뢰하고 있다는 의미이기도 하다.

베트남 정부채권 투자대행 은행으로는 비엣콤은행(Vietcombank), 투자개발은행(BIDV), 비엣띤은행(Vietinbank), 농업은행(Agribank) 등 4개 국유은행과 텍콤은행(Techcombank), VP은행(VPBank), 밀리터리뱅크(MB) 등 3개의 상업은행이 지정돼 있다. 선정기준은 채권거래 회원은행으로서 채권발행시장과 유통시장에서의 역할을 평가해서 선정하고 있다. 이 들은 베트남 채권시장에서 입찰 순위 10위 내에 들어가는 은행이다.

우리나라 금융회사에서 특정 국가의 국채를 중개·판매하고 있다. 개인이 한국에서 직접 해외채권을 거래하긴 어렵다. 해당 국가에 직접 가야 하며 해당 국가 은행이나 증권사에 계좌를 개설해야 하는 어려움이 있다. 우리 나라에서 베트남 국채를 직접 중개·판매하는 금융회사가 아직 없다. 매력 적인 투자대상이 되지 못하기 때문일 것이다. 하지만 국내에서 '베트남 펀 드' 조성으로 베트남 주식과 마찬가지로 국채나 공사채를 편입해 운영하기 도 한다.

베트남에 거주한다면 베트남 금융회사에 계좌를 개설한 후 국채 등 채권 을 거래할 수 있다. 거래를 할 경우 표면금리와 채권수익률에만 초점을 맞 춰선 곤란하다. 베트남 동화의 환율 변동성 리스크도 같이 체크해야 한다.

채권투자의 중요 체크사항은 발행회사(정부) 신용등급, 표면금리, 환율 변동성, 발행 화폐 표시(자국통화 또는 달러·유로화 등), 조세, 채권가격 변동(채권수익률) 추이다.

　　　　　　　　　　　　　　　　　　　베트남 투자 여행

베트남 채권시장 전망

_ 베트남 채권시장 발전과정

베트남 자본시장 발전과정이 곧 채권시장과 주식시장 발전과정이기도 하다. 베트남 정부는 경제성장에 걸맞게 기업의 자금 조달시장으로서 채권시장과 주식시장을 키우겠다는 야심(계획)을 가지고 있다.

베트남 자본시장 역사는 1993년 자본시장발전위원회가 발족하면서 시작된다. 1996년 국가증권위원회(SSC, State Securities Commission)를 설립하고, 2000년에는 호찌민증권거래소(HOSE, Ho Chi Min Stock Exchange), 2005년에는 하노이증권거래소(HNX, Hanoi Stock Exchange), 2006년에는 베트남증권예탁원(VSD, Vietnamese Securities Depository)과 베트남 채권시장포럼(VNBF, Vietnam Bond Market Forum)을 발족시키면서 발전해 왔다. 채권시장포럼은 베트남 채권시장협회(VBMA, Vietnam Bond Market Association)로 명칭을 변경했다. 2005년 처음으로 베트남 국채를 발행했다. 이어서 2006년에는 전환사채를 최초로 발행했다. 2007년에는 증권법(Law on Securities)을 제정했다. 머지않아 파생상품시장이 개설될 것이다.

〈 베트남 채권시장 발전과정 〉

연도	발전과정
1993년	– 자본시장발전위원회(Capital Market Development Committee) 발족
1994년	– 정부채 발행에 관한 규정 제정
1995년	– 증권시장(Securities Market) 설립준비위원회 발족
1996년	– 증권시장 조사와 규정 제정 및 정책개발을 담당하는 국가증권위원회 (SSC, State Securities Commission) 설립
2000년	– 호찌민증권거래소(HOSE) 설립
2004년	– SSC가 재무부 관할이 됨 – 베트남 증권업협회(VSAB, Vietnam Association of Securities Business) 출범
2005년	– 베트남 첫 번째 국채(Sovereign Bond) 발행 성공 ⋯ 이어서 2010년, 2014년 발행. – 조건부 회사채발행이 포함된 기업법(Enterprise Law) 발효 – 하노이증권거래소(HNX) 설립 – 베트남 신용평가센터(Vietnam Credit Rating Centre) 설립 ⋯ 곧 폐지
2006년	– 첫 전환사채(CB) 발행 – 베트남증권예탁원(VSD, Vietnam Securities Depository) 설립 – 베트남 채권시장포럼(VNBF, Vietnam Bond Market Forum) 발족 ⋯ 2009년 베트남채권시장협회(VBMA, Vietnam Bond Market Association)로 발전
2007년	– 증권법(Law on Securities) 제정 ⋯ 이후 2010년, 2012년, 2015년에 걸쳐 개정
2009년	– 하노이증권거래소에 '정부채 전자거래시스템(Electronic Government Bond Trading System)' 도입
2012년	– 하노이증권거래소에 '정부채 전자호가시스템(Electronic Bidding System)' 구축
2013년	– 재무부, 2020년 GDP 38% 수준의 채권시장 육성계획 발표

| 2015년 | – 하노이증권거래소에서 정부채권(2년, 3년, 5년물 등) 지수(Government Bond Index) 발표 개시
– 하노이거래소 정부채 전자거래시스템에 이은 채권시장 '전자거래시스템 (E-BTS)' 구축 |

2003년 9월 베트남 국가증권위원회(SSC)는 채권시장 발전을 위한 '자본시장 로드맵'을 발표했다. 사실상 이때부터 채권시장을 통해 자본을 조달하겠다는 베트남 정부의 의지가 반영됐다고 할 수 있다.

베트남 정부는 2005년 10월 처음으로 7.5억 달러 규모의 달러표시 해외 국채발행을 성공시켰다. 또한 달러 표시 국내 채권도 발행했다. 이 이전부터 동화 국채를 호찌민증권거래소(HOSTC)에서 경매방식으로 발행해 왔다.

2007년 호찌민증권거래소는 HOSTC에서 HOSE(Ho Chi Minh Stock Exchange)로, 이어 2009년에는 하노이증권거래소가 HASTC에서 HNX(Hanoi Stock Exchange)로 영문 명칭을 변경했다.

2006년 '정부채 입찰 집중화'에 관한 재무부(MOF) 결정문 2276호 (Dicision No.2276/QD-BTC)에 따라 모든 정부채는 하노이증권거래소 (HASTC/HNX)에서만 발행하도록 했다. 2009년에는 다시 하노이 및 호찌민거래소 두 곳에서 정부채를 거래하도록 했다. 하지만 2009년 9월 결정문 86호(Decision No.86/QD-BTC)의 '전문화된 정부채시장 건설계획'에 따라 정부채는 다시 하노이거래소(HNX)가 전속적으로 발행 및 유통하도록 했다.

2010년 이전까지 정부채는 주로 재무부와 베트남개발은행(Vietnam Development Bank, VDB)에 의해 발행됐다. 2010년부터 재무부만 정부채를 발행하고 있다. 베트남개발은행, 사회복지은행(Vietnam Bank for Social Policy, VBSP), 베트남고속도로(Vietnam Expressway Co., VEC)는 준 정부채인 정부보증채를 발행하고 있다.

2009년 9월 하노이거래소는 정부채 발행과 거래를 위한 전자채권거래시스템(Electronic Government Bond-trading System, E-BTS)을 구축했다. 새로운 시스템은 기존 채권시장과 구분해서 만들어졌다. 새 시스템은 발행자, 회원, 가격, 일정 그리고 결제(Settlement)와 같은 채권 관련 정보를 공개한다. 이어서 2015년 6월에는 채권시장 전체 전자채권거래시스템을 구축했다. 이로써 발행시장과 유통시장의 모든 정보를 검색할 수 있으며 인터넷으로 거래할 수 있게 됐다.

베트남 재무부는 새로운 시스템을 통해 분기별 연도별 국채발행 계획을 발표한다. 채권 거래시간은 베트남 시각으로 오전 8시 30분부터 11시까지며 증권회사와 상업은행은 베트남 증권예탁원(VSD)에 채권을 예탁한 후 거래할 수 있다.

최근 베트남 채권시장은 법률 제정과 지속적인 개혁으로 눈에 띄게 발전하고 있다. 성부채는 일반적으로 3년과 5년 만기로 발행된다. 1, 2, 7, 15년 만기도 발행하나 전체 정부채에서 차지하는 비중이 작다. 회사채는 대부분 전환사채(CB)로 발행된다.

무츄얼펀드, 연금펀드의 부재로 은행들이 주로 시장 참가자 역할을 하고 있다. 베트남은 아직까지 보험회사, 은행 및 개인이 경매에서 채권을 구매하면 만기까지 보유한다. 채권 유통시장이 아직 성숙하지 않았음을 의미한다.

회사채는 주로 인수를 통해 발행되는 반면 정부채는 경매 또는 인수로 발행되고 있다. VDB, VBSP, 그리고 VEC에서 발행하는 정부보증채는 하노이증권거래소에서 경매방식으로 발행되고 있다. 채권거래가 허가된 증권회사는 회사채시장에서 인수, 중개알선, 자산운영, 거래를 포함한 증권서비스를 제공한다. 국채시장에서도 중개 및 대리서비스를 제공하고 있다. 증권회사를 통해 국채를 매입할 수 있다는 의미다.

정부는 국유기업(SOEs)의 자본을 조달을 위해 국유기업 주식분할과 공개를 추진하는 한편 채권발행도 준비하고 있다. 국유기업이 채권시장에 진입하면 채권시장 볼륨이 확대된다. 전환사채로 발행한다면 눈여겨볼 만하다. 채권 이자와 주식의 시세차익을 동시에 누리거나 선택적 기회로 안전성을 확보할 수 있다.

2000년대 초기 베트남 채권 발행실적은 GDP의 1% 미만이었다. 그러나 2014년 이후 GDP 대비 20%를 넘어섰다. 대부분이 정부채 발행이다. 2016년 6월 말 현재 채권시장에서 정부채 비중 74%, 정부보증채 21%, 중앙은행 채권 1%, 회사채 4%로 구성되어 있다. 국유기업과 민간기업의 회사채 발행 규모가 아주 미약하다. 이는 오히려 시장이 확대될 여지가 많다는 뜻이기도 하다.

최근 베트남 정부는 정부채시장 안정화를 위해 장기채권 발행 종류와 수를 증가시키고 있다. 반면 만기가 짧은 정부채 발행 비율은 줄이고 있다. 이런 이유로 정부채의 평균 만기는 2013년 말 2.8년에서 2016년 6월 말 5년으로 늘었다. 베트남 정부는 국채 발행과 더불어 국유기업 지분 매각으로 재정수입을 확보하기 위해 노력하고 있다.

발행채권의 약 80%를 은행이 보유하고 있다. 발행채권을 은행이 계속 매입하기엔 한계에 도달할 것으로 보인다. 베트남 재무부는 베트남 사회복지증권(Vietnam Social Security, VSS)에서 빌린 자금을 채권으로 전환하고 보험회사와 연금펀드가 정부채 시장에 들어오도록 유도하고 있다. 이는 채권 투자자의 다양화와 채권시장 볼륨을 키우기 위한 노력이기도 하다.

베트남은 도로·공항·항만 등 인프라 구축을 위해 적자 재정을 편성하고 그 재원 마련을 위해 정부채가 더욱 많이 발행될 것이다. 가능하다면 외화채를 발행해 해외 기관투자자로부터도 자금을 조달받고 싶어 한다. 베트남은 앞으로 10년 이상 자본 수요가 공급 보다 큰 자본부족 국가로 유지될 것이다.

베트남 회사채는 정부채에 비해 신용이 떨어지고 발행규모도 미미하다. 회사채시장을 키우기엔 많이 시간이 소요될 것이다. 우선은 민간기업들이 신용능력 즉 무담보 회사채를 발행할 정도로 기업을 키워야 한다. 다음은 무담보 회사채를 받아줄 수요자(기관투자자 및 개인투자자)를 키워야 한다.

2016년 6월 말 현재 발행 횟수는 19회에 불과하다. 또한 회사채 발행이 비공개적으로 이루어지고 있다. 회사채시장을 투명하게 하기 위해 전문적인 신용·평가회사도 육성해야 한다.

한편 베트남 채권 유통시장은 규모 면에서 채권발행 실적의 10~20% 정도의 소규모 시장이다. 채권 발행 딜러시스템이 시행되고 2015년 하노이거래소에서 표준 정부채지수(Benchmark government bond index)를 발표하기 시작했다.

베트남 10년물 국채수익률이 2017년 7월 19일 6.94%였으나 2018년 11월 9일 5.18%로 떨어졌다. 같은 날 우리나라 5년물 국채수익률 2.07% 대비 무려 2배 이상 높다. 그렇다고 무작정 매입하기엔 좀 걱정스럽다. 변동성이 심하고 우상향하는 환율 즉 동화 화폐가치 하락을 고려해야 한다. 베트남은 2017년 7월 1일 기준금리를 6.5%에서 6.25%로 내렸고 2019년 9월 16일 다시 6.0%로 내렸다. 역사적 고점은 15%이고 저점은 4.8%까지 내려갔다. 한국 기준금리는 1.5%에서 2019년 10월 16일 1.25%로 내렸다. 베트남과 한국 두 나라의 경제성장률과 비슷하게 가고 있음을 알 수 있다. 채권거래에서 기준금리는 꼭 참고해야 하는 중요한 지표다.

베트남 총리실은 2017년 8월 14일 결정문 1191호(Decision No.1191/QD-TTg)에서 2030년을 목표로 한 채권시장 발전계획을 발표했다.

이 결정문에서 채권시장을 투명하고 효과적으로 운영되도록 하며, 국제 채권시장에 진출할 수 있도록 국제표준과 관행에 맞추기 위해 단계적으로 계획을 추진하고 있다고 밝혔다. 또한 베트남 채권시장 채권 잔액이 2020년에는 GDP의 45%에서 2030년에는 65%로 늘어나도록 하며 정부채, 정부보증채, 지방채 규모는 2020년 GDP의 38%에서 2030년에는 45%로 확대하고, 회사채 규모도 2020년 GDP의 7%에서 2030년 20%가 되도록 하겠다고 발표했다. 이어서 2019년 1월 9일 시행된 시행령 163호(Decree No.163/2018/ND-CP)가 시행령 90호(Decree No.90/2011/ND-CP)를 대체하면서 기업의 회사채 발행 조건을 완화하고 투자자 보호를 강화해 회사채시장의 활성화를 도모하고 있다. 개정된 시행령에는 회사채의 해외발행 조건을 완화하고, 채권스왑, 조기상환, 그린본드 발행 등을 담고 있다. 정부채가 앞장서고 회사채가 뒤를 따르는 모양새다.

아시아개발은행(ADB)의 신용보증투자기구(CGIF)가 보증한 베트남 기업의 회사채가 발행되고 있다. 2017년 CGIF가 보증한 회사채 중 10년 만기의 경우 8% 금리로 발행됐다. 이렇게 ADB가 보증한 회사채라면 만기상환 우려나 이자를 받지 못할 걱정이 없다. 다만 유통시장에서 채권수익률 변동을 고려하고 또 동화로 발행한다면 환율리스크를 고려해야 한다. 베트남 경제에서 민간기업이 발전해야 경제가 더 발전할 수 있다. 회사채시장도 마찬가지다.

아세안 4개 국가(베트남, 캄보디아, 라오스, 미얀마) 중 베트남 채권시장이 가장 앞서가고 있다. 그러나 베트남은 경제성장 자금 마련과 해외 개발원조자금 감소에 대비해 채권시장을 발전시켜야 한다.

베트남 채권시장 역사는 국채(정부채)발행 역사다. 아시아개발은행(ADB) 자료에서 2018년 6월 현재 베트남 채권발행액은 511억5천만 달러며 이중 정부채가 477억8천만 달러로 전체의 93.4%이고, 회사채는 33억7천만 달러로 6.6%에 불과하다. 회사채는 금융기관(국유은행 및 상업은행 포함), 국유기업, 민간기업을 포함한다. 베트남 GDP 대비 채권발행 잔액 비중은 22.48%며 이중 정부채 비중이 21%에 달한다. 이웃 나라 태국은 70%, 필리핀은 30% 수준이다. 우리나라는 GDP 대비 채권발행 잔액 비율이 2010년 94.8%에서 2016년 3월 111.6%까지 증가했다. 베트남 채권발행 규모가 아직은 너무 작기 때문에 많이 늘어날 것이라는 점을 짐작할 수 있다. 잠재력이 매우 크다는 것을 의미하기도 한다.

베트남 경제가 싱징하면서 사회·경제적 인프라 구축을 위해 해외투자 유치와 외화 조달이 필연이다. 외화표시 채권발행이 외화 조달의 한 부분을 차지한다. 하지만 베트남이 해외에서 자금을 빌리기(채권발행, 대출 등)가 어렵다. 해외투자 유치로 돌파구를 마련하고 있다. 해외투자 유치는 국가 신용등급과 무관하게 대외개방과 안전하게 투자할 수 있도록 자리를 깔아주면 투자자금이 몰려온다.

베트남 정부는 지금까지 세 차례 해외에서 외화표시 국채를 발행했다. 첫 번째는 2005년 7억5000만 달러, 두 번째는 2010년 10억 달러, 세 번째는 2014년 10억 달러를 발행했다. 2017년 8월 30억 달러에 달하는 네 번째 해외 국채발행은 연기했다. 연기라고 발표했지만 해외투자자들과 발행 조건이 맞지 않았기 때문일 것이다. S&P의 베트남 국가신용등급은 2019년 4월 BB-에서 BB 등급으로 상향되고, 전망은 '안정적'이다. 하지만 세계 금융시장에서 이 등급으로 외화표시 채권발행이 만만치 않다. 원하는 만큼의 달러 자금(국채 수요자)을 모으기도 힘들 뿐만 아니라 참가하고자 하는 해외투자자도 베트남 정부가 받아들이기 어려운 높은 금리 등 까다로운 조건을 제시할 것이기 때문이다.

중국이 달러화 국채를 최초로 발행한 시기는 1994년이며 17억 달러를 발행했다. 이후 외화표시 국채발행이 없었다. 2017년 9월 유로화 및 달러 표시 국채 20억 달러를 발행했다. 이때의 외화표시 국채발행은 외화 부족이라기보다 국제적 지위를 확보하기 위함이다. 중국은 이미 수출로 모은 1조 달러에 가까운 외환보유고가 있다. 베트남 무역수지는 적자와 흑자를 오가는 균형점을 찾고 있다. 외환보유고도 2018년 5월 기준 563억 달러 수준으로 규모가 작다. 따라서 베트남 정부는 앞으로도 외화표시 국채발행을 시도할 것이다. 외화(달러)표시 국채는 동화 환율변동성을 걱정할 필요가 없다. 다만 동화표시 국채보다 발행금리가 조금 낮을 것이다.

_ 베트남 채권투자, 보수적 기관투자자에겐 아직 일러

사고 팔면서 위험을 회피하고 또 '고위험=고수익' 원칙에 따라 선물·옵션

등 파생금융상품도 거래해 자금을 투기적으로 운용하는 투자신탁을 헤지펀드라고 말한다. 헤지펀드는 소수의 거액 투자자를 모집해 투기적으로 운용한다는 점에서 안정적인 자산증식을 원하는 대다수 소액투자자들이 활용하는 뮤추얼펀드(mutual fund)와 구분된다. 헤지펀드는 1949년 미국에서 처음 만들어진 후 1980년대 후반 자본거래 자유화가 확대되면서 급속히 성장했다. 대표적인 헤지펀드로는 조지 소로스의 퀀텀펀드, 줄리안 로버트슨의 타이거펀드 등이 있다.

헤지펀드는 활동범위와 투자기법에 따라 몇 가지로 나뉜다. 세계 각국의 경제상황이나 환율, 금리 등을 분석한 뒤 수익기회가 포착되면 레버리지(자산을 담보로 대규모 차입을 일으키는 것)를 이용해 투자하는 글로벌 매크로펀드, 두 개 이상의 투자대상에 매입과 매도 입장을 동시에 취해 손실위험을 최소화하는 롱쇼트(long/short)펀드, 과대평가된 주식을 차입해 매도한 뒤 가격이 하락하면 싼값에 되사 차익을 남기는 공매(空賣)펀드 등이 대표적이다.

이런 헤지펀드는 대부분 미국계 자본이며 자본의 진·출입이 자유로운 나라에 진출해서 수익을 취한다. 특히 경제가 취약하거나 외환보유고가 부족한 나라에 들어가서 교란을 일으키기도 한다. 이런 헤지펀드들도 베트남에 진출하긴 어렵다. 베트남은 자본자유화가 되지 않아 외화의 자유로운 유출입이 어렵다. 다음은 주식·채권 등 금융시장 규모가 작아 마음껏 사고팔기가 어렵고 파생상품 등 시장이 제대로 형성되지 않았기 때문이다.

기관투자자인 연기금이나 금융기관들은 통상적으로 투자부적격 신용등급인 국가의 채권이나 주식은 좀처럼 취급(매매)하지 않는다. 이들 보수적인 기관투자자는 투자수익보다 안정성에 중점을 두고 있다. 우리나라 연기금 등 기관투자자들이 베트남 주식이나 채권투자에 좀처럼 나서지 못하는 이유다. 개인투자자는 이런 장벽이 없다. 브라질 국가 신용등급도 투자부적격(S&P와 피치, 'BB-')이다. 브라질 헤알화의 환율 변동성도 심하다. 정치적 위험성도 높다. 하지만 브라질 국채는 우리나라 국민에게 인기가 높다. 브라질 국채수익률이 높고 게다가 국채이자에 대해 세금이 전혀 없다. 이런 곳에 보수적인 기관투자자는 관심이 없다. 금융회사는 단지 채권중개에만 열을 올리고 있다. 정크본드에 투자하는 헤지펀드라면 투자가 가능하다.

베트남 정부와 기업이 국제적인 신용평가기관으로부터 BBB 등급 이상을 받기까지 오랜 시간이 걸릴 것이다. 베트남 정부는 채권시장 육성에 온 힘을 기울이고 있다. 베트남 국채의 해외 발행, 기업 채권의 국내 시장 확대 및 해외 발행 등 추진해야 할 일이 산적해 있다. 하지만 성장 가능성이 풍부한 베트남 채권시장이다. 때를 기다리며 배우는 것도 투자다.

제5부

베트남의 외국인 투자제도와 조세

투자법과 기업법

2014년 11월 26일 베트남 의회는 국내외 투자자에게 매우 중요한 법 2 개를 개정했다. 투자법(No.67/2014/QH13, Law on Investment, '2015 LOI')과 기업법(No.68/2014/QH13, Law on Enterprises, '2015 LOE')이 다. 이 두 법률은 2015년 7월 1일 발효됐다. 이로써 2005년에 만들어진 투자법(LOI)과 기업법(LOE)이 10년 만에 개정됐다. 핵심은 해외투자자의 베트남 투자를 확대하고 기업(주식회사)의 지배구조 개편과 투자자금 조달을 원활히 하도록 하는 데 있다. 기업법은 우리의 상법에 해당한다.

도이모이정책은 1986년 채택됐다. 하지만 계획경제 고수를 주장하는 원로와 개혁파 간의 갈등으로 1990년대 들어서야 실질적인 시장경제로의 개혁이 추진될 수 있었다. 어느 나라, 어느 조직에나 있을 수 있는 갈등이다. 도이모이 선언 후 20년이 지난 2005년에야 투자법과 기업법이 제정됐다. 그리고 또 10년이 지난 2015년 투자법과 기업법을 개정한 것이다. 2005년 투자법과 기업법 제정 당시에는 계획경제와 시장경제를 절충한 형식이었다. 예를 들어 회사의 의사결정에서 다수결 요건을 65% 이상으로 하도록 한 것 등이다. 2015년 개정은 WTO에서 요구하는 수준이다. 해외투자 유치와 대외 개방경제로 가기 위한 필수 선택이다.

베트남은 그동안 외국인(법인 포함)이 베트남 기업 지분의 49%까지만 보유하도록 했다. 2015년 투자법 개정으로 동 제도가 폐지되고 외국인도 베트남 기업 지분을 100% 소유할 수 있게 했다. 동남아의 많은 국가들이 아직도 외국인(기업 포함)의 토지 및 기업 지분 소유를 제한하고 있다. 필리핀의 경우 자본주의 국가임에도 40%로 제한하고 있다. 해외기업의 투자가 원활하지 못하고 경제가 발전하지 못하는 이유다. 같은 사회주의 국가인 중국은 일찌감치 외국인 소유 지분을 완전히 개방했다. 개방이 곧 성장과 직결됨을 중국의 고속성장으로 입증했다. 베트남의 과감한 대외 개방정책이 다른 동남아 국가를 앞지르는 원동력이 될 것으로 예상하는 이유다.

우선 외국인에 대한 업종별 투자제한에서 '투자금지업종' '조건부 투자업종' '투자유치 업종'으로 새롭게 구분했다. ① 투자금지업종으로는 마취제, 마약류, 유해화학물질 등이 있으며, ② 조건부 투자업종으로는 프랜차이즈, 부동산, 회계, 경매, 마사지, 통신, 인쇄, 보험, 병원 및 진료시설 등 267개 업종이다. 조건부 투자업종은 베트남 정부의 사전허가가 필요하다. 병원의 경우 사전허가로 100% 외국인 소유 투자병원을 설립할 수 있도록 했다. ③ 투자유치업종에는 '일반투자업종' '특별투자 장려업종' '투자 장려업종'이 있다.

베트남 투자법 부록에 외국인 투자금지업종과 조건부 투자업종이 나열돼 있다. 부록1에는 투자가 금지된 마약물질(LIST OF NARCOTIC SUBSTANCES BANNED FROM INVESTMENT), 부록2에는 화학과 광물(LIST OF CHEMICALS AND MINERALS), 부록3에는 거래가 금지된 멸종 위기에 이른 희귀종(LIST OF ENDANGERED AND RARE SPECIES BANNED FROM TRADING), 부록4에는 조건부 투자업종

(LIST OF CONDITIONAL INVESTMENTS) 등으로 구성돼 있다. 이외의 업종은 투자유치업종에 해당한다.

외국투자기업은 '투자등록증(Investment Registration Certificate, IRC)'를 발급받아야 하나 2015년 12월 27일 개정한 투자법 시행령 118호(Decree No.118/2015/ND-CP)에서 베트남 기업에 출자, 주식매입 또는 출자지분을 매입하는 해외투자자는 투자등록증(IRC) 발급을 제외하도록 했다. 또 해외투자자와 국내투자자에게 공통으로 적용되는 '투자 및 영업조건의 공표에 관한 규정'과 해외투자자에게만 적용되는 조건부 투자업종의 투자조건의 내용과 적용근거 및 업종 등을 축소하고 구체화했다.

기업법도 개정했다. 개정 기업법에서 전통적으로 사용하던 '상거래에서 법인인감 의무이용'을 폐지했다. 베트남 인감제도는 중국 및 한국과 상거래 문화의 동질성을 의미한다. 그러나 법인인감제도 폐지가 아닌 사용 의무화를 폐지함에 따라 서양식 '서명(Signature)제도'를 병행하겠다는 의미다. 법인이 중요한 계약서를 체결할 경우 ① 법인인감증명서 발급과 법인인감 날인 또는 ② 계약서 서명을 위임받은 법인 대표(여기서 서명행위를 하는 대표는 꼭 대표이사만을 의미하지 않으며 이사회의장, 이사, 직원 등 이사회에서 지명하는 자가 서명행위를 할 수 있음)가 서명(Signature)하는 두 가지 방식을 선택적으로 채택할 수 있게 했다. 인감제도를 채택하지 않는 나라의 해외투자자를 편리하게 하기 위한 제도개혁이다.

베트남 인감제도는 오랜 전통과 사회 통제를 위한 공안체제가 섞여 있다. 뒤편에서 따로 설명한다.

1. '외국투자기업' 개념 재정립, 투자허가(IC) → 투자등록증(IRC)으로 대체

개정 전 투자법에서 베트남 법인의 외국인 지분이 51% 이하인 경우에도 외국투자기업(Foreign Investment Enterprise, FIE)으로 분류했다. 개정 투자법 제23조에서 외국투자기업을 ① 외국인 개인, ② 외국법에 의해 해외에서 설립된 기업(F0 Level), ③ 베트남에서 설립된 기업 중 외국인 지분이 51% 이상인 기업(F1 Level), ④ 제15장 순환출자(Cross-shareholding) 규정에서 이들 외국투자기업이 51% 이상 재투자한 기업으로 대폭 축소해 정의했다. 따라서 외국투자 지분이 51% 미만이면 국내 기업으로 분류해 베트남 국내 기업이 받는 혜택과 같은 혜택을 누릴 수 있도록 했다. 베트남 국내 기업이 할 수 있는 모든 업종에서 차별 없이 영업할 수 있다는 의미다. 개정 전에는 외국인이 투자하면 투자지분에 관계없이 외국투자기업으로 인정돼 '외국인 투자금지 업종' 진출 금지와 투자허가(IC) 등 인허가로 여러 가지 투자제약을 받았다.

개정 투자법 제26조에서 외국투자자가 베트남 내에서 외국투자기업(지분 51% 이상)을 설립할 경우 투자등록증(Investment Registration Certificate, IRC)을 받기만 하면 된다. 외국투자기업이 베트남 기업 지분 51% 이상을 확보하는 인수·합병할 경우에도 마찬가지다. 즉 피합병 회사(베트남 기업)가 소재한 지방정부 투자계획부서에 투자등록만 하도록 했다. 이는 개정 전 투자법에서 가장 골칫거리였다. 구 투자법에서 외국투자자가 베트남 기업을 인수하면 투자허가(IC)를 받도록 했다. 이에 따라 외국인 투자금지업종 또는 투자제한업종에 걸리는 경우 투자허가를 받지 못해 인수를 포기하거나 인수계약 후 계약이 무산되기도 했다.

또 M&A 등록서류를 제출하면 지방정부는 제출 후 15일 이내 검토 완료해야 한다. 이는 곧 자국 내 기업을 외국투자자가 신속히 인수해 재투자함으로써 기업 정상화를 유도하기 위한 것이다. 외국투자자 입장에선 전망 있는 기업을 적은 투자비용으로 인수할 수 있는 기회가 된다.

그리고 지주회사로서 외국투자기업을 설립하면 더 많은 베트남 기업에 투자할 수 있다. 즉 외국투자기업이 각각의 베트남 기업에 51% 미만 지분을 투자하면서 최대주주를 유지하는 것이다. 이는 경영권도 유지하면서 베트남 기업으로 적용받아 업종 진출 제한도 없어지게 된다. 또 51% 미만 지분투자는 투자등록증(IRC) 없이 법인 설립 또는 지분 인수를 할 수 있게 했다. 일거삼득인 셈이다. 게다가 베트남 기업의 자산이나 프로젝트만을 인수하기 위한 특수목적법인(Special Purpose Vehicles, SPVs) 설립도 허용했다. 이는 베트남 내에서 사업추진이 중단됐거나 자금조달이 어려운 대규모 프로젝트에서 사업 양수도에 따른 절차나 거래비용을 대폭 줄여 해외투자자들이 쉽게 투자할 수 있도록 했다.

2. 다수결의 요건은 65%에서 51%로, 특별결의는 75%에서 65%로 축소

주주총회의 출석 정족수는 65%에서 51%로 낮추고, 유한책임회사의 출석 정족수는 75%에서 65%로 낮췄다. 또 기관이 사원인 유한책임회사(LLC 1)의 출석 정족수는 사원의 3분의 2 이상으로 개정했다.

베트남 투자 여행

개정 전 기업법(LOE)에서 의결 정족수는 65% 이상이었다. 기업법 개정으로 주식회사(Joint Stock Co., JSC)의 주주총회 일반결의 의결 정족수는 출석 주주의 '51% 이상'으로 완화했다. 또 특별결의(Super Majority Vote)는 75% 이상에서 '65% 이상'으로 낮췄다. 유한책임회사는 정관에서 의결 정족수를 정하게 했다. 정관에 정하지 않았을 경우 주주총회와 같이 일반결의는 51% 이상, 특별결의는 65% 이상으로 개정했다. 기관이 사원인 유한책임회사(LLC 1)의 의결 정족수는 단순 다수결로 했다. 또 51% 미만 지분을 가진 주주로서 차등의결권이 있다면 51% 이상의 투표권을 행사할 수 있도록 했다. 지분 51% 미만의 대주주 경영권을 보호하기 위한 조치다.

3. 투자등록증(IRC)과 기업등록증(ERC), 서비스업종에 대한 신속한 IRC 발급

해외투자자 또는 해외투자기업(외국인 지분이 51% 이상인 기업, FIE)은 개발한 적이 없는 처음 시도하는 투자에만 투자등록증을 받도록 했다. 즉 기 베트남 기업에 출자해 지분을 51% 이상을 취득할 경우 투자등록증을 따로 받지 않아도 된다. 다만 베트남 국내기업과 같이 기업등록증(Enterprise Registration Certificate, ERC)을 발급받아야 한다.

서비스업에 대한 투자등록증은 신청일로부터 5일 이내 결정하도록 했다. 그러나 해상운송, 전기통신, 출판 또는 언론은 총리실 허가를 받아야 하며 은행과 재정 및 보험부문은 재무부 또는 중앙은행의 승인을 받도록 했다.

또한 베트남에서 사업을 시작하기도 전에 여러 부서의 승인을 기다리거나 평가보고서(Feasibility Studies)를 받도록 한 번잡한 절차를 없앴다. 투자 승인과정에서 큰 장애물이 제거된 셈이다.

4. 기업등록에서 영업품목과 HS-Code 기재를 생략한 네거티브 시스템으로 전환

개정 기업법(LOE)은 또 기업등록(ERC) 과정에서 사업분야(영업품목)는 더 이상 기록하지 않도록 해 자유로운 영업이 가능하도록 했다. 또 등록 소요기간도 대폭 단축했다. 이렇게 함으로써 법에 의해 금지되거나 제한된 영업(품목)을 제외한 나머지 품목에서 다양하고 자유롭게 영업할 수 있도록 했다. 이는 기존 등록된 품목 이외의 품목은 영업하지 못하도록 제한하는 포지티브 시스템에서 금지되거나 제한되는 품목을 제외한 모든 품목에서 자유롭게 영업하도록 하는 네거티브 시스템으로 전환한 것이라 할 수 있다.

또 무역과 유통업의 경우 거래하는 품목(장래 취급하게 될 품목 포함)에 대한 수 천 개의 HS-코드를 기업등록 과정에서 기록하지 않도록 해 허가 당국의 기업등록 절차 지연을 방지했다.

이는 기업등록 과정에서 영업 분야(Field, 또는 업종)만 등록하면 바로 영업할 수 있도록 한 조치다. 또한 기업 간 거래에서 상대방이 허가받지 못한 품목을 취급하는 게 아닌가 하는 불안감을 해소했다.

5. 영업품목은 국가 정보게이트에 온라인 등록해야, 필요할 경우 범죄기록확인서 요구

기업등록(ERC)은 모든 신청서류를 제출한 날로부터 3일 이내 허가가 나도록 했다. 종전 5일에서 3일로 단축된 것이다. 비록 개정 기업법(LOE)에서 법에서 금지하거나 제한하지 않는 모든 업종에서 기업 활동을 할 수 있지만 기업이 실제 영위하는 영업 활동 품목을 온라인으로 등록하도록 했다. 국가 정보게이트의 기업등록자료(National Informative Gate of Enterprise Registration Data, NIGERD)에 온라인 등록한다. 온라인 등록은 기업 투명성 유지와 데이터 축적용이다. 우리나라는 등기된 법인등기부등본 등을 지참하고 세무서를 방문하면 즉시 사업자등록증을 발급해 주는 것과 비교된다.

기업이 영업 분야를 바꾸고 싶다면 기업등록기관에 변경사항을 통보해야 한다. 변경통보 내용이 법에 저촉되지 않으면 기업등록허가(ERC) 관청에서 3일 이내 변경 등록된다.

기업등록 신청 절차와 서류를 단순화했지만 등록과정에서 필요할 경우 신청자에게 범죄기록을 요구할 수 있다. 범죄기록 요구로 인해 기업 설립 허가 기일인 3일을 넘길 수 있다. 해외투자를 하다 보면 많은 나라에서 해외투자자에게 종종 범죄기록확인서를 공증받아 제출하도록 요구한다. 범죄자와 범죄은닉자금을 사전에 차단하기 위해서다. 범죄기록확인서는 해외투자자의 자국 경찰서에서 발급받는다. 이어서 해당 국가 주재대사관(여기서는 한국주재 베트남대사관)이 인정하는 번역·공증기관에서 번역과 공증을 거친 후 마지막으로 법무부와 주재대사관의 확인(인증 날인)을 받아야 한다.

6. 1 기업 1 명인 법률적 대표자 수 확대, 대표 1명은 베트남에 거주해야

구 기업법에서 하나의 기업에 한 명의 법률적 대표(Regal Representative)만을 두도록 했다. 이럴 경우 기업은 계약 등 영속적인 법률행위를 해야 함에도 한 명인 법률상 대표가 해고되거나 해외 출장 등으로 부재하면 법률행위를 할 수 없게 된다. 또 중요한 계약서에 날인을 한 이사가 법률상 대표가 아닌 경우 대표행위(계약서 날인 등)에 대한 적법성 논쟁이 발생하기도 한다.

개정 기업법은 하나의 기업이 1명 이상의 법률적 대표를 둘 수 있도록 했다. 하지만 각 법률상 대표의 권한 범위가 기업 내에서 가지는 위치에 따라 다른지 동일한지 구분하지 않고 있다. 이 경우 정관에 각 대표의 권한 범위를 정할 수 있다. 따라서 거래 상대방은 정관에서 대표의 권한 범위를 확인한 후 계약을 할 필요가 있다. 정관에도 대표의 권한 범위가 정해져 있지 않으면 계약 상대방은 대표행위를 위임한다는 이사회의사록을 확인한 후 계약상의 대표행위를 하도록 해야 한다. 의심스럽거나 불분명할 경우 변호사의 자문을 받는다면 거래행위가 보다 안전할 것이다.

한편 기업의 법률상 대표가 1명이든 여러 명이든 한 명은 반드시 베트남에 거주해야 한다. 베트남에 거주하는 대표가 1명인 경우 이 대표가 30일 이상 베트남을 떠나면 베트남에 거주하는 대표로 교체해야 한다.

7. 정관상 자본금은 수권 자본금이 아닌 납입 자본금으로 정의

과거 베트남 당국은 가끔 기업의 정관상 자본금(Charter Capital)을 기업이 실제 투자하는 납입 자본금으로 인식했다. 사회주의에서 시장경제로 이행하는 과정에서 일어날 수 있는 일이다. 이점을 이용해서 많은 기업들이 실제 납입하지 않으면서 고액의 정관상 자본금을 신고해 설립했다. 이 오류를 해결하기 위해 개정 기업법에서 정관상 자본금을 납입 자본금과 동일하게 맞추었다. 또한 법인 설립 후 90일 이내 납입하도록 했다. 일반적으로 수권 자본금(Authorized Capital)은 납입 자본금을 포함해 앞으로 최대한 증자할 수 있는 자본금을 의미한다. 따라서 수권 자본금과 납입 자본금은 다른 의미가 된다. 또 정관상 자본금을 수권 자본금이라 부른다. 수권 자본금이란 주주총회에서 승인받은 최대로 발행할 수 있는 자본금이다. 베트남은 이와 조금 다른 개념이므로 주의할 필요가 있다. 주식발행은 공개모집 또는 사적모집 절차를 따르도록 했다.

기업이 자사주(Treasury Stock) 취득을 결정한다면 개정 기업법은 자사주 취득을 완료한 날로부터 5일 이내 자사주 취득 액면가액 만큼 정관상 자본금을 축소해야 한다. 따라서 자사주를 매입·보유하는 제도는 인정하지 않고 있다.

우리나라 상법에서 주식회사가 자기 주식을 취득하는 것은 회사의 자본적 기초를 위태롭게 해 회사와 주주 및 채권자의 이익을 해하고 대표이사 등에 의한 불공정한 회사 지배를 초래하는 등 부작용을 우려해 자사주 취득을 금지하는 것을 원칙으로 하고 있다. 다만 예외적으로 주식을 소각, 합병 또는 주주들의 매입청구가 있거나, 상장법인의 경우 배당가능이익 범위 내에서 제한적으로 자사주를 취득하는 경우에만 허용하고 있다.

8. 비공개기업의 감사위원회 설치 의무 면제

개정 투자법은 비공개회사로서 주주가 11명 이하 이거나 지분 50% 이상 가진 주주가 없는 기업은 감사위원회 설치 의무를 면제한다. 또한 명의 사원만 있는 유한책임회사(LLC 1)도 감사위원회 설치를 면제한다. 하지만 적어도 한 명의 회계담당자(Controller)를 두어야 하며 회계담당자는 회사에 고용되지 않거나 소유주와 관련 없는 사람이어야한다. 그리고 회계담당자의 자격은 회계감사(Auditing) 또는 회계 학위를 가지고 있어야 한다. 이러한 요구는 1인 유한책임회사(LLC 1) 소유주가 자신의 이익을 위해 기업을 이용하는 행위를 방지하기 위함이다.

9. 소액주주 대표소송제(Derivative Actions) 도입

구 기업법에서 선량한 관리자의 주의의무(Fiduciary Duty)를 도입했다. 하지만 관리자가 선관주의의무를 위반했을 때 소액주주의 권리를 보호할 방법이 없었다. 개정 기업법에서 대표소송제를 도입했다. 주식 총수의 1% 이상을 소유한 주주들은 회사의 이익보다 관리자들 자신의 이익을 취하기 위해 선량한 관리의무를 위반한 이사회, 이사 그리고 경영진에 대해 대표소송을 제기할 수 있도록 했다. 대표소송 비용은 회사가 부담한다. 이 제도 도입으로 국유기업(SOEs) 주식을 소유한 소액투자자에겐 기쁜 소식이지만 정부와 경영진에겐 긴장하게 만드는 일이다. 국유기업 대주주인 정부 또는 그 경영진들이 회사이익에 반하는 행위가 일어나고 있기 때문에 책임경영을 강화하는 차원으로 보여진다.

10. 창업과 부동산프로젝트 활성화를 위한 자산유동화증권 발행 기반 마련

구 기업법은 기업의 채권발행을 인정하고 있다. 하지만 채권발행자특히 특수목적법인(SPVs)인 경우 실현되지 않은 '수익성'을 요구해 사실상 회사채가 발행되지 않았다. 개정 기업법은 채권발행자의 '채권 변제능력'만 입증하도록 했다. 채권 변제능력이란 만기가 되면 부채 (회사채)를 지불할 수 있는 능력을 말한다. 이러한 규제 완화는 더 많은 회사채 발행을 유도하고 특히 프로젝트용 자금(회사채) 조달을 위한 채권시장(Project Bonds Market) 활성화에 도움이 된다. 당장 수익이 보장되지 않는 창업기업이나 부동산 프로젝트를 담보로 발행하는 채권인 ABS(Asset Backed Securitties)나 ABCP(Asset Backed Commercial Paper) 등 자산유동화증권 발행이 한결 쉬워질 수 있는 기반을 마련했다.

11. 상호출자(Cross-Shareholdering) 금지와 사회적 기업 도입

개정 기업법은 모회사 주식을 소유하는 자회사 또는 한 모회사의 두 자회사 간 상호출자를 금지했다. 이미 상호 출자한 기업은 일정한 유예 기간을 주고 상호출자를 해소하도록 했다.

개정 기업법은 또 '사회적 기업(Social Enterprise)'이라는 새로운 개념을 도입했다. 사회적 기업은 공동체 이익을 위해 사회적 또는 환경적 문제를 해결하기 위해 설립하는 기업이다. 그리고 그러한 목적을 위해 기업 이익의 51% 이상을 재투자해야 한다. 다른 일반기업과 달리 사회적 기업은 비정부기구 또는 다른 기업으로부터 자선기금이나 지원을 받을 수 있다. 기부자는 지원금에 대해 세금공제 처리하도록 했다. 또한 기업이 스스로 사회적 책임을 다하기 위해 사회적 기업을 설립하도록 유도하고 있다.

외국인이 베트남에 투자하면서 공장을 짓고, 고용이 늘어나고, 국내 법인보다 급여가 높아지면서 해외투자자본 유입이 경제성장에 도움이 된다는 사실을 체험했다. 2015년 개정 투자법에서 외국인 지분이 51% 미만인 기업은 베트남 국내 기업으로 분류해 외국인투자 금지 또는 제한 업종에 구애받지 않고 사업할 수 있도록 했다. 또 이를 통해 외국인의 베트남 기업에 대한 지분투자나 M&A를 활발히 하도록 했다. 한편 베트남은 2007년 1월 11일 WTO에 가입했다. 이에 따라 베트남은 WTO 기준과 절차에 따라 시장을 개방하고 법률을 개정해야 했다. 2015년 투자법, 기업법 등 개정도 WTO 가입 이행절차 중 하나다. 2015년 이후 외국인투자가 급증하고 있다.

베트남에 투자할 경우 우선적으로 투자법 부록(Appendix 1, 2, 3, 4)에서 외국인 투자가 가능한 업종인지 살펴봐야 한다. 투자금지업종과 조건부 투자업종을 제외한 나머지 업종은 투자가 가능하다. 조건부 투자업종에 해당되는 경우 최소 자본금, 외국인 지분제한, 필요한 시설과 인력, 영업허가 등 조건을 만족해야 투자허가를 받을 수 있다. 중국도 매년 '산업지도목록'을 발표하면서 외국인 투자제한 업종을 단계적으로 축소하고 있다. 베트남도 그렇게 변화될 것이다.

베트남 투자 여행

투자자가 알아야 할 베트남 조세제도

_ 시장경제 도입 후 자본주의적 조세제도 채택

베트남이 도이모이정책을 1986년에 채택했다. 중국의 개혁개방 선언은 1978년이다. 베트남이 중국보다 8년 늦은 개방 선언이다. 베트남도 중국에 뒤질세라 개방을 가속화하고 그 폭을 넓히고 있다. 베트남이나 중국 모두 시장경제로 전환하기까지 빈부 격차 없이 다 같이 빈곤했다. 따라서 이들 두 나라는 빈부 격차 없는 빈곤에서 대외개방과 시장경제를 향해 출발했다.

사회주의 계획경제는 조세제도랄 것이 없다. 모든 자산이 공유(국유)다. 모든 생산 또한 공동소유다. 그리고 계획에 따라 생산하고 분배한다. 인민들에게 생산의 일정 부분을 배급해 준다. 은행은 계획생산과 분배의 입출금 창구였다. 이 과정에서 세금이랄 게 없었다. 모든 생산물이 국가소유고 굳이 말하자면 이 모든 게 세금이었던 셈이다.

시장경제로 전환하면서 자영농민, 자영업, 민간기업이 생겼다. 개인과 기업의 생산은 개인과 기업의 소유가 됐다. 분배를 위해 징발하거나 빼앗지 않았다. 오히려 장려했다. 하나의 거대한 국가 기업에서 개인과 기업의 생산을 장려하는 서비스 정부로 전환된 것이다. 집단농장이 사라지고 국유기업이 민영화되고 있다. 정부도 공공부문에 투자하고, 복지를 위해 정부의 수입이 필요했다. 정부는 개인과 기업에게 재주껏 생산하고 판매해서 수입의 일정 부분만 납부하게 했다. 조세제도의 시작인 셈이다.

하지만 모든 개혁이 그러하듯 하루아침에 계획경제 체제에서 시장경제로 바꾸지 못한다. 제도개혁과 그 실행은 천천히 이루어졌다. 앞선 시장경제 국가의 법과 제도를 배우고 적용하는 기간이 필요했다. 법과 제도를 만든 다음에는 공무원들이 새로운 법과 제도에 적응할 시간과 훈련이 필요하다. WTO, IBRD, IMF 등 국제기구의 권유와 지도에 따라 자본주의 법과 시스템을 받아들였다.

법인소득세법과 개인소득세법은 2008년 6월 3일 12차 국회를 통과해 2009년 1월 1일 발효됐다. 1986년 도이모이 선언 후 22년 만의 일이다. 이에 앞서 투자법과 기업법은 2005년 제정됐다. 2000년대에 접어들면서 시장경제 관련 법과 제도를 본격적으로 도입하기 시작한 셈이다.

베트남 조세에는 법인소득세(Corporate Income Tax), 원천징수세(Withholding Taxes), 자본할당이득세(또는 양도소득세, Capital Assignment Profits Tax), 부가가치세(Value Added Tax), 수출입관세(Export and Import Duties), 개인소득세(Personal Income Tax)가 있고 이외 사회보험(Social Insurance), 실업보험(Unemployment Insurance), 건강보험(Health Insurance Contributions) 등 사회 보장성 보험도 만들었다.

또한 영위 업종이나 투자(거래)대상에 따라 부과되는 특별판매세(Special Sales Tax), 천연자원세(Natural Resources Tax), 부동산세(또는 재산세, Property Tax), 환경보호세(Environment Protection Tax) 등도 만들었다. 시장경제 체제에서 있을 만한 세금과 보험제도는 거의 다

베트남 투자 여행

만들었다.

한편 자본주의 국가는 선거를 겪으면서 세금을 올리고 내리고를 반복한다. 공산당 일당 사회주의 국가는 상대적으로 조세정책의 일관성을 유지하는 것으로 보인다. 정권 재창출이 필요 없는 영속적인 정권의 일관성으로 느껴진다. 정권을 잡거나 유지하기 위한 포퓰리즘 남발이 상대적으로 약하다. 또 시장경제 도입 초기엔 분배보다 파이를 키우는데 초점을 맞추기 때문이기도 하다. 사회주의 국가가 시장경제로 이행하면서 거치는 조세 변천 과정을 종합해 보면 ① 개인과 민간기업 활동을 허용하면서 조세제도가 생기기 시작한다. ② 국유기업 생산 비중이 매우 높고 민간기업은 육성 초기 과정이라 세금이 그다지 높지 않다. ③ 평등한 빈곤에서 출발해 빈부 및 소득 격차가 그다지 크지 않아 누진과세 편차가 크지 않다. ④ 해외투자 유치를 위해 세율이 전반적으로 낮거나 조세 인센티브 제도가 많다.

개인 금융투자자(간접투자)라면 세금에 대해 그렇게 신경 쓰지 않아도 된다. 금융투자 수익은 거래하는 금융회사에서 계산해서 대부분 원천징수한다. 다만 직접투자, 부동산 투자분야는 세금 종류가 많고 복잡해 익혀둘 필요가 있다.

_ 세목별 개요

1. 법인소득세(Corporate Income Tax, CIT)

베트남 법인소득세법은 2009년 1월 1일 발효됐다. 시장경제를 도입하면서 국유기업을 민영화하고, 민간기업을 육성하고, 외국기업의 베트남 투자를 장려하면서 세금을 거둬들일 첫 번째 대상이 기업이다. 베트남 법인세율은 2014년 이전에는 25%였으나 단계적으로 내리면서 2016년 이후 표준 법인소득세율은 20%다. 원유·가스산업을 영위하는 기업은 지역이나 프로젝트 조건에 따라 32%~50%를 부과한다. 광물자원(금, 은, 보석 원석 등) 탐사·개발에 종사하는 기업은 프로젝트 지역에 따라 40%~50%의 법인소득세를 부담한다. 원유·가스 및 광물자원은 공산주의 국가는 물론 자본주의 일부 국가에서도 국유화해 운영하고 있다. 베트남은 국유화 대신 민영화하면서 법인세를 올려 받고 있다.

〈 베트남 법인세율 변동표 〉

기간	표준 법인소득세율(%)
2016년~현재	20
2014년~2015년	22
2014년 이전	25

　　법인세 인하는 세계적 추세다. 법인세 인상에 따른 직접적인 세수 증대보다 자본의 해외유출을 방지하고 재투자를 유도해 생산 확대와 고용증대 등 쿠션 효과를 노린 다목적 포석이다. 한편 1인 1표 선거제도를 채택하는 민주주의 국가에서 부자든 가난한 사람이든 세금 기여도에 관계없이 투표용지는 한 장이다. 부자보다 소득이 낮은 층의 인구가 훨씬 많다. 남미에서 좌파정권이 자주 들어서는 이유다. 거둬들인 세금 이상으로 복지·분배에 투입한다. 나름의 이념으로 저소득층 위주의 지지층이 형성돼 있다. 좌파는 자본주의에 바탕을 두지만 평등과 분배에

중점을 두고 있다. 좌파 정권 초기 국민들은 환호하지만 시간이 지날수록 경제는 곤두박질이다. 남미의 많은 국가에서 경험하고 있다. 자본주의 국가에 좌파정권이 들어서면 성장이 둔화되고 실업이 늘어난다. 반면에 시장경제를 채택한 사회주의 국가는 높은 성장과 고용을 유지하고 있다. 베트남과 중국이 대표적이다. 이념과 포퓰리즘을 채택할 것인가 또는 시장 효율성에 바탕을 둘 것인가가 문제의 핵심이다.

〈 한국의 법인세율표 〉

과세표준	법인세율(%)
2억원 이하	10
2억~200억원 이하	20
200억~3,000억원 이하	22
3,000억원 이상	25

시장경제 주체는 정부, 기업, 개인이다. 이 중 기업이 생산과 고용에서 가장 큰 부분을 차지한다. 기업은 자선단체나 종교단체가 아니다. 지나치게 기업을 규제하고 세금을 올리면 생산이나 고용이 위축될 수밖에 없다. 또 비판을 넘어 도덕적으로 꼬집고 비난하면 기업 하고픈 의욕이 사라진다. 세율이 낮고, 인건비가 저렴하며, 시장이 큰 나라로 자금이 흘러갈 수밖에 없다. 홍콩 재벌 리카싱(李嘉誠) 회장의 CK허치슨홀딩스(長江和記實業)는 비난을 무릅쓰고 기업을 이미 조세 회피지역으로 옮겼다. 중국 본토투자에서 호주 등 해외투자로 돌아섰다. 해외투자를 강화하기 위해서라고 주장하고 있지만 뭔가를 염려해서 일 것이다. 기업에겐 고율의 세금과 통제보다 자율성과 경쟁 의욕을 북돋아

주어야 한다. 베트남은 외국투자를 끌어들이기 위해 법인세를 단계적으로 낮추었다. 한국은 오히려 법인세를 올렸다. 법인세에 관한 한 베트남과 한국은 반대 방향으로 가고 있다.

2. 해외계약자세(Foerign Contractor Tax, FCT)

베트남 내에서 법인을 설립하지 아니하고 사업을 영위하는 해외기업이나 외국인은 부가세와 법인세에 해당하는 해외계약자세를 납부해야 한다.

해외계약자세는 베트남 파트너(외국인 소유기업 포함)와 계약에 기초하여 베트남에서 사업을 하거나 소득이 발생하는 해외기업과 외국인에게 부과한다. FCT는 해외기업의 소득에 대해 VAT와 법인세(CIT) 또는 개인소득세(PIT)의 조합으로 구성된다.

FCT 대상에는 이자, 지적재산권 사용료, 배당, 각종 사용권의 대가, 서비스 수수료, 임대료, 리스·보험계약, 보험·재보험의 대가, 항공 및 국제 운송 서비스, 증권의 매매 그리고 베트남에서 공급하는 상품 또는 서비스를 포함한다.

외국기업이 베트남에서 직간접적으로 상품의 유통 또는 서비스를 제공하는 유통방식도 FCT부과 대상이다. 예를 들어 외국기업이 상품의 소유권을 가지거나, 유통을 부담하거나, 광고 마케팅 비용을 부담하면서 상품과 서비스의 품질을 책임지고 가격 결정을 하거나, 베트남 기업이 상품의 유통 및 서비스를 수행하도록 계약하거나 권리를 부여하는 경우를 말한다.

베트남 밖에서 수행되는 서비스 예를 들어 수리, 훈련, 광고, 선전 등과 상품의 공급은 FCT 대상에서 제외된다. 해외계약자세 세율은 해외계약자가 베트남 회계시스템(Vietnamese Accounting System, VAS)에 등록을 하느냐 아니냐에 따라 달리 적용된다. 표준 FCT 율은 10%이지만 거래방식과 납세자의 세금신고 여부에 따라 세율을 달리 적용할 수 있다.

3. 부가가치세(Value Added Tax, VAT)

베트남 부가가치세는 생산, 유통, 소비되는 제품과 용역에 부과된다. 부가세 납부방식에는 차감방식(Dedution Method)과 직접방식(Direct Method) 두 가지가 있다. 차감방식은 매출부가세(판매 시에 부과되는 부가세)에 매입부가세(물품 매입 시 지불하는 부가세)를 공제한 차액을 납부하는 방식이다. 대상은 연간 수입이 10억동 이상인 기업이다. 우리나라에서 적용하고 있는 방식이다. 직접방식은 납세자가 거래에서 발생하는 부가가치에 간주세율을 적용해서 부가세를 납부하는 방식이다. 대상은 연간 수입이 10억동 이하인 개인사업자가 여기에 해당된다.

〈차감방식〉
부가세 납부 = 매출부가세 − 매입부가세

〈직접방식〉
부가세 납부 = 매출(수익, Revenue) × 부가세 적용비율(%)
부가세 적용비율은 1%에서 5%까지 다양하다. 상품의 공급 및 유통업의 경우 매출의 1%를 적용하며 생산, 운송, 상품과 관련된 용역은 3%를 적용한다.

기업은 월간 또는 분기별로 부가세를 신고하고 납부한다. 표준 부가세율은 10%다. 또 부가세 세율을 업종과 제품에 따라 면세, 영세율,

5%, 10% 등 4개로 구분하고 있다. 부가세 면세(Tax Exemption) 대상 품목은 ① 특정 농산품, ② 연간수익이 1억 동(한화 약 500만 원) 이하인 사람(농어업인)이 생산한 제품이나 비료, 가축사료, 가금류, 해산물 기타 가축 ③ 토지사용권 이전, ④ 교육과 훈련, ⑤ 의료서비스 등 무수히 많다.

〈 품목별 부가세율 〉

세율	대상 품목
영세율(0%)	수출되는 상품 또는 서비스
5%	필수적인 상품과 서비스로서 정수, 보조교재, 책, 식품, 의료, 의료기구, 축산사료, 농산품과 서비스, 기술·과학서비스, 고무유액, 설탕과 그 부산물, 문화, 예술, 스포츠 서비스·제품, 사회주택 등이다.
10%	0% 또는 5% 부가세 대상 또는 면세 대상이 아닌 제품이나 서비스로 명시되지 않은 모든 제품이나 서비스.

4. 특별판매세(Special Sales Tax, SST)

특별판매세는 제품의 생산 또는 수입, 서비스의 제공에 적용하는 내국소비세의 일종이다. 수입제품(석유 제품은 제외)은 수입단계와 판매단계에서 모두 특별판매세가 부과된다. 수출품은 특별판매세가 면제된다.

특별판매세법(Law on SST)에서 SST 부과대상을 제품과 서비스로 구분하고 있다. 제품으로는 담배, 술, 맥주, 좌석 수 24개 이하 자동차, 모터사이클, 비행기, 보트, 휘발유, 9만BTU이하 에어컨, 카드놀이 등이 있다. 서비스품목으로는 디스코텍, 마사지, 가라오케, 카지

노, 겜블링, 복권, 골프클럽과 사행성 놀이 등이다. 주로 사치·오락·사행성 제품과 서비스업에 적용된다. 나라에 따라 특별소비세(Special Consumption Tax)라 부르기도 한다.

특별판매세는 부가세와 특별판매세를 부과하기 전 제품 생산지 판매가격에 부과된다. 특별판매세 부과 대상 제품이 수입될 경우 역시 특별판매세를 부과한다. 이때 수입단계와 국내 시장 판매 시 모두 부과된다. ① 수입단계에서 부과되는 특별판매세 과세표준은 수입관세 부과를 위한 과세가격에 수입 관세를 더한 가격이다, ② 거래단계에서 부과되는 특별판매세 과세표준은 특별판매세 부과 전 판매가격에 환경보호세가 있다면 이를 더한 가격이다.

〈 특별판매세 부과 대상 품목과 세율 〉

상품/서비스	세율
담배	75%
알코올	20도 이상 : 65% 20도 이하 : 35%
맥주	65%
좌석 수 24개 이하 자동차	10~150%
125cc 이상의 모터사이클	20%
항공기	30%
보트	30%
9만BTU 이하 에어컨	10%
휘발유	7~10%
카드놀이, 디스코텍	40%

봉헌 종이(Votive Papers)	70%
마사지, 가라오케	30%
카지노, 잭팟게임	35%
사행성 게임	30%
골프	20%
복권	15%

특별판매세가 부과된 원자재로 특별판매세 부과 대상 제품을 생산하는 납세자는 원자재에 부과된 특별판매세액을 공제받을 수 있다. 봉헌 종이란 금, 은, 화폐, 생활필수품 등을 종이나 대나무로 만들어진 것으로 불에 태우며 조상에게 바치는 것을 말한다.

5. 천연자원세(Natural Resources Tax, NRT)

천연자원세는 원유, 광물, 천연가스, 삼림, 해산물, 새 둥지, 천연수를 포함하는 베트남 천연자원을 개발하는 산업에 부과한다. 농업, 임업, 어업에 사용하는 천연수는 NRT 부과 대상에서 제외된다. 소금과 냉각용 바닷물도 일정 조건에 부합하면 제외된다.

세율은 천연자원 종류에 따라 다양하며 그 범위는 1%~40%다. 세율은 생산 단위당 특정된 과세표준으로 일일 평균 생산량에 부과한다. 원유, 천연가스, 석탄가스의 경우 일일 평균 생산량에 따라 누진세율이 적용된다.

천연자원을 확보하기 위해 정부 차원 또는 종합상사나 개인투자자들이 해외로 많이 진출한다. 탐사, 허가, 개발(채굴), 가공, 육지 운송, 해상 운송 등 개발 과정이 복잡하고 오랜 시일이 걸린다. 천연자원 개발 허가는 무척 까다롭고 허가가 난 경우에도 정치적인 영향으로 취소되기도 한다. 정권에 따라, 중앙과 지방정부에 따라 또는 권력자에 따라 허가가 취소되기도 하고 변덕이 심하다. 탐사 및 개발허가가 나더라도 성분 함유량 등 채산성이 좋아야 한다. 또 일정 기간 허가가 났더라도 자원 고갈이 심하거나 국내용으로도 부족한 경우 수출을 금지하기도 한다. 천연자원세 등 부과하는 세율도 높은 편이다. 게다가 자원개발은 환경오염이 많이 발생하는 업종이라 환경오염에 대한 지역 주민의 반발이 심한 업종이기도 하다. 해외 자원개발은 오랜 기간 인내심을 가지고 추진해야 할 사업이다.

6. 부동산세(Property Taxes) 또는 토지사용세

베트남 부동산세는 매년 토지사용에 대해 부과하므로 토지사용세(료)(Land Use Fee, LUF)라 부르며 주택부지에는 토지세(Land Tax)라 부르기도 한다. 사업용 토지가 필요한 해외투자자는 토지 담당 부서로부터 토지를 배당받고 토지사용료를 지불하는 방식과 또는 임대료(Rental Fee)를 지불하는 방식이 있다. 산업기반시설 조성을 위해 배정받은 토지는 주로 토지사용료를 지불하고, 산업단지 등이 조성된 지역에 입주할 경우 대부분 임대료를 지불하는 방식이 이용된다.

주택과 아파트 소유자는 '비농업토지 사용세법(Law on Non-agricultural Land use Tax)'에 따라 매년 토지세를 납부한다. 정부가 매 5년 단위로 정하는 제곱미터 당 가격에 따라 이용하는 면적에 부과된다. 2012년 1월 1일부터 시행되는 토지세 누진세율 범위는

0.03%~0.15%다.

7. 환경보호세(Enviroment Protection Tax, EPT)

베트남 정부는 2012년 1월 1일부터 환경을 위협하는 제품에 대해 세금을 부과하는 환경보호세(EPT)를 신설했다. 환경보호세는 간접세 형식으로 석유, 석탄, 비닐봉지 및 일부 화학제품을 생산하거나 수입할 경우 부과한다.

〈 환경보호세 대상 제품 및 단위당 세금 〉

번호	제품	단위	세금(VND)
1	휘발유, 경유, 윤활유(Grease) 등	리터/Kg	1,000~4,000
2	석탄	톤	15,000 ~30,000
3	염화불화탄화수소(HCFCs)	Kg	5,000
4	비닐봉지(Plastic Bags)	Kg	50,000
5	사용이 제한된 화학물질	Kg	500~1,000

* 비닐봉지의 경우 포장용 또는 환경친화적인 제품은 제외된다.

8. 수입 및 수출관세(Import and Export Duties)

베트남에 들어오는 모든 제품은 수입 관세 대상이다. 수입관세율은 제품에 따라, 제품의 원산지에 따라 다양하다. 수입 관세는 베트남과 수출국 간의 교역 관계에 따라 일반관세(Ordinary Rates), 우대관세(Preferential Rates), 특혜관세(Special Preferential Rates) 등 3가지로 구분한다. 우대관세는 베트남과 최혜국(Most Favoured Nation,

MFN) 관계에 있는 나라로부터 수입되는 물품에 적용된다. 최혜국은 WTO 이행 약속에 따라 WTO 가입국에 적용하고 있다. 특혜관세는 베트남과 FTA를 체결한 동남아시아, 일본, 중국, 인도, 한국, 호주, 뉴질랜드 등이 대상이다. 우대관세, 특혜관세를 적용하는 이외의 국가는 일반관세를 적용하며 최혜국(MFN)에 부과되는 세율에 50% 추가된다.

수출품 제조를 위해 베트남에 수입되는 원자재와 부품은 수입 관세가 면제된다. 다만 275일 이내 수출해야 한다. 해외투자기업과 특별히 장려하는 프로젝트의 투자협력계약(BCC) 당사자가 그들의 고정자산 (공장 설비 등)을 수입하는 경우에도 수입 관세가 면제된다. 모래, 백악 (석회질 암석), 대리석, 화강암, 광석, 원유, 삼림제품, 폐기물 등 일부 천연자원을 제외한 대부분의 수출은 무관세다.

9. 개인소득세(Personal Income Tax, PIT) 및 비거주·비과세 소득

베트남인과 마찬가지로 베트남에서 일하는 외국인도 개인소득세 부과 대상이다. 베트남 거주자의 개인소득세 세율은 5%에서 35%까지 누진 적용된다. 비거주자는 베트남에서 발생하는 소득에 대해 20% 단일세율을 적용한다.

거주자로 인정되는 경우는 ① 한 회계(과세)연도에 183일 이상 베트남에 거주하거나, ② 베트남에 거주지로서 일정한 장소를 가진 경우로 회계연도 중에 주택 임대 또는 임시 및 영구거주증으로 183일 이상 거주하는 경우를 포함해 영구 거주한 경우, ③ 이중과세협정 상대 국가에서 과세 대상 거주자로 인정되지 않는 경우 등이다. 베트남에 거주하는 일정한 장소가 있으면서 회계연도 중 실제로 183일 미만 베트남에 거주한 경우라도 다른 나라 거주 사실 입증에 실패한다면 베트남 거주자로서 과세 된다. 베트남에서 취업해서 급여를 받더라도 단기간(6월 이내)이면 비거주자로 과세 된다.

한국인으로서 베트남에 6개월 이상 파견 가거나 현지기업에 취업한다면 베트남 거주자가 되어 베트남인과 동일한 과세대상이 된다. 물론 베트남 노동부의 취업허가와 임시거주증을 받아야 합법적인 취업이 가능하다. 어느 나라건 자국으로 돈을 가지고 들어오는 사람(외국인투자자)으로 투자자금을 입증(여기서는 베트남 내 예금통장 등)하면 투자비자는 잘 나온다. 하지만 외국인의 자국 내 취업은 자국 근로자 보호를 위해 엄격하게 다룬다.

베트남에서 일하며 급여를 받는 한국인이라면 이중과세방지협정에 따라 베트남에서 납부한 세금은 한국에서 소득세 신고세액에서 차감한다. 연간 과세소득이 한화로 약 4800만원 이상이면 최고세율 35%가 적용된다.

〈 거주자 – 임금 소득세 〉

연간 과세소득 (백만 동)	연간 과세소득 (KRW환산, 천원)	월 과세소득 (백만 동)	월 과세소득 (KRW환산, 천원)	세율 (%)
0~60	0~3,000	0~5	0~250	5
60~120	3,000~6,000	5~10	250~500	10
120~216	6,000~10,800	10~18	500~900	15
216~384	10,800~19,200	18~32	900~1,600	20
384~624	19,200~31,200	32~52	1,600~2,600	25
624~960	31,200~48,000	52~80	2,600~4,000	30
960 이상	48,000 이상	80 이상	4,000 이상	35

* 원화 환산은 20동을 1원으로 계산함.

과세소득 형태	세율(%)
사업소득	0.5~5%(사업소득 형태에 따라)
이자(은행이자 제외)/배당	5%
주식·채권 양도	판매금액의 0.1%
지분양도세(Capital Assignment Tax)	양도차액(Net gain)의 20%
부동산 양도	양도금액의 2%
독점판매권/프랜차이즈/저작권/로열티	5%
복권당첨/상속·증여/우승상금	10%

〈 비거주자 – 소득세 〉

과세소득 형태	세율(%)
근로소득	20%
사업소득(Business Income)	1~5%(재화 공급 1%, 제조·건설·운송 등 2%, 용역 5% 등 사업소득 형태에 따라)
이자(은행이자 제외)/배당	5%
주식매도/지분양도	양도금액의 0.1%
부동산 양도	양도금액의 2%
프랜차이즈/저작권/로열티	5%
복권당첨/상속·증여/우승상금	10%

한국에 거주하며 베트남의 주택을 매매·임대하거나, 주식거래 및 배당을 받는 경우 비거주자·비고용소득으로 '비거주자–소득세' 과세대상

이 된다. '비거주자-소득세'의 사업소득에는 연간 1억동(약 500만원)을 초과하는 임대료는 용역의 제공에 해당하며 세율은 5%이다. 외국인으로서 베트남에서 주택을 임대할 경우 여기에 해당된다. 또 이자 중 금융회사에 맡긴 예금에서 발생하는 이자는 비과세 대상이다. 저작권·프랜차이즈·로열티와 상속·증여·우승상금은 1,000만동(약 50만원)을 초과하는 경우 과세대상이다. 단 직계가족 간 상속·증여는 비과세소득이다. 우리와 다른 점이다.

베트남에서 부동산(주택, 아파트)을 매도할 경우 단일세율로 매도금액(양도대금)의 2%를 납부한다. 직계가족 간 주택 양도의 경우에는 비과세다. 우리나라는 직계가족이라도 과세하고 오히려 탈세 여부를 더 살핀다. 우리가 더 사회주의다. 또 우리는 부동산 양도차익에 대해 과세한다. 따라서 양도소득세라 부른다. 양도차익이 없으면 양도소득세가 없다. 하지만 양도차익에 따라 누진적으로 세율이 증가한다. 2016년 양도차익 1억5천만원 초과 시 38%가 최고세율이었으나, 2017년 5억원 초과 시 최고세율 40%를 신설했으며, 2018년에는 다주택자 양도세중과를 위해 무려 60%까지 올렸다. 우리나라 부동산 관련 세금(세율과 과표)이 세계 최고 수준이다. 베트남이 양도금액에 2% 단일세율을 적용하는 것과 대비된다.

_ 10% 단일세율의 베트남 상속·증여세

베트남 조세제도는 아직 소득세와 거래세 위주다. 보유재산에 부과하는 재산세, 부의 이전인 상속세(Inheritance Tax)·증여세(Gift Tax 또는 Capital Transfer Tax)는 아직 논쟁의 대상이 되지 못하는 모양이다. 앞서 설명했듯이 시장경제로 전환할 즈음 개인의 재산이 '제로(0)' 상태에서 출발했다. 물론 세금을 납부하는 민간기업도 없었다. 주택, 농지, 상점, 기업이 모두 국가 소유였다. 따라서 상속·증여세를 부과해도 실효성이 없었을 것이다. 상속·증여세율의 세계적 평균은 10%이다. 베트남 상속·증여세율도 10% 단일세율이다.

우리나라 상속세 및 증여세는 누진세율을 적용하고 있으며 과세표준 30억원 이상에 대해 최고세율 50%를 부과하고 있다. 대주주의 경우 일반적인 주식평가 방식에 할증(일종의 경영권 프리미엄)을 더하면 실제 세 부담률은 65%에 이른다. 이 또한 양도소득세와 같이 세계 최고 수준이다. OECD 상속세율 평균 26%의 두 배에 가깝다. 대주주 양도차익 과세 확대, 일감 몰아주기에 대한 증여세 과세 등 부의 세습을 철저히 차단하고 있다. '부의 세습'이 악습인 양 소유욕과 기업 의욕을 지나치게 꺾고 있다.

세계적인 추세는 부를 축적하기까지 이미 모든 세금(개인소득세 등)을 납부했기 때문에 과다한 상속·증여세는 이중과세라는 견해가 다수다. 많은 나라에서 10%인 상속·증여세마저 없애고 있다. 상속·증여세를 보는 세계적인 시각은 '이중과세'인 반면 우리는 '부의 세습차단' 수단으로 보고 있다. 부의 세습차단이 마치 진리인 것처럼 여론을 지배하고 있다. 개인이 집 한 채를 자녀에게 상속·증여할 경우에도 많은 세금을 내야 한다.

베트남은 사회주의 국가면서 자본주의 국가의 보편적인 상속·증여세를 적용하고 있는 반면 우리나라는 자본주의 국가면서 부의 세습차단이라는 징벌적 상속·증여세를 채택하고 있다.

개인의 이기심이 경제행위의 발로다. 자본주의는 개인의 욕망을 자극하는 경제시스템이다. 개인적 욕망과 의욕이 상승작용을 하면서 경제가 성장(소득, 고용, 세금 증대)한다. 그 욕망이나 의욕을 꺾게 되면 생산성이 하락하면서 평등한 빈곤으로 떨어진다. 70년 가까이 사회주의 국가에서 혹독한 체험을 했다. 자본(여기서는 국부 또는 기업)은 자본을 우대하고 세금이 낮은 나라로 흘러가게 된다. 이 모두를 경험한 선진국은 상속·증여세를 줄이거나 폐지하고 있다.

이와 반대로 우리나라는 과도하고 경직된 노동조건, 최저임금의 급격한 인상, 그물망처럼 펼쳐놓은 규제와 더불어 고율의 세금이 기업 의욕을 좌절시키고 있다. 우리나라 기업의 최대 해외투자처는 베트남이다. 베트남은 투자유치를 위해 많은 혜택을 주기도 하지만 경제성장률도 월등히 높다. 반면 우리는 기업을 옥죄는 규제가 많고 성장률도 낮아 자연스럽게 베트남으로 투자자금이 흘러간다.

우리나라는 기업 오너뿐만 아니라 집 한 채 가진 서민들도 고율의 상속·증여세에 눌려 있다. 한 기업이 3대에 걸쳐 65%씩 상속세를 내면 그 기업은 정부 소유가 된다는 말이 회자되고 있다.

지나친 상속·증여세가 자본의 해외유출, 기업의욕 감퇴와 재투자를 기피하는 원인이 되고 있다.

투자유치를 위한 조세 인센티브

_ 투자 인센티브는 곧 조세 인센티브

일반적으로 해외투자 유치 인센티브로는 저렴한(또는 무료) 토지(공장용지) 제공과 조세 혜택이다.

베트남은 우선 많은 사람을 고용할 수 있는 공장을 유치하기 위해 토지(주로 공장용지) 임대료 또는 토지사용세(Land use Tax)를 면제 또는 감면하고 있다. 농촌지역, 권장 산업, 산업단지 등에 공장을 세울 경우 이런 혜택을 받을 수 있다.

다음으로 조세 인센티브(Tax Incentive)가 있다. 다른 조건이 비슷하다면 세금이 적은 나라로 투자자금이 몰린다. 세금은 정부가 주도적으로 낮추거나 면제해 줄 수 있다. OECD 국가 간에는 지나친 조세감면제도를 서로 감시하고 규제하고 있다. 개발도상국의 조세감면에 대해선 관대하다.

조세 인센티브에서 가장 큰 비중은 법인세다. 크게 2가지 조세(법인세) 인센티브가 있다. 세율을 내려주는 특혜세율(Preferential Tax Rates)과 일정 기간 또는 전체기간 세금을 면제해 주는 면세기간(Tax Holiday)이 있다.

앞서 언급했듯이 2016년 1월 1일부터 적용되는 베트남 법인세는 ① 표준 세율이 20%이며 ② 우대 세율(특혜세율)은 5%, 8.5%, 10%, 15%,

17%가 있다. ③ 석유·가스산업 및 천연자원산업에 부과하는 세율은 32%~50%까지 다양하다. 또 산업에 따라 첫 소득 발생 몇 년 동안 면세 혜택을 부여하고 있다.

투자 인센티브 지역과 산업은 크게 세 가지로 구분할 수 있다. ① 우선 지역적으로 정부가 지정하는 사회적·경제적 낙후지역 또는 특별경제구역(Special Purpose Zones)에 투자할 경우, ② 정부가 권장하는 산업분야인 하이테크산업, 교육·의료 같은 사회적 기업 또는 인프라개발 같은 분야에 투자할 경우, ③ 기타 대규모 투자자금이 소요되거나 또는 정부가 권장하는 산업제품 제조업 등이다.

〈 법인세율 감면 지역과 산업 〉

법인세율	지역과 산업
10%	어려운 사회·경제적 조건(Difficult Socio-economic Conditions)에 있는 지역에서 나무 심기, 밀림의 관리와 보호, 경작, 축산, 수경재배, 농업, 수산물 처리에 종사하는 경우
15%	어려운 사회·경제적 조건 이외의 지역에서 경작, 축산, 농·어업에 종사하는 경우
17%	인민신용기금(Peoples Credit Funds), 신용조합(Cooperative Banks), 소액서민금융(Microfinance Institutions)

베트남에 기업을 설립·가동하면서 최초로 이익(과세소득)이 발생한 회계연도부터 법인세 면제 또는 감면 혜택을 받는다. 단 최초 매출 발생연도부터 3년간 과세소득이 발생하지 않으면 4년 차 회계연도부터 면제 또는 감면 혜택 적용 시기가 된다.

베트남 투자 여행

〈 과세소득발생 첫 2년 면세에 이은 감면 적용받는 산업과 그 기간 〉

법인세율	지역과 산업(프로젝트)
소득이 발생한 첫 2년 동안 면세	어려운 사회·경제적 조건에 있는 지역에서 고급 철강, 에너지 절약 제품, 농업용 기계 및 장비, 임산물, 어장과 소금 생산, 관개장비, 동물사료, 가금류와 수산물, 전통적 거래의 개발. 단 좋은 환경에 속하는 산업단지는 제외.
이은 3~6년 동안 8.5%	
이은 7~10년 동안 17%	
11년 이후 20%	

〈 과세소득발생 첫 4년 면세에 이은 감면 적용받는 산업과 그 기간 〉

법인세율	지역과 산업
첫 소득 4년 동안 면세	어려운 사회·경제적 조건에 있는 지역에서 교육·훈련, 직업훈련, 건강, 문화, 스포츠와 환경, 법률구조활동(Real Judicial Practise)
이은 5~13년 동안 5%	
14년 이상 10%	
첫 소득 4년 동안 면세	어려운 사회·경제적 조건 이외의 지역에서 교육·훈련, 직업훈련, 건강, 문화, 스포츠와 환경, 법률구조활동
이은 5~9년 동안 5%	
10년 이상 10%	

〈 하이테크산업에 종사하는 기업의 조세 인센티브 〉

법인세율	산업분야
과세소득 발생 후 4년 동안 면세	과학연구, 기술개발, 하이테크보육원, 하이테크기업 인큐베이터, 하이테크 벤처투자, 건설투자, 환경프로젝트.
이은 5~13년 동안 5%	고기술 적용 또는 매우 어려운 사회·경제적 조건으로 등록된 기업, 경제자유구역, 하이테크단지, 총리의 결정(Decision)으로 설립된 IT에 집중화된 지역,
이은 14~15 동안 10%	* 최우선 순위 리스트에 오른 제품 생산.
16년 이후 20%	

베트남 정부 시행령 111호(Decree No.111/2015/ND-CP)에서 최우선순위로 생산해야 할 제품으로는 섬유 및 의복, 신발과 가죽, 전자제품, 자동차산업, 기계제작, 하이테크산업에 사용되는 보조제품 등이다. 사회·경제적 조건이 어려운 지역(빈곤한 지역 또는 사회적 혜택을 받지 못한 지역)은 인프라가 열악하고 숙련된 노동력이 부족하며 도시에서 멀리 떨어진 시골 지역을 말한다. 북쪽으로는 중국과 라오스 접경 지역, 중부는 내륙 산악지역, 남부는 바다와 접한 메콩강 하류 지역이다. 지역적 구분은 시행령 118호(Decree No.118/2015/ND-CP)에서 정하고 있다.

수입관세 인센티브도 있다. 투자 프로젝트에 사용될 원자재나 부품, 기계설비 등을 수입할 경우 관세를 면제한다. 투자법 제1장 제15.1조(Section 1, Article 15.1)에 투자 인센티브 제도가 명시돼 있다. 이 조항 변경 여부는 수시로 살펴봐야 한다. 인센티브 제도는 늘 변동될 수 있어서다.

해외투자에서 검토요소는 투자 인센티브만이 아니다. 정부 정책의 일관성과 신뢰성, 인허가, 토지 및 공장 확보, 근로조건의 경직성, 인건비와 노동생산성, 원자재 조달, 판매망, 수익성 등 모든 분야의 세밀한 검토가 필요하다. 그리고 많은 토론과 진행 과정을 거치면서 계획을 수정해야 한다. 대기업은 당연히 치밀하게 검토한다. 하지만 중소기업과 개인투자자들은 말만 듣고 주먹구구로 투자하는 경우가 더러 있다. 해외투자에서 금해야 할 것 중 하나다.

한편 해외투자를 하는 배경에는 투자 인센티브뿐만 아니라 공무원과 정치인의 친절한 서비스와 적극적인 자세에 매료돼 투자하는 경우가 있다. 2000년대 초반까지 투자 상담을 위해 중국을 가면 공무원들이 친절한 안내는 물론 사업 설명까지 직접 했다. 심지어 투자유치를 위해 우리나라 언론에 대대적으로 광고하거나 중국 각 성시(省市)의 당서기나 성장이 공무원을 대동하고 한국에서 투자설명회를 하곤 했다.

또 인센티브 등 다른 조건이 비슷하다면 인건비가 저렴하고 생산성이 상대적으로 높은 나라로 투자가 몰린다. 신흥국 인건비는 저렴하다. 그러나 노동생산성이 떨어진다. 베트남은 인건비가 저렴하면서 다른 동남아에 비해 노동생산성이 높다는 평을 받고 있다. 높은 교육열 영향인 것으로 보인다. 저렴하고 생산성이 높은 인력은 그 나라의 잠재력이다.

2000년대 초 인건비가 저렴하다거나 시장이 무궁무진하다는 이유만으로 많은 기업이 중국으로 진출했다. 그 후 인건비 인상, 노동조건 강화, 예기치 못한 강압적 행정조치 등으로 많은 기업이 실패하고 철수했다. 타산지석으로 삼아야 한다.

제6부

자영업과 법인 등 베트남 투자 절차와 운영

식당, 카페 등 자영업 투자 유의점

_ 교민이 운영하는 업종과 현지화··· 현지화의 첫째는 언어

해외 교민이 주로 하는 업종으로는 식당, 여행·관광업, 환전업, 편의점, 호텔, 피시방, 목욕탕, 노래방, 자동차 정비업, 중고자동차 수출입업, 현지 공장설립 법인설립 영업허가 컨설팅, 투자·취업비자 유학 등 컨설팅, 교민 자녀 과외 또는 영어학원, 마사지업, 미장원, 교민신문 및 신문배달업, 부동산중개업, 골프장, 리조트, 가전제품 대리점 등 다양하다. 현지 교민신문 광고란을 보면 교민이 운영하는 업종을 알 수 있다. 광고도 하지만 매매하기 위해 내놓은 점포도 많다. 세계 어딜 가나 교민의 영업형태는 비슷하다. 또 영업 대상도 대부분 교민이나 한국 여행객이다. 언어장벽 없이 접근할 수 있기 때문이다. 이 범위를 벗어난 영업이면 현지화됐다고 할 수 있다.

현지화는 언어의 현지화가 우선이다. 말이 통해야 그 나라 법률, 관습, 문화, 전통을 쉽게 접하고 익힐 수 있다. 말이 통해야 현지인을 사귀든 사업을 하든 가능한 일이다. 그렇지 않으면 교민이나 한국 관광객만을 상대하는 제한된 영업만 가능할 뿐이다. 서툴지만 현지어로 친절하게 접근하면 더 많은 호감을 느끼고 오래도록 기억하게 된다.

주로 소규모 자영업을 운영하는 교민들은 기업처럼 전문적인 통역을 두기가 어렵다. 통역기(또는 번역기)를 들고 다닐 수도 없다. 들고 다닌들 대화 과정에서 통역기를 두드리며 이야기할 수 없는 일이다. 아직까지 완전한 통역기도 없다. 스스로 배워 머릿속과 입안에 새겨 두어야 한다. 젊은이라면 현지인과 데이트하면 가장 빨리 익힐 수 있다고 말한다. 나이 탓은 '못하겠다'는 핑계일 뿐이다. 어릴 때부터 현지어를 배우면 빨리 배우고 유리한 건 맞다. 그렇다고 나이 들어서 배우면 안 된다는 게 아니다. 그저 시간이 좀 더 걸리고 기억하기가 좀 어려울 뿐이다. 현지에서 살겠다면, 더구나 사업을 하겠다면 기억을 좋게 하는 약을 달여 먹고서라도 배워야 하는 게 현지어이다. 좋은 기회가 많이 올 것이고, 무엇을 하던 성공 확률을 높인다. 이승만 대통령은 미국에서 영어를 오래도록 배웠기에 해방 후 미국이 많이 밀어줬다. 김일성은 연해주 지역에서 러시아어를 배웠기에 구소련이 김일성을 지원했다.

그리고 유력 인사들이 많이 다니는 현지 대학이나 대학원에 다닌다면 언어도 배우고 그들 네트워크에도 들어가는 일석이조가 될 수 있다. 베트남어는 프랑스식 발음기호를 따왔을 뿐 어원의 60%가량이 한자에서 왔다. 예를 들어 하노이(Hà Nội)는 '하내(河內)'에서 왔고, 통킹(Đông Kinh)은 '동경(東京)', 호아빈(Hòa Bình)은 지명이기도 하지만 화평(和平)을 의미하는 한자어다.

_ 해외에서 요식업… 아무나 하지만 누구나 성공하지 못한다

해외 교민들이 많이 개업하는 대표적인 업종이 요식업이다. 세계 어디를 가든 한국 교민이 운영하는 식당이 있다. 심지어 그리스 아테네를 가도, 이

스탄불 또는 터키 변두리 한적한 마을에 가도 한국 음식을 먹을 수 있다. 한국 음식은 한국인만이 요리할 수 있다. 해외에서 한국인이면 누구나 요식업을 할 수 있지만 누구나 성공할 수는 없다. 전문성과 열정, 토착화가 핵심이다.

현지 음식 재료비가 싸다. 현지 종업원 인건비가 한국 대비 저렴하다. 베트남 최저임금이 월 180달러면 한국의 3일 치 최저임금에 가깝다. 한국 음식을 만들어 한국 가격 수준으로 팔면 수익이 많을 거라고 생각한다. 그저 생각일 뿐이다.

베트남에서 교민이 베트남 쌀국수로 승부를 걸 수 없다. 베트남 요리를 베트남 사람에게 이겨내기가 어렵다. 음식은 그 민족 고유의 맛이고, 문화이며 역사다. 재료, 우려내기, 버무리기, 삶기, 데치기, 묵히기에다 혀 맛까지 그들 고유의 전통이 녹아 있다. 우리는 우리 음식으로 승부를 걸어야 한다. 우리 맛으로 베트남 입맛을 사로잡아야 한다.

교민 식당 고객은 주로 한국 교민과 관광객이다. 따라서 교민들이 많이 몰려 사는 동네나 한국 관광객이 몰리는 관광지 주변에 교민 식당이 있다. 어느 나라 할 것 없이 그렇다. 드물게 현지인을 상대로 하는 식당도 있지만 대부분 교민과 한국인을 대상으로 영업한다. 베트남에서 한국 교민만을 대상으로 영업하기엔 수요가 작아 큰 돈을 벌기에 한계가 있다. 현지인들이 찾아오도록 만들면 좋을 것이다. 현지인이 더 많이 찾는다면 현지화에 성공한 케이스다.

다음은 고객층을 누구로 할 것인지 미리 정해야 한다. 한국 교민은 물론 현지인까지 타깃으로 한다면 곤란할 수 있다. 현지에도 고객층이 다양하다. 재산 정도에 따라 부유층, 중산층, 일반 서민이 있고, 남녀, 아이, 청소

베트남 투자 여행

년, 성인으로도 나뉜다. 한국 음식은 맵기로 유명하다. 중국 사천성 등 몇 곳을 제외하고 매운맛을 좋아하는 지역은 별로 없다. 맛과 취향이 다른 모든 그룹을 동시에 만족시키기는 어렵다. 일단 한쪽 고객을 만족시킨 다음 다른 취향을 만족시킬 수 있는 요리를 출시하는 것도 고려해 볼 수 있다. 예를 들어 비빔밥은 취향에 따라 고추장 등 매운 재료를 고객 스스로 그 양을 조절할 수 있도록 한다. 순댓국에 첨가하는 소금, 고추장, 들깨 등을 현지인이 선택할 수 있도록 상세히 그리고 친절히 설명하는 것도 방법일 수 있다. 그 방법을 현지어로 말하던, 영어로 말하던, 글로써 설명하던 그것도 선택이다.

한국 음식을 제공하면서 그 지역 음식 가격과 비슷하게 맞추기가 여간 어렵지 않다. 한국 음식 가격이 맛과 품질을 떠나 상대적으로 높은 편이다. 현지화를 목표로 한다면 부유층을 상대할 것인지 일반인에 맞춘 저렴한 요리로 할 것인지 결정해야 한다. 이왕이면 고급화 전략이 매출이나 수익성 측면에서 유리할 수 있다. 어느 나라든 부유층은 많이 있기 마련이다. 하지만 어느 쪽을 선택하던 오랜 시간 공을 들여야 정착할 수 있다.

필리핀에 가면 '졸리비'라는 레스토랑이 전국에 퍼져 있다. 화교가 운영하는 레스토랑 체인점이다. 어른·아이 구분 없이 사람들로 북적인다. 필리핀 사람들 입맛에 맞춘 치킨과 감자튀김 햄버거 등이다. 필리핀에 가면 졸리비가 맥도널드보다 인기다.

해외에서 한식당을 하면서 요리사를 따로 두기가 어렵다. 자격증이 있으며 경험이 풍부한 한국인 요리사는 임금이 비싸다. 월 몇백만원 이상을 지불하고 체류비까지 부담해야 한다. 그렇다고 인건비가 저렴하고 한국 요리를 할 줄 아는 현지인 요리사 고용은 신중을 기해야 한다.

현지인이 한국 요리사 자격을 딸 수 있지만 한국 음식의 오묘한 맛을 내기 어렵다. 한국 음식 레시피만 가지고 한국인의 입맛을 만족시킬 수 없고 맛깔 나는 한국 요리를 만들 수 없다. '매우면서 칼칼한' 또는 '시원한 국물맛'을 현지인이 이해하기 어렵다. 그저 소금, 간장, 고추장, 간장, 마늘, 고추가루를 얼마만큼 넣고 어떻게 끓인다는 방법만으로는 한국의 맛을 내기보다 모방일 뿐이다. 한국인의 입맛을 모르면서 간을 볼 수 없다. 맛을 본들 현지 요리사 입맛이지 한국인의 입맛이 아니다. 맵고 짠 한국 음식 맛을 느낄 수도 없다.

한번은 해외에서 매운맛의 아귀찜을 먹고 싶어 주문했다. 아귀찜에 고춧가루만 잔뜩 뿌린 찜이 나왔다. 맛이 아니다 싶어 한국인 주인을 찾았다. 주인은 한국으로 잠시 들어갔단다. 현지인 주방장이 미안하다는 듯이 "한국인은 맵고 짜게 먹기에 고춧가루와 소금을 뿌려 만들었다"고 고백했다. 현지인이 한국의 맛을 잘 낼 수 없는 이유이고, 요리 때마다 음식 맛이 달라지는 이유다.

스스로 한식 요리사가 돼야 한다. 자격증만 따선 될 일이 아니다. 한국에서 충분히 경험을 쌓아야 한다. 스스로 요리한다면 실패할 수 있는 요인하나를 제거한 셈이다. 요리사 자격증도 없이, 한국에서 요리나 식당 경험도 없이, 가정에서 밥하는 정도로 할 수 있는 게 이것뿐이라고 손쉽게 개업하면 오래가지 못한다. 많이 보아온 일이다.

한국에서 경험해보지도 않은 요리와 식당업을 해외에서 처음 시작하는 게 문제라는 걸 인식한다면 절반의 성공이다. 예를 들어 한국에서 회사생활을 하다 그만두고 해외에서 식당을 한다면 이중 삼중의 어려움이 있다. 음식 조리의 어려움, 식당 경영의 어려움에다 현지 물류, 기호, 언어 등 많은 어려움이 도사리고 있다. 한국에서의 어려움에 2배, 3배를 더한 어려움이다. 한국에서 식당으로 성공한다면 해외에서도 성공 가능성이 높다. 해외 진출을 노리는 한국인이라면 한국에서 식당업을 해 보든 또는 식당에 종사해 보는 경험이 필요하다. 경험도 전문성도 없이 머릿속으로만 그린 해외 진출은 곤란하다.

한국 음식은 종류에 따른 반찬 가지 수가 다양하다. 예를 들어 삼겹살을 주문하면 마늘, 고추, 양파, 된장, 상치, 깻잎, 참기름, 소금, 파절임 등을 외우고 순서에 따라 척척 내놓아야 한다. 하지만 한식 서비스 경험이 부족한 현지인 종업원에게 "마늘 주세요?" "아~ 예" 다음은 "참기름장 주세요?", "아차~ 예", 다음은 "뭐 주세요?" 이런 식이면 곤란하다. 계절 따라, 요리에 따라, 식당 주인의 솜씨에 따라 나오는 밑반찬 종류가 달라진다. 현지 종업원이 음식별 반찬 가짓수 익히는데도 오랜 시일이 걸린다. 종업원이 능숙하게 배우기도 전에 자주 바뀐다면 서비스 질이 나빠질 수밖에 없다. 한국 요리는 햄버거 등 서양요리처럼 한 메뉴를 시키면 그것만 내놓는 음식이 아니다. 요리를 만들기도 어렵지만 메인 음식과 반찬을 순서대로 내놓기도 만만치 않다.

예를 들어 궁중전골 불고기 요리는 비싸다. 다음은 삼계탕, 삼겹살 등이 있다. 비빔밥, 된장찌개, 순댓국은 중간 정도다. 김밥, 떡볶이, 라면, 국수 등은 좀 더 저렴하다. 고객층에 맞춘 음식을 개발하고 가격을 결정해야 한다. 모든 베트남 사람이 사랑하는 음식을 만들기란 욕심일 수 있다. 한 식당에서 같은 음식을 먹어도 사람에 따라 '맛있다, 그저 그렇다, 싱겁다, 짜다, 맛이 없다' 등 가지각색이다. 너무 맵거나 짠 음식으로 그네들의 입맛을 바꾸기도 힘들고 오랜 시일이 걸린다. 김밥, 비빔밥, 순댓국, 삼겹살, 짜장면 등은 짜고 매운맛이 심하지 않아 세계인의 입맛에 맞출 수 있다. 현지인이 더 많이 찾는 순댓국집, 삼겹살집이 있다.

김밥은 짜지도 맵지도 않은 채소 위주의 건강·간편식이다. 비빔밥은 스스로 고추장의 양을 조절해서 짜지 않게 먹을 수 있는 이점이 있다. 삼겹살은 돼지고기와 상치, 깻잎과 마늘, 된장의 절묘한 맛으로 입안에서 녹으며 씹힌다. 충분히 현지화가 가능한 요리들이다. 한식진흥원이 외국인을 상대로 조사한 결과 한국의 대표 음식은 비빔밥, 김치찌개, 삼계탕 순으로 나왔다. 이외 불고기, 된장찌개, 전류 등도 이름을 올렸다. 또 먹고 싶은 음식은 삼겹살로 나왔다.

중국 산둥성 노동자들이 즐겨 먹던 짜장면이 한국에서 어린이와 서민들의 대표 음식으로 자리 잡았다. 일본 스시는 비싸기 때문에 고급요리가 아니다. 누가 봐도 깔끔하고 모양새가 예술적이다. 그리고 서비스가 상냥하고 극진하다. 이 모든 게 어울려 고급요리가 된다.

한국 요리에 한국 문화·역사와 철학을 입히면 좋을 것이다. 스토리가 있는 요리를 말한다. 한국식 놋그릇은 전통이며 문화다. 신선로는 귀족이 먹던 고급요리다. 베트남은 몹시 덥다. 삼계탕은 여름철 기운을 돋우기 위한 보양식이고 초복, 중복, 말복에 즐긴다. 베트남도 음력을 사용한다. 음력설은 일 년 중 가장 큰 명절이고 가장 긴 휴가를 즐긴다. 삼계탕은 더운 지방의 건강식이자 보양식이라는 문화를 입히고 스토리를 만드는 것도 하나의 방법이다. 베트남인도 좋아하는 인삼이 삼계탕에 들어간다. 우리나라에서 삼계탕은 여름 한 철이지만 베트남은 일 년 내내 여름이다. 삼계탕이 베트남인의 보양식으로 자리 잡을 수 있는 날을 기대해 본다.

_ 레스토랑·음료 서비스(카페, 커피숍)·소매업(편의점)… 외국인 100% 소유 및 영업 가능

외국(인)과 경쟁에서 자신 있는 나라들은 내외국인 구분 없이 자영업 등 소규모 사업을 개방한다. 대외적으로 개방하지 않았거나 덜 개방된 나라에서 외국인의 자영업 개업이나 그 취업에 대해 금지와 제한을 가한다. 자국의 자영업을 보호하기 위해서다. 우리도 한때 화교에게 중국식당 외에는 다른 영업을 하지 못하도록 했다. 외국인의 부동산 소유도 1998년 외환위기 이후 전면 개방했다.

한국인은 해외에서도 용감하다. 치열한 입시경쟁을 치렀기 때문일까. 군 복무 시절 '안 되면 되게 하라'는 훈련을 많이 받은 탓일까. 어릴 적 지독한 가난이 용감하게 만든지 모른다. '까짓 죽기 밖에 더하겠냐'라는 배

포가 있다.

현지 국가에서 외국인에게 자영업을 금지하더라도 현지인을 앞세워(현지인을 법인의 대주주나 대표자로 내세움) 영업을 많이 한다. 두툼한 배짱 때문일까 싶기도 하다. 또 현지인과 결혼해 현지인 배우자를 대표로 해서 영업하기도 한다. 전자는 불법이고 후자는 합법이다.

베트남은 2007년 WTO에 가입하면서 시장개방 이행 약속에 따라 2015년 1월부터 외국인이 100% 지분을 가진 레스토랑(식당)과 커피숍 등 음료 서비스업, 소매업 영업이 가능하다. 심지어 레스토랑 프랜차이즈나 체인점도 가능하다.

이제 베트남에서 베트남인을 내세우고 음식점이나 카페를 하지 않아도 된다. 무허가·불법이라는 중요한 리스크 하나가 제거됐다. 베트남인과 외국인에게 같은 운동장이 펼쳐졌다. 참고로 필리핀은 경제자유구역을 제외하곤 외국인이 자영업을 하더라도 지분을 40% 밖에 가지지 못한다. 사실상 하지 말라는 의미다. 하지만 교민들이 필리핀 사람을 앞세워 영업하다 낭패를 보는 경우가 더러 있다.

먼저 식당이나 소매업 등을 할 만한 장소를 물색한 후 투자등록증(IRC)를 받아야 하고 이어서 법인 설립 즉 기업등록(ERC)을 해야 한다. 한국에서 소규모 자영업을 할 때 대부분 법인 설립보다 개인사업자로 등록해서 영업한다. 베트남에서 외국인이 식당이나 카페를 개업하더라도 법인을 설립해야 한다. 외국인은 아직 상가나 토지를 매입할 수 없다. 레스토랑이나 카페를 하겠다면 상가를 임대해야 한다. 외국인에게 매매가 허용된 부동산은 아직 아파트(콘도미니엄)와 일반주택, 오피스텔밖에 없다. 레스토랑과 음료판매업, 소매업을 위한 최소 자본금 규정은 없다. 다만 사업장 임대, 내부공사 등 어느 정도 자금이 있어야 한다. 그리고 업종에 따라 필요한 허가를 별도로 받아야 한다. 요식업은 요식업 영업에 필요한 증명서 즉 '음식점 영업허가증' 같은 증명서를 발급받아야 한다. 그리고 요식업 종사자와 종업원은 우리의 '보건증과 위생교육수료증'과 같은 증명을 받아야 한다. 소매업도 소매업 등록증명을 받아야 한다. 이때 상품을 외국에서 수입할 경우 무역업 허가도 받아야 한다. 베트남도 우리와 같은 부처별 규제 및 인허가 방식이다. 레스토랑 내에서 술을 판매한다면 주류 판매허가도 따로 받아야 한다. 요식업 허가과정에서 주류저장, 위생 안전, 방화시스템 등을 갖추면 주류 판매허가를 받을 수 있다.

편의점의 경우 소매업에 해당하고 커피숍의 경우 음료 서비스업에 해당한다. 이 두 업종을 혼합해서 하는 경우 두 업종 모두 허가가 필요하다.

프랜차이즈(총판업)을 하고 싶다면 브랜드(상호)를 보호하기 위해 베트남 특허청에 등록해 두어야 한다. 또 산업무역부(MOIT)에 프랜차이즈업을 등록해야 한다.

법인설립, 사업장 임차계약, 영업허가 과정에서 베트남어로 된 신청과 제출 자료의 번역과 필요시 공증도 해야 한다. 스스로 하기엔 벅차다. 법인설립과 임대차, 인허가까지 도와주는 컨설팅회사에 위임하면 편리할 것이다.

법인 설립과 영업허가

_ 투자등록, 법인설립, 영업허가, 사업장 임대차 과정과 컨설팅

앞서 이 책의 곳곳에 베트남 투자에 관한 부분적인 설명이 있었지만 여기서는 베트남에 처음 진출하는 사람들이 이해하기 쉽게 투자와 사업에 이르는 전 과정을 그려보려 한다. 개인투자자의 경우 해외사업 초기에 낭패를 보는 경우가 허다하다. 법인설립과 영업허가 과정까지 누구에게 컨설팅을 받느냐에 따라 초기 실패나 정착에 영향받는다. 해외사업 초기 지인의 자문에 많이 의존한다. 잘 알고 지낸다는 것이 곧 믿음으로 연결되기 때문이다. 하지만 지인의 자문도 필요하지만 지인 외에 다른 전문가(조직)의 자문도 필요하다. 어느 쪽이 타당하고 정상적인 방법인지 서로 비교할 수 있기 때문이다. 일이 잘못된 뒤 전문가를 찾아 본들 투자손실을 회복할 뾰족한 수단이 나올 리 없다. 사후 컨설팅보다 사전 컨설팅이 필요하다. 컨설팅은 초기 사업 실패를 줄이는 방법이다.

베트남에서 사업이 가능하기까지는 먼저 베트남 관공서에서 요구하는 서류(여권, 사업자등록증, 범죄기록확인서 등)의 베트남어 번역과 공증, 자본금 납입 계좌개설, 투자등록(IRC), 기업등록(ERC), 법인인감 제작 및 사용통보, 영업허가(BL, Business License), 사업장 임대차계약, 업종별 인허가 등 과정을 거쳐야 한다.

베트남에 투자하기 전에 시장조사를 위해 대표사무소(Representive Office, RO)를 설치하기도 한다. 대표사무소는 베트남에서 투자하거나 사업하고자 하는 외국투자기업이 현지 법인 설립 전 오픈하는 일반적인 방식이다. 대표사무소는 베트남 법이 허용하는 범위 내에서 시장조사와 진출을 위한 사전 활동을 할 수 있다. 하지만 직접적인 상업 활동에 종사할 수는 없다. 다음은 외국기업의 지사·지점(Branch)을 설립하는 경우다. 지사·지점은 베트남에서 그렇게 일반적이지 않고 손해보험, 은행, 증권, 자산운용(Fund Management), 관광(Tourism) 등 주로 서비스 분야에서 허용된다. 개인투자자라면 이런 과정 없이 일단 체류하면서 업종을 선택하고, 사업지를 물색하는 등 나름 사업을 계획하고 그려보게 될 것이다. 이 단계가 가장 설레기도 하지만 두렵기도 하다.

베트남에서 직접투자를 할 경우 먼저 하고자 하는 업종·품목을 선택해야 한다. 외국인으로서 투자가 가능한지 금지 또는 제한업종은 아닌지 투자법 부록(외국인 투자금지 및 제한목록)을 찾아봐야 한다. 투자 타당성 조사도 가급적 해당 업종이나 지역 전문가로부터 자문을 받아 조사, 검토하고 수정하면서 지속적으로 보완해야 한다. 특히 '얼마를 투자하면 얼마를 번다'라는 식의 검토보다 사업과정에서 발생할 수 있는 리스크를 먼저 점검해야 한다. 머릿속에 막연히 환상적이고 좋은 점만 그리며 투자해선 정말 곤란하다. 사업장 임대 및 인허가 리스크, 사업 초기 제조·영업과정의 리스크, 회계·조세, 자금조달, 종업원 모집 및 훈련, 마케팅 등 발생할 수 있는 모든 분야를 검토하고 수시로 점검·수정해야 한다. 투자자는 팔방미인이 돼야 한다. 한 곳이라도 허점이 드러나면 사업은 실패하기 쉽다.

다음은 투자등록을 해야 한다. 2015년 투자법과 기업법이 개정되면서 절차가 간소화되고 업무처리 기간도 단축됐다. 투자등록에서도 여러 준비 서류가 필요하다. 투자등록신청서, 임대차계약서, 자본금으로 출자할 자금이 입금된 자본계좌, 사업계획서 등이다. 영어 또는 베트남어가 가능하지 않다면 스스로 처리하기가 어렵다. 컨설팅이 필요한 이유다. 외국인을 상대하는 계획투자국(DPI)이라면 영어가 가능할 것이다. 중국도 2000년대 초 해외투자 유치 시절 중앙 및 지방정부의 투자유치 담당 부서 공무원들은 영어, 한국어, 일어가 가능했다.

투자등록을 했다면 이제 법인(Legal Entity) 설립을 위한 기업등록(ERC)을 해야 한다. 상업적 목적의 법인에는 유한책임회사(Limited-liability Co., LLC), 주식회사(Joint-stock Co., JSC), 합자회사, 합명회사 등이 있다. 유한책임회사, 주식회사가 가장 많이 이용되고 있다. 투자자가 1~2명이라면 1인 또는 2인 유한책임회사가 편리하다. 투자자가 3명 이상이라면 3인 이상 유한책임회사나 주식회사가 가능하다. 주식회사는 최소 3인 이상의 발기인이 필요하나 주주 수에는 제한이 없다. 유한책임회사는 사원총회 하나로 의사결정이 이루어진다. 주식회사는 이사회, 주주총회라는 2단계 의사결정 구조가 있으며 이사회·주주총회 소집 통보 등 의사결정에 오랜 시일이 걸린다. 큰 기업으로 키우겠다는 의욕과 상장을 목표로 한다면 주식회사가 적합할 것이다. 소규모 투자의 경우 관리가 쉬운 유한책임회사가 적합할 것이다. 법인 설립 신청에는 법인설립 신청서, 투자등록증 사본공증, 대표자의 여권사본, 정관 등 서류를 준비해야 한다. 법인 설립 신청에 앞서 투자자금(자본금) 규모, 법인 설립 시 사원 또는 발기인·

주주 및 대표이사 등을 누구로 할 것인지를 정해두어야 한다. 이미 등록된 상호와 겹치면 등록이 되지 않으므로 베트남어 회사 상호도 미리 2~3개 준비해 두어야 한다. 과거에는 '과세코드(번호)'를 별도로 부여받았지만 개정 기업법에서는 법인등록 발급번호가 과세코드가 되므로 별도 과세코드를 발급받지 않아도 된다.

사업장 확보도 필요하다. 투자등록 신청 전에 우선해서 해야 하는 일이기도 하다. 외국인은 상가나 토지를 매입할 수 없으므로 임대받아야 한다. 산업단지, 경제특별구역이라면 정부로부터 임대나 장기 토지사용권을 받을 수 있지만 이외 지역은 개인이나 기업으로부터 임대받아야 한다. 임대할 경우 안전하게 권리를 보장받으면서 하고자 하는 업종의 인허가를 받을 수 있는지도 사전에 점검하고 임대차계약서에도 이런 조건을 기록해 두면 좋다. 하고자 하는 업종에 대한 투자등록, 업종별 인허가(예 : 요식업 허가) 등이 사업장·지역에 따라 제약을 받을 수 있기 때문이다. 임대인이 실소유주인지, 임대사업이 가능한 부동산인지 등을 등기부등본(핑크북), 토지사용증서, (임대)영업허가증, 신분증 등으로 확인해야 한다. 특히 신분증과 핑크북, 토지사용증서 상의 소유자 일치 여부도 확인해야 한다. 임대 기간 및 그 연장도 염두에 두어야 한다. 외국인 투자등록 과정에서 사업장 임대차계약서를 요구하므로 임대차계약을 우선 체결하되 모든 인허가가 완료된 후 임대차계약 잔금을 주거나 정식 임대차계약을 맺는 것도 생각해보아야 한다. 인허가 완료 조건부 임대차계약인 셈이다. 언어가 잘 통하지 않으면 이런 제반 절차를 스스로 확인하기 어렵다. 또 외국인이라면 임대 조건을 까다롭게 할 수 있으므로 앞에 나서서 흥정하는 것도 가급적 삼가야 할 것이다. 해외 사업에서 무엇이든 돌다리도 두드리는 식의 접근이 요구된다. 하노이나 호찌민 등 대도시에 교민이 직원으로 있거나 배우자 명의 등으로 허가받아 운영하는 부동산중개소나 컨설팅 업체가 있다.

　개인으로서 해외 투자 초기 단계부터 조심스러운 접근과 현지에서 직접 발로 뛰며 검토하고 확인해야 한다. 주위 지인들에게 의존하더라도 제3의 컨설팅 자문을 받아야 한다. 이런저런 업종이 좋을 것 같다면서 투자자금을 먼저 송금하게 하던지, 투자등록, 법인 설립, 인허가를 위해 얼마만큼의 투자자금 선 투입이 필요하다든지, 임대를 먼저 해야 하므로 계약부터 하자고 하던지, 허가를 받기 위해 얼마만큼의 자본금이 있어야 한다든지, 또는 로비 자금이 필요하다든지, 제삼자의 자문을 받지 못하게 차단한다든지 하는 등 의아한 점이 있다면 그에 필요한 서류를 요청해 제3의 컨설팅 업체에 확인할 필요가 있다. 특히 공문서나 인허가 서류의 위변조 여부를 꼼꼼히 확인해야 한다. 스스로 확인이 어렵다면 현지 변호사를 통해서 해당 관공서나 기업에 진위를 확인하거나 또는 제3의 전문가에게 의뢰해 보면 진정성 있는 자료인지, 가능성 있는 사업인지 객관적인 판단을 받아볼 수 있다. 가급적 투자등록에서 법인설립, 영업허가까지 해당 분야 전문 컨설팅을 받아 진행하는 게 안전할 것이다. 무역진흥공사(코트라) 현지지사를 방문해 자문을 받거나 전문가를 소개받을 수도 있다. 인터넷 검색으로 해당 분야 전문가를 찾는 것도 방법이다. 접촉하기 전에 업무 지원범위, 절차, 수수료 등을 메일로 먼저 문의해 볼 수도 있다. 컨설팅 범위는 투자등록, 법인설립, 영업허가, 업종별 인허가, 임대차계약 등 구체적으로 기록해 계약을 하면 좋을 것이다.

_ 대표사무소 및 프로젝트 관리사무소와 역외계좌 개설

대표사무소(Representative Office, RO)나 프로젝트 관리사무소(Project Management Office, PMO)는 대기업이나 대규모 투자가 필요한 경우 체계적인 투자를 위해 이용하는 방법이다. 따라서 개인투자자라면 앞서 이야기했듯이 이런 절차가 요구되지 않는다.

외국기업 본사가 베트남에서 법인 설립 없이 사무소만 두는 경우를 대표사무소라 부른다. 프로젝트 관리사무소 역시 법인 설립 없이 사무실만 두는 경우를 말한다. 2016년 12월 26일자 시행규칙 32호(Circular No.32)에서 법인격을 갖지 못하는 대표사무소와 프로젝트 관리사무소는 은행계좌 개설을 금지하고 외국에 소재하는 본사 명의의 역외계좌를 베트남 은행에 개설해 이용하도록 했다. 자금 집행 주체도 해외 본사가 된다. 이 이전에는 대표사무소 명의 계좌개설이 가능했다. 대표사무소의 계좌개설과 이용이 까다로워진 셈이다. 불편하지만 현지 법과 규정을 준수해야 한다. 기사용 중인 사무소 명의 은행계좌도 2018년 2월 이후 금지했다.

베트남 소재 대표사무소 및 프로젝트 관리사무소의 해외 본사 명의 베트남 은행 계좌개설(역외계좌, Offshore Account)용 제출 서류는 ① 해외(한국) 본사 사업자등록증명원, ② 법인인감증명서와 사용인감증명서 각 1부 ③ 해외법인 대표이사 여권사본 1부를 해외 본사가 소재하는 국가 주재 베트남대사관(한국주재 베트남대사관)의 공증절차에 따라 번역과 공증을 받아야 한다. 사업자등록증명원 공증절차를 예로 들면 우선 세무서에서 사업자등록증명원을 발급받아 한국주재 베트남대사관이 인정하는 번역공증사무소에서 번역 및 공증을 받아야 한다. 다음은 우리나라 외교부 영사 확인을 거친 후 마지막으로 베트남대사관의 영사 확인을 받아야 공증절차가 완료된다. 법인인감증명서 등 발급서류는 발행일로부터 3개월 이내여야 한다. 하노이시와 호찌민시 등 대도시에는 한국계 상업은행이 진출해 있다. 따라서 한국계 은행지점을 찾아가 역외계좌를 신청하면 우리말로 쉽게 설명을 들으면서 편리하게 개설할 수 있다.

〈 베트남 주재 대표사무소 및 프로젝트 관리사무소 역외계좌 개설 준비서류 〉

	준비서류	비고
한국 본사 법인	사업자등록증명원	베트남어 번역·공증 후 한국주재 베트남대사관 영사확인
	한국 본사 대표이사 여권	
	한국 본사 법인인감증명서/사용인감증명서	
	위임장(Power of Attorney, 은행양식)	
베트남	RO 또는 PMO의 대표자 여권, 설립허가서, 인감신고서	원본 및 6개월 내 공증
	계좌개설 신청서(은행양식)	RO 또는 PMO 인감, 대표자 서명

자료: 베트남우리은행

_ 자금 지급은 신중, 금융(자본, 운영)계좌는 직접 챙겨야

사업을 하면 국내건 해외건 어디에서나 자금 운영계좌가 필요하다. 특히

나 개인투자자의 해외 자금거래는 세심한 주의가 요구된다. 우선 큰 자금을 상대방에게 건넬 땐 몇 번의 심사숙고와 안전장치를 마련해야 한다. 만약 어쩔 수 없이 지급하게 될 경우라도 조금씩 잘게 쪼개 지급하면서 신뢰성을 체크해 봐야 한다. 잘 아는 지인이라며 믿고 거래했다간 낭패를 볼 수 있다. 규모가 큰 임대보증금, 거래대금, 공사대금 등이라면 일단 상대방에게 건너가면 되돌려 받기가 몹시 어렵다. 해외라면 더더욱 그렇다. 사업 초기엔 자본금 계좌와 인감, 비밀번호를 섣불리 지인이나 직원에게 맡겨서도 곤란하다. 본인이 꼭 쥐고 있어야 한다. 매일 입출금 할 수 있도록 운영자금을 처리하는 운영계좌를 따로 두어야 한다. 본인이 바쁠 때 운영계좌를 직원이나 지인에게 맡길 수 있지만 제한적으로 해야 한다.

사례를 들어보자. 한 직원에게 매월 원천징수한 세금이나 연금, 보험 등을 운영계좌에서 인출해 지급하도록 맡겼다. 몇 개월 뒤 세금과 보험료 체납 사실을 통보받고 확인한 결과 그 직원이 자금을 착복한 사실을 알게 됐다. 자주 일어날 수 있는 사례다. 어디서나 누구에게나 일어날 수 있는 일이다. 예방이 최선이다. 직접 취급하거나 수시로 크로스 체크할 수 있는 장치를 마련 해야 한다.

계좌개설,
이익 송금 등 금융거래

베트남은 해외투자 및 외화 유치에 열을 올리고 있다. 베트남으로 외화가 들어가긴 쉬워도 나올 땐 많은 통제를 받는다. 베트남 내에서도 외화거래를 금지하고 동화로만 거래하고 이체해야 한고 앞서 설명했다.

해외투자기업은 베트남 내 금융기관에 외화 또는 동화 자본금계좌를 개설해야 한다. 이 계좌로 ① 정관상 자본출자, 기타 자본 그리고 외화중장기대출, ② 외화 중장기대출에 대한 원금, 이자, 수수료 해외 송금, ③ 해외투자자의 투자자본, 이익, 기타 합법적 수익의 해외 송금, ④ 직접투자 활동과 관련된 기타 수익과 지불 거래 등을 할 수 있다.

해외투자기업은 자본금계좌 자체로는 자금을 집행할 수 없고 일일 거래를 위해 베트남 금융기관에 외화 및 동화 운영계좌를 따로 개설해 이체한 후 집행해야 한다.

해외투자자는 투자등록 및 법인 설립 전 베트남 은행에 역외계좌를 개설할 수 있다. 투자등록 및 법인 설립 전 토지계약금 지불 등 사전투자 활동을 위해 이 역외계좌로 해외에서 베트남으로 외화를 송금할 수 있다. 법인 설립 후 자본금계좌가 개설되면 기존 역외계좌 자금을 자본금 계좌로 전환한다.

해외투자기업이 베트남에서 역외 외화계정(Offshore Foreign Currency Bank Account)을 개설할 경우 베트남 중앙은행(The State Bank of Vietnam, SBV)의 허가를 받아야 한다. 해외투자기업은 이 역외계좌로 해외 외화대출을 받을 수 있다. 단 역외 중장기대출은 중앙은행(SBV)에 등록해야 한다. 해외투자기업의 역외 외화대출도 역외 외화계좌에서 베트남 내 자본금계좌로 송금이 이루어져야 한다. 이 자본금계좌에 역외 외화대출 입금 사실이 확인돼야 역외 외화대출 원리금 상환을 위한 해외 외화 송금이 가능하다.

〈 법인 설립 후 자본금계좌 개설 준비서류 〉

준비서류	비고
기업등록증(ERC)	원본 및 사본일 경우 공증
투자등록증(IRC)	
인감 및 인감증명(Seal Registration)	
베트남 현지 법인대표 여권	원본 및 6개월 내 공증본
계좌개설 신청서(은행양식)	인감 및 베트남 현지 법인대표 서명

자료: 베트남우리은행

_ 간접투자(Indirect Investment)도 베트남 내 동화 자본계좌 개설해야

비거주 해외투자자도 베트남 내 간접투자를 위해 베트남 내 금융기관에서 동화 자본계정을 개설해야 한다. 베트남 내 간접투자도 동화로 거래해

야 하기 때문이다. 간접투자란 금융투자 즉 주식, 채권 등에 대한 투자를 말한다. 앞서 설명한 증권계좌 개설을 위한 베트남 내 은행 연계계좌도 간접투자 관련 계좌개설에 해당된다.

이 동화 계정으로 ① 외화환전 자금수수, ② 비거주 해외투자자의 급여, 상여금 그리고 합법적 소득, ③ 간접투자 활동에서 발생하는 배당과 기타 수입, ④ 간접투자 활동과 관련된 비용지출, ⑤ 해외 외화 송금을 위한 금융기관 외화 매입, ⑥ 베트남에서 일어나는 기타비용 등을 입출금할 수 있다. 복잡하게 나열했지만 한 마디로 베트남에서 일어나는 모든 자금거래는 베트남 내 동화 계정과 동화로만 거래해야 한다. 해외에서 외화로 입금했지만 동화로 환전해서 베트남 내 다른 계좌로 송금하거나 인출해야 한다는 의미다. 베트남에 들어오는 모든 외화는 거래를 금지하고 베트남 정부가 관리하고 통제한다는 뜻이다. 해외 간접투자자가 투자금과 투자수익을 본국으로 송금하기 위해 외화로 환전하거나 해외 송금도 이 계좌를 통해 이루어져야 한다.

베트남은 만성적인 무역적자에서 무역흑자로 돌아서는 시점에 있다. 아직 외화가 많이 부족하다. 국내 대규모 투자에도 달러가 필요하고 원자재 수입에도 달러가 필요하다.

베트남에서 외화의 외부 유출은 제품과 용역의 수입에 따른 지불, 해외 차입에 따른 원리금 상환과 같은 특정 거래에 제한하고 있다. 해외투자기업은 이러한 조건을 갖춘 경우 은행으로부터 외화를 구입해 송금할 수 있다. 또 외국인으로서 베트남 내 급여 소득자인 경우 해외 송금을 위한 달러 환전이 가능하다. 이 경우에도 은행, 비은행금융기관 및 기타 허가된 기관에만 외환거래를 허용하고 있다. 우리나라도 지금은 모든 은행이 외환거래를 취급하고 있지만 한때 외환은행과 수출입은행에서만 외환거래를 취급했다.

ㅡ 투자이익은 세금 완납 후 자본계정에서 해외로 송금

제품과 용역의 수입, 해외차입에 따른 원리금 상환 외에도 직접투자로부터 생기는 합법적 수익도 해외 송금이 가능하다. 하지만 관련 서류(세무서의 해외 이익 송금신고서 등)를 은행에 제출함으로써 외화 환전 및 해외 송금이 가능하다.

베트남 재무부(MOF) 시행규칙 186호(Circular No.186/2010/TT-BTC)에서 다음 두 가지 경우에 이익 송금을 허가하고 있다. ① 회계연도 결산에 따른 연간 이익의 송금, ② 베트남에서 일으킨 사업 활동과 투자프로젝트가 종결될 때 발생하는 투자금 및 이익이 송금 허가 대상이다.

이와 같이 해외투자기업의 이익 해외 송금(Profit Remittance)을 제한적으로 허용하고 있다. 과실 송금은 외화로 이루어지기 때문에 외화 송금이며 외화 유출이다. 따라서 이익이 났을 경우에만 본국으로 송금하라는 뜻이다. 또 피투자회사의 손실이 누적되면 이익을 자국에 송금할 수 없도록 했다.

해외투자자 또는 피투자기업은 적어도 송금일 7영업일 전에 이익 송금 계획을 과세당국에 신고(해외 이익송금 신고)해야 한다. 정당한 수익인지와 세금은 완납했는지에 대한 점검이다. 적법한 절차를 밟지 않으면 송금을 금지당할 수 있다. 이 점을 염두에 두고 투자 초기부터 직접투자는 자본금 계정, 간접투자는 동화 계정을 통해 투자하고 세금 등 관련 서류를 잘 보관해 두어야 한다.

이익송금 신고서를 베트남 거래은행에 제출해야 본국 송금을 위한 외화를 매입할 수 있다. 비록 해외투자자가 외화를 매입할 권리가 있다 하더라도 은행이 그 외화를 매도할 의무는 없다. 외화 구입 가능성은 때때로 시장의 외화 유동성에 좌우되기 때문이다. 이런 이유로 은행과의 유대관계가 중요하다. 베트남에서 어느 은행을 이용할 것인지 투자 초기 단계부터 잘 선택해야 한다. 따라서 은행 여수신 및 외환거래 규모가 큰 은행을 선택해야 하며 외국계 은행이 될 수도 있다.

한국식으로 생각하다가 장애에 부닥치는 부분이 외화, 환전, 송금이다. 나라마다 외환 사정이 다르다. 베트남은 아직 외환보유고가 충분하지 못하다. 투자자금을 베트남에 송금하는 첫 단계부터 베트남 외환규정을 잘 지켜야 한다. 외화가 부족한 나라들의 외환규정은 까다롭기도 하거니와 변덕스럽기도 하다. 잘 이해하고 적응하는 것도 해외투자의 기본이다. 귀찮거나 어렵다고 포기하거나 불평하기보다 헤쳐 나가야 해외투자가 가능하다.

경제가 성장하면서 외환보유고가 늘어나고 환율변동을 적절히 조절할 수 있는 단계가 되면 외화 해외 송금 범위가 확대될 것이다. 중국도 개방 초기 유입은 적극 환영하고 외화 유출은 엄격히 통제했다. 중국의 외환보유고는 1조 달러 내외다. 달러를 찍어내는 미국을 제외하곤 달러를 가장 많이 보유한 나라가 됐다. 하지만 외화 유출을 느슨히 하다 조였다를 되풀이한다. 베트남 외환보유고는 이제 500억 달러를 넘어섰다.

우리 과거를 되돌아보면 이해가 쉽다. 우리나라도 오랜 무역적자 기간, 적어도 80년대 말까지 해외 송금을 억제하고 외환관리법으로 외화 밀반출을 엄히 다스렸다. 지금은 개인도 증빙 없이 연간 5만달러까지 해외 송금할 수 있고 1인당 1만 달러까지 신고 없이 휴대하고 출국할 수 있다. 외화의 지나친 축적(보유)은 물가를 자극하고 환율 인하 요인으로 작용한다.

계약의 형식과 절차 및 유의점

_ 경제, 사회활동은 계약에서 비롯된다

사회·경제적으로 우리는 무수한 계약 속에 산다. 근로(고용)계약, 집을 사고파는 매매계약, 임대차계약, 금전소비대차계약(대출약정서 등), 주식투자 약정, 보험계약, 동업계약, 물품 공급계약, 공사도급계약 등 계약이 일상이다. 계약 속에 살면서 실감하지 못하고 있을 뿐이다.

계약을 맺지 않아서 탈이 나기도 하고, 계약을 맺어서 탈이 나기도 한다. 계약 없는 사회를 이상적인 사회로 그리고 싶지만 계약 없이는 살 수 없는 세상이 됐다. 계약을 하되 나라마다 다른 고유의 법과 관습에 따라야 한다. 이러한 요건을 충족하고 따랐지만 계약 이행에서 또 무수한 문제가 발생한다. 계약 내용에 대한 상반된 이해, 계약조건의 적절한 이행 여부로 분쟁이 생기면서 시간을 끌게되고 재산상의 손실을 입게 된다. 민사소송과 형사소송의 많은 부분이 계약에서 발생한다. 심지어 뻔하다 싶은 내용도 소송으로 진을 빼며 돈과 시간을 낭비한다.

계약은 서로 간의 의무이자 권한이며, 약속이자 믿음이다. 상호 날인한 계약은 물론 일방에서 발송한 문서와 그 답신, 구두 약속도 광범위한 계약과 약속에 해당한다. 구두 약속도 지켜야 할 계약이다. 하지만 일방이 부인하면 입증하기가 참 곤란하다. 기억은 기록보다 훨씬 정확도가 떨어져 신뢰

베트남 투자 여행

도가 낮다. 요즘은 휴대폰에 녹음기가 부착돼 있어서 전화녹음이나 대화 녹음이 편리하다.

사업을 오래 했거나 금융회사 등에 종사했으면 계약 체결에 이골이 나서 절차에 따라 검증을 할 것이다. 계약 경험이 없거나 적은 젊은층이라면 세심하게 살펴야 할 대목이다. 실패로부터 얻는 경험도 중요하다. 하지만 계약에서 실패하면 초보운전에 대형사고를 친 격이다. 우리가 가장 많이 경험하고 거금이 오가는 임대차계약과 매매계약을 떠올리면 이해가 쉽다. 부동산 거래는 자격증을 가진 공인중개사가 서로의 신분과 부동산의 권리침해 여부를 확인하는 등 신중을 기하기 때문에 요구하는 절차대로 진행하기만 하면 된다. 투자계약이나 해외 계약에서도 이렇게 해 주리라 생각해선 곤란하다. 기업이면 그 분야 변호사를 대동할 수도 있지만 개인이 그럴 형편이 되지 못한다면 스스로 챙기고 해결해야 한다.

_ 계약 체결에서 형식적인 절차의 중요성

문서 계약은 두 가지 측면에서 주의해야 한다. 형식적인 면과 내용적인 면이다. 형식 면에서 먼저 서명날인의 진정성이다. 계약 부인 또는 서명날인 부인 사례가 빈번히 일어난다. 계약당사자인 본인이 계약서에 날인이나 서명하지 않았다고 부인하는 경우다. 해외에서 이런 사례를 당하면 정말 황당하다. 동양인과 서양인이 서로 얼굴 가리기 힘들 듯 다른 나라 사람 얼굴 식별하기도 어렵다. 따라서 외국인의 신분증 위·변조, 신분증 사진과 얼굴의 대조도 어렵다. 계약행위를 할 경우 2~3명 동행해서 각종 서류와 신분증을 확인해 주는 등 보완해 주는 것도 좋은 방법이다. 혼자라면 정신이 없어 제대로 확인도 못 하고 서명날인하고 마는 경우가 있다.

계약당사자에는 개인과 법인, 정부기관 등 세 개로 나뉜다. 개인의 경우 당사자의 신분증(우리의 경우 주민등록증, 운전면허증, 여권 등)과 얼굴을 확인하고 복사해 두면 효과적이다. 그리고 인감증명서 유효기일을 확인하고 또 인감과 대조해 인감의 진위를 확인한다. 이어서 인감 날인 전에 이름을 직접 쓰게 한 후 인감을 날인토록 한다. 그리고 인감제도가 없는 나라와 계약에서는 사인을 하게 한다. 이 행위를 서명(署名, Signature)이라고 한다.

법인인감제도를 이용하는 경우 계약 내용을 승인하는 이사회 의사록이나 주주총회 의사록 사본을 받아둔다. 그리고 법인인감증명서를 받고, 명판 또는 대표이사 자필 서명 후 법인인감(사용인감이 아님)을 날인하도록 한다. 물론 법인인감을 날인하는 사람이 대표이사가 아니라면 위임장도 받아둔다. 인감제도는 우리나라를 포함한 동아시아에 국한된다. 베트남도 여기에 포함된다.

대부분의 나라가 서명제도를 이용하고 있다. 개인이든 법인이든 서명으로 계약이 이루어진다. 서명제도를 이용할 경우 법인의 이사회의사록이 두 가지로 나뉜다. 첫 번째는 계약 내용(예, 매매계약)을 승인하는 의사록이고 다음은 법인을 대표해서 계약을 체결하는 대표를 선임하는 의사록이다. 계약에 서명하는 대표는 꼭 대표이사가 아니어도 상관없다. 대표이사, 이사, 이사회의장, 직원 등 누구라도 이사회에서 지정된 사람이 계약에 서명할 대표권을 가지게 된다. 이 두 개 의사록을 동시에 확인해야 한다. 그리고 계약 서명 대표권을 가진 사람의 개인 신분증 확인(복사)으로 당사자임을 확인한 후 서명을 받아야 한다. 다음은 서명 방법이다. 베트남의 중요 서류 서명은 '검은색 펜'이 아닌 '푸른색 펜'으로 하도록 요구한다.

계약서 2부 각 말미 당사자란에 이름을 쓰고 사인을 하거나 또는 이름을 쓰고 날인을 한다. 계약서가 여러 장이면 각 장마다 서명을 받고 날인의 경우 각 장 사이에 간인을 하거나, 계약서 2매의 동일한 페이지를 나란히 놓고 간인하기도 한다. 각 장의 변조(위조)를 막기 위함이다. 마지막으로 서명날인 받은 계약서를 공증사무실에서 공증(Rotary)을 받아두면 더욱 확실하다.

_ 계약서 작성 언어와 재판 관할권

해외사업을 하면서 계약서를 어느 나라 언어로 작성하느냐 하는 문제가 있다. 이는 계약의 내용이기도 하고 형식이기도 하다. 베트남에서 계약하는 경우 당연히 베트남어가 될 것이다. 다음은 영어다. 영어가 국제 공용어가 된 지는 꽤 오랜 세월이 됐다. 영어가 유럽에선 변방어이지만 영국이 산업혁명과 더불어 침략과 정복을 하면서 미국, 인도, 호주 등 가장 광범위한 지역으로 퍼졌다. 같은 침략과 식민지 정복을 한 스페인, 포르투갈, 프랑스, 네덜란드보다 더 넓은 지역을 차지하고 경제적 영향력도 커지면서 영어가 대세가 됐다. 베트남도 개방 이후 제1 외국어가 러시아어에서 영어로 바뀌었다. 초등학교 3학년부터 영어를 가르치고 있다. 외국계 회사 취업과 높은 소득을 위해 영어 열풍이 불고 있다. 밀려오는 외국인을 위해 분양계약서 등에 베트남어와 영어를 같이 사용한다. 당사자 간 합의만 되면 베트남어와 한글로 된 계약서 작성도 가능하다. 베트남어와 한글로 제대로 번역하느냐가 중요하다. 한글로 계약하면 한국의 재판에서 편리하다. 영어로 하면 국제상사재판에서 편리하다. 또 영어가 보편화되지 않은 중소도시나 시골에 가서 사업을 할 경우 베트남어 계약서 외에 영어나 한글로 된 계약서를 기대하기 어려울 것이다. 이럴 경우 스스로 또는 누군가의 조력을 받아 영어 또는 한글로 번역해서 이해한 다음 '베트남어 계약서'에 서명이나 날인을 해야 할 것이다.

다음은 계약 내용의 해석에 다툼이 발생할 경우 어느 언어를 우선으로 하느냐를 정해두어야 한다. 당사자 간 힘이 쎈 쪽(갑)이 결정하면 따라갈 수밖에 없다. 베트남인(기업)은 당연히 베트남어를 우선으로 하자고 주장할 것이다. 우리는 영어나 한글에 우선권을 두자고 할 것이다. 어디까지나 당사자 간의 문제지만 베트남에서 매매계약이 이루어진다면 베트남어가 우선될 것이다. 또 재판관할지와 언어의 우선적 해석을 묶어서 판단해야 한다.

재판 관할권을 어디에 둘 것이냐 하는 것도 소홀히 하기 쉽지만 매우 중요하다. 베트남인은 베트남 법원에 관할권을 두자고 할 것이다. 또 상대방이 베트남인(기업)이거나 베트남에 투자자산(공장, 건물 등)이 있다면 베트남 법원에 관할권을 두어야 재판 후 집행이 가능하다. 한국을 관할법원으로 해서 이긴다 하더라도 그 집행력은 국내에 국한하고 외국(베트남)에서 집행을 할 경우 해당 국가(베트남)에서 다시 집행력을 부여받아야 하는 이

베트남 투자 여행

중의 문제가 발생한다. 재판관할지가 베트남이면 베트남어로 재판이 이루어지고 베트남인 변호사의 변론을 받아야 한다. 외국인 변호사는 베트남 재판정에서 변론할 수 없다. 국제적인 로펌이면 해당 국가 변호사를 고용하고 있다. 계약 상대방이 한국인(기업)이면 관할권을 한국에 두는 게 재판 언어(증언이나 서류)상 편리하고 또 한국에서 민형사상 집행이 바로 이루어질 수 있다.

재판관할 국가에서 좀 더 디테일하게 관할법원을 지정해 두어야 한다. 관할법원을 지정해 두지 않은 상태에서 재판을 청구하면, 본안 재판에 앞서 원고 또는 피고가 자기들이 유리한 법원에서 재판받기 위해 관할법원에 대한 다툼이 발생하게 된다. 불리한 측의 의도적인 시간 끌기일 수도 있다. 관할법원을 정하는 재판을 구해야 하는 불필요한 시간과 돈을 낭비하는 고통이 따른다. 타국에서 끈질긴 인내심과 돈이 부족하면 포기하게 된다. 재판 포기는 상대방이 원하는 바가 될 수 있다.

_ 계약의 안전에서 소송까지

계약 불이행은 소송으로 귀결된다. 이행청구 또는 손해배상 청구는 민사 소송이다. 불이행을 입증할 명백한 증거(대개는 주고받은 문서, Letter)가 있어야 한다. 그래서 불이행의 귀책사유가 상대방에 있다는 것을 입증해야 한다. 이러한 입증을 위해 베트남어나 영어로 된 문서를 주고 받아야 한다. 베트남어나 영어에 익숙하지 않으면 문서 주고받기를 꺼린다. 대개 대화로 해결하려는 습성을 가지고 있다. 편할지 몰라도 결국은 증거 불충분으로 불리한 위치에 서게 된다. 조력을 받아서라도 문제가 있으면 문서를 발송하고, 문서를 받으면 문서로 답신을 해야 한다. 문서 곧 증거라는 생각을 가져야 한다.

이와는 별개로 위조, 사기, 횡령 등 형사상 문제가 생기기도 한다. 계약 당사자가 모두 한국인(기업)이라면 한국 검찰과 베트남 검찰 모두 제소가 가능하다. 당사자가 베트남인(기업)이라면 베트남 검찰에 고소해야 한다. 베트남인이 한국에 올 리가 없기 때문이다. 베트남은 사회주의 국가로서 법 제도가 우리와 다르다. 베트남도 법치 체제로 이행하고 있지만 당 강령이 있고 그 위에 호찌민의 유훈이 있다. 그리고 입법, 행정, 사법권도 사실상 당이 장악하고 있다. 또 어느 나라건 외국인보다 자국민 우선이 조금씩은 다 있다. 사람이 하는 일이고 인지상정(人之常情)이다. 외국인과의 소송은 민족 또는 지역감정과 정서가 많이 작용한다. 외국인에 대한 눈에 보이지 않는 편견이기도 하다. 언론이 자국민(기업) 입장에서 기사를 쓰고 여론이 기울어지면 재판에 많은 영향을 미친다. 우리나라에서도 일어나는 일이다. 우리야 당연하다 싶지만 외국기업 입장에선 억울하기 짝이 없다. 이래서 다른 나라에서 재판은 무척 어렵다. 또 재판의 승패를 떠나 오래도록 재판을 이어갈 수 있는 인내가 필요하고 재판비용도 무시하지 못한다. 베트남이 비록 자본주의적 법률체계(민법, 상법, 투자법 등)를 정비하고 있지만, 여전히 사회주의 국가다. 재판의 절차와 관행이 많이 바뀌고 있지만 기대하는 수준에 미치지 못할 수 있다. 투자 자금을 회수할 수 없다면 억울하기 짝이 없다. 더구나 판결이 지연되고 객관성이 모자란다면 불신 게이지가 높아지게 마련이다. 따라서 재판까지 가지 않도록 하는 게 최선이고 재판으로 가더라도 각오를 단단히 해야 한다.

최선의 첫걸음이 계약을 잘 이행할 수 있는 상대방을 고르는 안목이다. 따라서 계약 상대방에 대한 신용조사 또는 평판조회가 필요하다. 거래규모가 크다면 계약 불이행에 따른 피해를 담보할 수 있는 보험증서 요구도 필수다. 보험회사는 규모가 큰 보험회사여야 한다. 외국계 대형 보험회사라면 믿을 수 있을 것이다.

수주를 받는 계약을 한다면 '을'의 입장이 된다. 발주 측에서 온갖 조건을 걸어두게 마련이다. 투자를 하는 계약이라면 '갑'의 입장이 된다. 하지만 투자자금이 건너가는 순간 '을'의 입장으로 바뀌게 된다는 사실을 기억해야 한다. 자금이 건너가고 나면 자금통제가 어렵고 회수는 더욱 어렵다. 따라서 자금이 건너간 뒤에도 필요하다면 자금집행과 관리에 대해 통제할 수 있게끔 계약 내용에 넣어두어야 한다. 또 그 나라의 독특한 행정체계도 살펴야 한다. 예를 들면 지적도와 행정주소가 제대로 정비되지 않은 경우다. 제대로 된 즉, 전산화된 지적도 정비 사업은 장기간에 걸친 막대한 예산이 따르는 국가사업이다. 우리나라도 지적도가 제대로 정비된 것은 불과 몇십 년 전이다. 따라서 지적도 지번, 행정 주소, 우편 주소가 일치하는지도 확인할 필요가 있다.

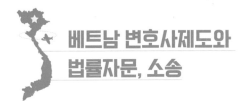

베트남 변호사제도와 법률자문, 소송

_ 베트남 변호사제도… 사회주의 법률가에서 자본주의 변호사로

1975년 베트남이 사회주의 국가로 통일된 후 남부 베트남에서 자본주의식 법률교육시스템과 법률서비스 제도는 사라졌다. 1976년 하노이대학교에 첫 번째 로스쿨이 만들어졌다. 남부에는 1977년 호찌민대학에 법학과가 개설되었다. 사회주의 법률가 양성시스템이다. 베트남 정부는 도이모이 선언 이듬해인 1987년 변호사와 관련된 규정을 만들었다. 이로써 변호사제도가 도입됐다. 1987년부터 1995년까지 베트남 전국에 걸쳐 지방변호사협회를 설립했다. 1995년까지 51개의 변호사협회와 약 700명의 변호사, 23개 로펌이 등록됐다. 1995년 7월 8일 시행령 42호(Decree No.42/CP)에 따라 외국인 변호사의 베트남 내 법률서비스를 일부 허용했다.

베트남 의회는 2006년 변호사법을 제정했다. 2008년 전국 63개 주와 도시의 변호사협회를 회원으로 하는 변호사협회연합을 결성했다.

이어서 2013년 4월 26일 변호사법을 개정했다. 이 개정에서 외국인 변호사 및 해외 로펌의 베트남 내 법률자문을 허용했다. 베트남 로펌과 해외 로펌 간의 합작 설립도 허용했다. 이에 앞서 2006년 11월 29일 베트남 의회는 WTO 보충협약을 비준했다. 이 보충협약 이행절차에 따라 법률시장이 개방됐다. 베트남 변호사는 베트남 국민이어야 한다. 해외로펌과 외국인 변호사는 베트남 법무부에 등록하면 변호사 업무를 할 수 있다. 다만 법정 변호인 또는 대리인으로 재판에 참여할 수는 없으며 법률보고서 제공이나 공증업무도 할 수 없다. 하지만 해외로펌은 베트남 변호사를 고용하거나 협업을 통해 베트남 내 변호업무를 할 수 있을 것이다.

2013년 개정된 변호사 양성제도는 베트남 시민으로서 법학학사 학위를 취득하고 변호사 양성기관에서 변호사 양성과정을 거쳐야 한다. 양성기관 연수기간은 12개월이다. 이 과정을 거친 사람은 다시 법률사무소에서 12개월의 수습기간을 거쳐야 한다. 수습기간 개시는 변호사협회(Bar Association)에 수습기간을 등록한 날로부터 계산된다. 수습기간을 종료하면 법무부 및 변호사협회 대표로 구성된 위원회에서 주관하는 변호사 시험을 통과해야 한다. 시험을 통과하면 법무부에서 최종 변호사 자격증(Law practice Certificate)을 발급한다.

판사가 되는 길은 변호사 제도와 다른 길을 걸어야 한다. 법학학사 취득후 법원 공무원으로 법원 연수과정을 거치고 5년 이상의 경력을 쌓은 후 판사 자격시험에 통과해야 한다.

검사가 되는 길은 판사와 비슷하다. 우선 법학학사를 취득한 후 검찰 공무원으로 일해야 한다. 이때 검찰 연수과정을 거치고 4년 이상의 경력을 쌓은 후 검사 자격시험에 합격해야 한다.

판사, 검사, 조사관, 법학교수, 법학박사, 강사, 연구원 등은 각자의 경력에 따라 변호사 양성과정과 로펌 등의 수습기간을 면제 또는 감면받을 수 있으며 변호사 자격시험도 면제받을 수 있다.

변호사 자격을 취득하면 변호사법에 따라 각 지역 변호사협회(Bar Association)에 가입해야 한다. 지역별 변호사협회를 연합한 변호사협회

연합(Vietnam Bar Federation)은 하노이에 있다. 법률자문기구로는 변호사사무소(Lawyers office)와 로펌(Law firm) 두 가지 형태가 있다.

_ 법률자문 계약… 디테일하게 챙겨야

해외투자를 할 경우 변호사의 법률 자문을 받아야 하는 일이 많이 생긴다. 경험이 많은 변호사나 로펌을 고르되 자문범위와 보수(수수료)도 따져보지 않을 수 없다. 베트남 변호사의 법률 자문을 받을 경우 변호사법 제55조의 변호사 보수규정에 따라 자문계약을 맺어야 한다. 법률서비스의 내용과 특징, 법률서비스에 따른 변호사가 하게 될 노동 시간과 변호사의 경험과 명망 등을 고려해야 한다.

따라서 자문범위와 보수를 기록한 견적을 몇몇 변호사나 로펌으로부터 받은 후 그 중 선택해서 추가할 서비스 내용을 넣고 수수료를 협상한 후 자문계약을 체결하는 것이 바람직하다.

자문수수료 최고한도(CAP)뿐만 아니라 법원 재판 참석에 따른 인건비, 교통비, 투입되는 시간, 법원 제출 문서 작성, 기록 열람 등이 어떻게 수행되고 책정되는지 살펴보고 계약해야 한다. 덧붙여 영어나 한글 서비스(통역, 번역)가 가능한지도 확인할 필요가 있다. 얼렁뚱땅 계약하면 결국 낭패를 보기 마련이다. 의뢰인 머릿속에는 재판에 필요한 모든 서비스를 변호사가 다 해줄 것으로 생각하지만 변호인은 계약조건에 있는 내용만 수행하고 의뢰인이 추가로 요구하면 변호인은 추가 수수료를 요구할 수 있다는 점을 염두에 둬야 한다. 또 의뢰인이 외국인(기업)이라면 보수비용을 내국인 대비 높게 부를 수 있으므로 염두에 두어야 한다.

변호사를 개인적으로 고용(또는 기업 사내 변호사, In-house Layer)할 경우에도 근로 범위와 급여 등에 대한 견적을 받아본 후 계약을 체결하도록 한다. 예를 들어 소송이 발생하면 별도 보수를 지급하고 수행할 것인지를 기록해 두면 좋다. 변호사를 고용한 경우 근로계약에 따라 급여를 지급한다. 변호사 보수와 비용에 대한 분쟁은 변호사법이나 민법에 따르며 근로계약으로 변호사를 고용해 일어난 급여 분쟁은 노동법에 따른다.

_ 소송에서의 언어와 보상(배상)

외국에서 입은 경제적 신체적 피해를 법률로 보호받기가 참으로 어렵다. 우선 언어 소통이 어렵다. 영어를 공식 언어로 쓴다면 그나마 이해하고 소통하기가 좀 나은 편이다. 베트남 공식 언어는 베트남어다. 일부 소수민족 언어를 사용하기도 한다. 당연히 재판절차나 재판서류, 변론이 베트남어로 진행된다. 판사가 무얼 이야기하는지, 검사가 무엇을 조사하는지, 증거서류 또는 검찰조서가 어떻게 쓰였는지, 변호사가 어떻게 변론을 하는지 알 수 없다. 통역을 붙인다 한들 통역사가 법률용어를 제대로 이해하고 통역할지도 의심스럽다. 또한 베트남 변호사가 외국 의뢰인의 디테일한 진술을 제대로 번역하고 통역할 수 있는지도 의심스럽다. 해외에서 언어(말과 글)가 통하지 않아 억울한 옥살이를 하는 경우를 뉴스에서 가끔 보게 된다.

베트남은 해외로펌에 문호를 개방했다. 한국인이 베트남에 설립한 국제로펌이라면 한글, 영어, 베트남어 지원이 가능하고 베트남인 변호사도 고용한다. 하지만 국제로펌은 자문수수료가 일반 베트남 로펌, 변호사보다 월등히 높을 수 있다. 자금력이 약한 개인이 조력 받기가 쉽지 않다. 현지 변호인 중 영어로 롱·번역해 준다면 다행이지만 구하기가 어렵거나 추가 비용을 요구할 것이다. 베트남 변호사 중 한국어가 유창하고 한국어로 번역이 가능한 변호사를 기대하기도 어렵다. 베트남어를 배워 두면 변호인이 제대로 변호를 하는지, 통역이 제대로 이루어지는지, 증거서류는 제대로 쓰였는지 좀 더 쉽게 이해할 수 있다. 주위에서 잘한다고 추천하긴 쉽지만 실제 부닥쳐 보면 본인의 기대 수준 이하인 경우도 있다. 사실 개인이 해외에서 소송할 경우 통·번역, 변론, 변호사 보수, 소송기간 등 여러 가지 어려움 때문에 끝까지 소송을 수행하기 어렵다.

필리핀은 모든 재판과 문서가 영어로 이루어진다. 베트남은 재판과 문서가 베트남어로 이루어진다. 베트남어 문서를 받으면 베트남어로 문서를 작성해서 답변해야 한다. 베트남어라면 영어보다 접근하기가 더 어려울 것이다.

분쟁이 가급적 발생하지 않도록 사전 계약 시점부터 전문 변호사 등의 자문을 받는 게 해외투자의 올바른 자세다. 문제가 발생한 후 해외 법정에서 소송으로 이기기란 쉽지 않다. 설사 재판에서 이긴다 하더라도 상대방이 재산을 도피시켜 빈털터리라면 아무 소용이 없다. 또 개발도상국이라면 우리나라에서 받을 수 있을 정도의 손해배상을 받기 어렵다. 베트남 기업과 개인들은 아직 우리에 비해 자산 규모가 월등히 작다. 따라서 배상규모도 우리나라 배상 수준이 아닌 그 나라 배상 수준에 따른다. 예를 들어 인

명사고가 났을 경우 선진국의 보상수준과 개도국의 보상수준은 많은 차이가 난다. 항공기 사고가 나더라도 선진국 항공사는 충분한 보상을 지급하지만 개도국 항공사는 자기 나라 수준에 맞추어 배상하려고 한다. 보험도 선진국 보험사와 개도국 보험사 간의 자산 규모나 보상에서도 많은 차이가 난다. 가급적 규모가 큰 선진국 보험사에 가입하고, 보험증권을 요구하더라도 선진국 보험사 증권을 요청하는 게 좋을 것이다.

— 공문서 등 서류 진위 확인도, 전문가 자문도 꼭 받아야

국내외를 막론하고 투자와 관련한 위변조 서류를 자주 접하게 된다. 허위 서류로 상대방을 속이기 위함이다. 토지가 확보됐다. 관청의 인허가가 나왔다. 관청에서 발주계약을 받았다. 이런 일련의 과정에서 위변조 서류가 등장할 수 있다. 국내건 해외건 마찬가지지만 해외라면 진위 확인이 어렵다.

투자와 관련된 서류(원본 또는 복사본)를 받았다면 위변조 여부를 사업성 검토 전에 먼저 확인해야 한다. 하지만 외국인으로서 인허가 관청이나 해당 기업을 방문해서 확인하기 어렵다. 우선 말과 글이 잘 통하지 않는다. 특히 사회주의 국가의 경우 '비밀'이라는 이유로 확인하기 곤란할 수 있다. 개방된 국가가 아니라면 문서, 정보의 통제가 심하다. 우리도 8~90년대까지 이어온 문서보안 교육과 검열을 생각하면 이해가 빠를 것이다.

이럴 경우 현지 변호사를 통해 문서의 진위를 확인하는 것도 좋은 방법이다. 변호사가 관청이나 기업을 찾아가서 문서를 확인하든 또는 문서를

보내서 문서로 된 답변을 받든 할 것이다. 문서 확인이 어렵다면 확인될 때까지 기다리는 자세가 중요하다. 재촉한다고 해서 서두르면 곤란하다. 확인 또 확인, 미심쩍은 부분이 있다면 의심이 풀릴 때까지 확인해야 한다. 그리고 난 후 사업성을 검토해야 한다. 선급금이든 계약금이든 자금 지급은 한참 뒤로 미뤄야 한다.

'투자자금 지키기', 국내건 해외건 직접투자에서 투자자금 지키기는 어려운 일 중 하나다. 돈(자금)은 지급하기도 쉽고 쓰기는 쉽지만 돌려받기와 벌기는 몇십 배 어렵다. 소송에서 이긴들 소용이 없는 경우가 많다. 대기업, 공공기업이 아닌 다음에야 돈을 써버리거나 빼돌린 후에는 받아낼 재간이 없다. 형사소송으로 상대방을 압박해도 없는 돈이 나올 리 없다. 그리고 계약상 지불한 돈을 갚지 않는다고 사기죄로 고소는 할 수 있어도 그 고의성을 입증하기가 여간 어렵지 않다. 계약상 정당한 거래로 보기 쉽다. 상대방은 '갚을 의사는 있으나 갚을 능력이 없어서 못 갚고 있는데 돈이 생기면 갚겠다'고 주장한다. 돈 잃고 시달리면 만사가 귀찮아진다. 사람이 싫어 산속에 들어가 사는 사람이 생기기도 한다. 이런 일이 심심치 않게 일어난다. '아 그때 미리 자문을 받을걸', '투자하지 말걸' 후회해도 소용없다.

국어대사전에서 '신용(信用)'은 ①사람이나 사물이 틀림없다고 믿어 의심하지 아니하거나 또는 그런 믿음성의 정도, ② 거래한 재화의 대가를 앞으로 치를 수 있음을 보이는 능력. 외상값, 빚, 급부 따위를 감당할 수 있는 지급 능력으로 소유 재산의 화폐적 기능이라고 적혀 있다. '사람 말을 믿는다'는 의미가 더 와닿는다. 이 세상에서 말을 믿을 수 있는 사람도 많지만 믿을 수 없는 사람 또한 부지기수다.

가끔 연예인이나 스포츠선수들이 금전대차, 투자, 보증문제로 어렵게 됐다는 뉴스를 보게 된다. 대개는 세상 물정(돈거래, 상거래 관습, 계약, 민상법 등) 잘 모르는 재력있고 사회적 인지도가 있는 사람에게 접근한다. 입안의 혀처럼 친절하고 가려운 곳을 긁어준다. 마음 약하거나 순진한 사람 마음을 사로잡는다. 그러면 '너만 믿지' 하며 속아도 좋다는 심정으로 돈을 건네거나 보증을 선다. 빌려준 돈이나 투자자금을 회수할 수 없는 지경에 이른 후 지인이나 전문가에게 상담한다. 소용없는 일이다. 소송해 보라는 조언 외에 달리 방법이 없다. '남의 수중에 들어가는 순간 내 돈이 아니다'는 말을 깊이 새겨야 한다. 국내투자건 해외투자건 마찬가지다.

"내 말만 믿고 주변 다른 사람 말 믿지 말라"면서 다른 사람과 접촉을 차단하더라도 다른 전문가의 자문을 받고 판단하는 게 좋다. 우리나라 사람들은 컨설팅의 중요성을 잘 인식하지 못한다. 컨설팅을 받아도 고마울 뿐 거저(무료)라고 생각한다. 무료로 다니는 학원과 돈을 지불하고 다니는 학원의 학업성취도가 다르다. 금융회사가 투자할 경우 조직 내 직원의 투자보고서 외 제3의 전문기관(컨설팅회사나 신용평가회사)이 작성한 사업성 평가보고서를 받아 본다. 투자를 결정하기 전에 객관적으로 리스크(투자원금 손실 여부, 각종 리스크와 그 회피방법)를 점검받기 위한 것이다. 또한 투자수익을 낼 수 있는지 판단하는 자료로 삼는다. 이렇게 돌다리를 두드려 투자해도 손실을 입거나 실패한다.

하물며 개인투자자는 전문가의 자문은커녕 주위 지인의 말과 간단한 자료만 믿고 투자하는 경우가 많다. 국내투자건 해외투자건 성공보다 실패확률이 높을수 밖에 없다. 하물며 해외투자는 국내투자보다 눈에 보이지 않는(보더라도 인식하지 못하는) 몇 배의 어려움과 함정이 도사리고 있다. 스스로가 이방인이다. 말과 글이 다르다. 문서를 봐도 이해하지 못한다. 통역을 통해 들어도 믿을 수 있을지 가늠하지 못한다. 법률이 다르고 관습이 다르다.

  투자하기 전에 인허가는 제대로 받을 수 있을지, 인허가 등 서류에 위변조가 없는지, 계약조건이 불리하거나 억울하게 당할 독소조항이 없는지, 거래 상대방이 계약을 이행할 능력이 있는지, 안전하게 담보(보증보험증서)할 게 있는지, 수익을 낼 수 있을지 등 점검할 일이 한두 가지가 아니다. 투자 상대방이나 지인이 아닌 제3의 전문가로부터 자문을 받아야 하는 이유다. 사전 컨설팅은 투자 리스크를 줄이는 지름길이다. 사후 컨설팅은 사후 약방문과 같다.

베트남 투자 여행

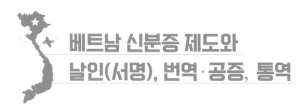

베트남 신분증 제도와
날인(서명), 번역·공증, 통역

_ 베트남 신분증과 그 확인 방법

베트남은 14세 이상이 되면 지방 경찰에서 발행하는 '신분증(People's Identity Card, ID Card, Thẻ căn cước công dân)'을 소지해야 한다. 언론이나 해외에서 발표하는 나이는 '만' 나이로 보면 된다. 기존 ID Card 의 식별 숫자는 9단위 또는 12단위다. 9단위 ID Card 번호를 예로 들면 012-885-652로 세 단위씩 구분된다. 첫 번째 세 단위는 '지방 경찰부서 코드'가 된다. 앞 코드 '012'는 하노이 거주 시민에게 부여되는 코드다. 이 ID Card 번호가 개인별 식별번호가 된다.

베트남 의회는 2016년 1월 1일부터 새로운 신분증으로 교체하도록 법 (Law No.59/2014/QH13)을 개정했다. 새로운 '시민권(Citizen's identity card)'은 베트남 내에서 거래행위를 함에 있어 카드 소지자의 신분을 증명한다. 카드 앞면에는 베트남사회주의공화국의 국가 문양이 새겨져 있고 개인정보가 수록돼 있다.

개인정보로는 사진, 개인식별 부호, 성과 이름, 카드 발행기관 이름과 사인, 생년월일, 성별, 국적, 본적, 거주주소, 유효기간이 적혀 있다. 뒷면에는 개인정보가 수록된 바코드(Bar Code), 지문, 개인 특징, 카드 발행일자, 성과 이름, 카드 발행기관의 이름과 날인 및 문양이 들어 있다. 새로운 신분증은 25세, 40세, 60세가 되면 교체해야 한다.

새로 발급된 신분증은 개인기록이 저장된 바코드를 카드식별기(Card Reading Machine)에 넣으면 개인정보 검색이 가능하다. 또 새로운 신분증은 기존 신분증의 개인 식별번호가 2~3명씩 중복되는 것을 방지했다. 우리나라 주민등록번호도 가끔 중복되는 경우가 있다. 베트남은 우리보다 2배 가까이 인구가 많아 중복될 가능성이 더 높다.

베트남은 여전히 새롭게 발급되는 신분증, 식별번호가 9자리, 12자리인 신분증 등 3종류가 있다. 기존 ID Card는 유효기간이 남아 있으면 유효기간까지 그대로 사용 가능하다. 하지만 2020년경에는 모두 새로운 신분증으로 교체될 것으로 보인다. 베트남 신분증은 상대국과 상호협정을 맺은 대부분의 나라에서 여권 겸용으로 사용할 수 있다. 베트남 신분증을 여권으로 인정하지 않는 나라에 가는 경우 여권을 발급하는 경우도 있다.

부동산매매계약, 임대차계약, 납품계약, 투자약정 등 중요한 계약을 할 경우 상대방의 신분을 확인할 필요가 있다. 계약 상대방이 베트남 사람이라도 신분증을 확인할 수 있어야 한다. 유효기간이 지났는지, 얼굴과 사진이 일치하는지, 구 신분증 또는 새로운 신분증인지 확인하고 신분증 앞뒷면을 복사해 두어야 한다. 외국인인 경우 얼굴과 사진 일치 여부 확인이 더 어렵기 때문에 세심한 주의를 기울여야 한다. 대화를 통해 계약 또는 프로젝트에 대해 잘 이해하고 있는지 살펴보는 것도 방법이다. 질문에 대해 대답하지 못하고 머뭇거리거나 주위에서 답변하는 등 모양새가 이상하면 의심해 볼 필요가 있다. 특히 주택매매계약 시 핑크북, 부동산 임대차계약 시의 토지사용증서 소유자와 시민권을 대조해서 이름과 주소지가 같은지 등을 세밀히 살펴보아야 한다. 토지사용증서 등이 의심스럽다면 해당 관청에서 발급 또는 열람해 봐야 한다. 또 토지사용증서 상의 용도와 임대 용도가 맞는지, 실제 토지 모양·면적과 지적도가 같은지도 확인할 필요가 있다.

해외에서 현지 보험회사와 보험계약을 체결한 적이 있다. 보험이행청구 재판과정에서 보험계약자의 신분증이 이미 사망한 사람의 신분증이란 주장이 나왔다. 이 일로 오랫동안 그 진위에 대해 법정 공방을 벌였다. 계약행위에서 상대방 신분확인은 국내에서나 해외에서나 매우 중요한 일이다.

_ 법인인감 등록, '공안'에서 '기업등록포털'로

베트남에도 우리와 같은 인감제도가 있다. 인감 사용과 관리에 관한 시행령 58호(Decree No.58/2001/ND-CP)와 이를 수정한 시행령 31호(Decree No.31/2009/ND-CP)에서 하나의 기관이나 기구는 하나의 인감(Corporate Seal)을 사용하도록 했다. 인감을 날인(捺印)할 경우 붉은색(Red) 인주(印朱)를 사용하도록 규정하고 있다. 우리도 붉은색 인주다. 인감이 하나 더 필요한 경우 두 번째 인감은 첫 번째 인감과 구별되도록 특별한 부호를 새겨야 한다. 졸업장, 증명서, 카드, 신분증, 비자 등을 발급하는 기관은 별도로 더 작은 인감을 만들 수 있다. 새로운 인감 견본을 경찰서(공안)에 신고하고 견본등록증명서를 발급받은 후 사용할 수 있다.

위 내용은 베트남의 인감 사용과 관리에 관한 시행령 일부다. 우리나라 인감제도와 뭔가 비슷하다는 느낌을 받았을 것이다. 인감등록을 동사무소나 법원 등기소가 아닌 경찰서에 하는 점이 우리와 다르다. 인감제도를 베트남 공안부에서 담당하기 때문이다. 사회주의 시절 조직은 공산당 또는 정부 조직이나 국영기업, 사회단체 조직 뿐이었다. 자본주의 주체인 민간기업 즉 주식회사나 유한회사가 없었다.

개정 기업법에서 기업은 법인인감도장의 수, 내용, 형식을 자유롭게 결정하도록 했다. 단 회사 상호와 기업등록번호를 표시하도록 했다. 과거에는 인감 수, 내용, 형식을 엄격히 규제했다. 그리고 기업은 경찰서가 아닌 기업등록포털(NPER, National Portal on Enterprise Registration)에 법인인감을 등록하도록 했다. 과거엔 국영기업만 있었다. 국영기업 인감의 수, 내용, 형식까지도 공안의 관리대상이었다. 이를 대폭 자율화한 것이다.

우리나라는 개인 인감은 동사무소, 법인인감은 법원 소속의 등기소에 신고하고 또 인감제도(印鑑, Seal)와 서명제도(署名, Signature)를 동시에 채택해서 사용하고 있다. 금융기관에서 개인대출을 받을 경우 신분증으로 동일인을 확인·복사한 후 직접 서명하도록 하고 더 이상 인감증명서를 요구하지 않는다. 서명제도인 셈이다. 하지만 부동산을 매매할 경우 매도자는 매수자 이름, 주소 등을 기입한 매도용 인감증명서를 제출해야 소유권 이전등기가 가능하다. 인감제도가 여전히 사용되고 있는 것이다.

베트남 시행령 110호(Decree No.110/2004/ND-CP)에서 각종 서류에 법인 대표자의 서명이 없거나 빈 서류에 인감만 날인한 경우 법률적 효력이 없음을 명시하고 있다. 대표자가 서명하고 서명한 이름의 뒷부분 3분의 1 지점에 인감을 날인해야 효력이 발생한다. 우리의 경우 법인 명판 위에 법인인감을 날인하면 효력이 생기는 것으로 보고 있다. 하지만 다툼의 여지가 있다. 대표성이 없는 임원이나 직원이 몰래 가져가서 그렇게 날인했다고 주장할 수 있다. 실제 이런 다툼이 많이 벌어지고 있다. 중요한 계약의 경우 대표자의 신분증을 확인·복사하고 서명한 후 인감증명서를 받고 법인인감을 날인하는 게 확실한 효력을 가진다.

계약서 등 문서가 여러 매수이거나 2부 이상인 경우 각 페이지가 서로 인접한 부분에 날인(간인)한다. 첫 페이지에만 인감이 날인된 경우 그 서류 전체의 법적 유효성을 보장하지 못한다. 또한 회사 임원의 서명만 있는 문서 역시 유효성을 보장하지 못한다. 불완전한 서명이나 날인은 결국 다툼이 생기고 재판까지 가게 된다. 계약의 형식(날인의 법적 유효성 등)으로 법정 다툼을 한다면 계약을 믿고 돈을 지불한 측이 정말 피곤하다.

사실 우리나라에서도 각종 계약 특히 금전대차계약에서 자필 서명 부인, 인감 날인 부인 등 사유로 계약 무효소송이 많이 일어나고 있다. 심지어 인감증명과 신분증을 위조해 남의 부동산을 팔아먹기도 한다. 베트남 인감제도도 우리와 같이 오랜 전통이고 관습이다. 베트남에 설립한 외국투자기업도 베트남 기업이다. 베트남 인감제도를 이해하고 따라야 하는 이유다.

_ 외국에서 요구하는 각종 서류 번역·공증하기

한국 내 관공서 발급서류는 그 자체가 공증된 것으로 별도 공증을 요구하지 않는다. 관공서의 신뢰성이 곧 공증이나 마찬가지다. 다만 사적 계약서류는 훗날 분쟁 예방을 위해 공증하게 된다. 한국에서 공증절차는 간단하다. 예를 들어 계약에 관한 공증이라면 계약 당사자가 공증법무법인에 가서 계약서를 제출하고, 계약 당사자임을 입증(주민등록증, 법인인감증명서 등)한 후 공증기록부에 기록하고 공증변호사의 간단한 확인(계약내용 및 당사자 확인)을 거쳐서 공증날인을 한다. 공증된 계약서를 공증법인 사무실 및 각 당사자가 1부씩 보관한다. 하지만 한국 관공서 서류건 민간 서류건 다른 나라에 제출한다면 일정한 번역과 공증절차를 거쳐야 한다. 우선 언어가 다르고 외국서류에 대한 신뢰를 확보하기 어렵기 때문이다. 이런 절차의 간소화를 위해 1961년 10월 5일 헤이그에서 체결된 '아포스티유 협약(Apostille Convertion or Treaty)'이 있다. 한 국가에서 아포스티유 절차에 따라 발행한 문서는 다른 모든 조약 가입국에서 합법적으로 인증하는 제도이다. 이 협약(조약)이 적용되는 국가 간에는 아포스티유로 문서의 유효성이 입증돼 별도의 번거로운 번역·공증 절차가 생략된다. 우리나라는 2007년 7월에 가입했지만, 베트남은 아직 가입하지 못했다. 따라서 베트남에 제출하는 서류는 주한 베트남대사관에서 인증하는 번역·공증 절차에 따라야 한다.

우선 한국에서 발급되거나 제작된 모든 서류는 한국주재 각국 대사관에서 지정한 번역회사에서 영문(또는 현지어)번역을 한 후 번역 공증과 법률 공증 절차를 거쳐야 한다.

'가족관계증명서' 공증을 예로 들어 보자. 우선 동사무소에서 가족관계증명서를 발급받는다. 이어서 한국주재 베트남대사관이 인증하는 번역 사무실에 가서 가족관계증명서를 베트남어(또는 영어)로 번역한다. 베트남대사관이 인증하는 공증법인에 가서 번역이 정확하다는 번역공증을 받는다. 지정된 번역기관(또는 개인)과 공증법인의 공증만 인정하기 때문이다. 이어서 한국 외교부에 가서 영사 확인을 받는다. 마지막으로 베트남대사관 영사로부터 최종 인증을 받게 되면 공증절차가 완료된다. 이렇게 공증을 마친 서류를 베트남 해당 기관·기업 등에 제출해야 한다.

공증을 요구하는 서류로는 예를 들어 취업비자나 투자비자 발급 시 가족(배우자와 미성년 자녀)이 동시에 이주할 경우 가족관계증명서 공증을 요구하거나 심지어 한국 경찰서에 발급하는 전과사실확인서까지 공증을 요구 한다. 이외에도 사업자등록증명원, 법인등기부등본, 법인인감증명서 등 다양한 서류가 공증 대상이 될 수 있다. 여권이 갱신된 경우 신·구 여권이 동일인이라는 증명을 해외 주재 대사관이나 영사관에서 받아오도록 하기도 한다.

_ 통역과 비즈니스에 대한 생각

현지 언어나 영어를 모르더라도 해외 투자사업을 할 수 있다. 계약서나 문서는 현지어와 더불어 영어로 작성되고 영어와 현지어 통역이 있기 때문이다. 하지만 통역만 믿다가 낭패를 당하는 경우가 종종 있다.

중국에서 경험한 일이다. 출장 첫날 공무원들과 저녁 만찬이 있었다. 공무원 축사를 맡은 통역사는 긴장해서 더듬기도 하고 통역도 느렸다. 사회를 맡은 통역사는 상냥하고 통역이 일사천리였다. 일행 중 누군가가 "사회자가 통역을 대충한다"며 "축사 통역사가 더듬거리지만 제대로 통역하고 있다"고 속삭였다. 축사 통역사는 진땀을 흘리며 통역하고자 노력하는 반면 사회 통역사는 웃으면서 자기식으로 줄여서 대충 설명하고 얼버무린 것이다.

해외 진출 초기 통역사를 내세워 관공서를 드나들며 인허가를 처리하거나 사업 파트너를 만나 사업을 논의한다. 통역사에게 통역은 물론 관공서 업무대행, 로비, 현지어 문서 작성·수발까지 맡기게 된다. 현지 사정과 언어를 잘 모르는 해외투자자는 통역이 어떻게 처리했는지 오직 통역의 입을 통해서 알 수 있을 뿐이다. 불법이 없었는지, 인허가는 정상적으로 받았는지, 법인 등기에서 투자자 권리(지분, 경영진 등) 표시는 제대로 했는지, 투자 협의와 계약은 만족스럽게 했는지, 통역사의 말만 믿을 수밖에 없다면 참 곤란하다. 현지어를 조금이라도 알면 사전을 찾아가며 문서나 계약서 내용이라도 확인할 수 있으련만. 허가가 날 수 없는 업종에 말만 믿고 투자하기도 하고, 허가 후 투자조건이 바뀌기도 하고, '꽌시'만 믿고 애써 무시한 불법이 드러나 투자자금을 고스란히 남겨두고 몸만 빠져나온 경우도 있다. 이런 원인의 발단은 현지어를 잘 모르고 통역에만 의존하면 일어날 수 있는 일이다.

개인투자자나 중소기업이 해외투자를 사실상 처음 시작하게 된 나라는 중국이다. '카더라'라는 말만 믿고 리스크는 애써 무시하고 장밋빛 꿈만 가지고 추진했던 많은 투자에서 실패를 맛봤다. 베트남이 기회의 땅이라고 하지만 기회는 그냥 오지 않는다. 현지화 즉 베트남어와 영어를 조금이라도 배우고 통역은 통역으로만 활용해야 한다. 의뢰자가 베트남어나 영어를 좀 안다 싶으면 통역이나 상대방이 마음대로 일을 처리하지 못할 것이다.

우리나라에도 분야별 전문통역, 관광통역 등 자격을 가진 통역사가 있다. 이들을 한 두 차례 대동하고 해외출장이라면 몰라도 해외까지 대동해서 오랫동안 비즈니스를 할 수는 없다. 용역비나 급여를 감당하기 어려울 것이다. 현지에서 통역할 만한 사람을 교민으로부터 추천받아 그때그때 고용하거나 아예 직원으로 채용하기도 한다. 통역을 직원으로서 고용하겠다면 업무 범위를 정한 근로계약을 체결해야 한다. 업무 범위에는 미팅 통역, 문서 수발신, 인허가 업무 등이 있을 것이다.

무엇보다 통역사의 통역 수준을 잘 살펴보아야 한다. 처음부터 알 수 없는 일이지만 한두 번 경험하면 느낌으로 알 수 있다. 상대방이나 본인의 말을 정확히 전달하기 위해 노력하는지, 문서 번역과 작성은 제대로 하는지 등이다. 베트남인 통역은 우리말 표현이 서툴러 베트남어 문서나 말을 우리 글이나 말로 또는 우리 말을 베트남어로 정확히 전달하기 어려운 경우가 많을 것이다. 반대로 한국인 통역은 우리 말을 베트남어로, 베트남어를 우리 말로 얼마나 정확히 전달하느냐가 관건이 될 것이다.

가끔은 통역사, 컨설턴트, 직원으로서의 일을 혼동하는 경우가 있다. 통역사는 통역사일 뿐이다. 비즈니스를 성사시켜주거나 인허가를 대행해주는 컨설턴트가 아니다. 또한 계약서 작성에서 숨겨진 함정을 알려주거나, 권리와 의무를 제대로 계약서에 반영시켜주는 변호사가 아니다.

사업상 중요한 미팅을 할 경우 사전 양해 후 대화를 녹음하거나, 미팅에서 결정된 내용을 문서나 이메일 또는 문자메시지로 교환해 두는 것도 좋은 방법이다. 서로 잘못 이해하고 있는 게 없는지를 확인하는 일이다. 필요할 경우 그날 대화한 내용을 통역과 리뷰를 하고 간단히 메모해 두는 것도 좋은 습관이다. 문서로 주고받기를 꺼릴 수 있다. 말은 책임회피가 가능하지만 글은 책임회피가 어렵기 때문이다. 중요한 사항이라 여겨질 경우 이멜, 문자, 문서 등으로 주고받아 흔적을 남겨두면 좋을 것이다. 우리네 비즈니스 습관은 '꽌시'에 지나치게 의존하고 술을 곁들인 식사를 하면서 호 탕하게 웃으면 일이 잘된 거로 착각한다. 해외사업에서 호탕하게 웃으며 '오케이'하다 잘못된 사례가 많다. '오케이' 범위가 넓다. 이해했다는 의미, 동의한다는 의미, 동의하지 않지만 마지못해 '오케이' 하기도 하고, 이해하 지 못해도 어색해서 '오케이'를 남발하는 수가 있다.

관광 통역과 비즈니스 통역은 엄연히 다르다. 관광통역은 들으면 재미있 지만 듣지 않아도 그만이고, 잘못 통역하거나 잘못 이해해도 그만이다. 비 록 현지 언어나 영어에 능통하더라도 중요한 비즈니스일 경우 통역이 필요 하다. 잘못 이해한 부분을 보완할 수 있으며, 스스로 표현하기 힘든 디테 일한 부분의 정확한 의사전달도 필요하기 때문이다. 또 술자리나 상점에 서 현지어나 영어로 대화가 잘된다고 해서 사업상 대화가 가능한 것은 아 니다. 술자리나 상점에서 쓰는 대화는 틀려도 그냥 넘어갈 수 있지만 비즈 니스에서는 그냥 넘어갈 수 없다.

제7부

베트남 취업과
근로조건

외국인의 취업과 거주

_ 외국인 근로자, 30일 이상 취업 시 취업허가(Work Permit) 받아야

우리나라 사람들이 베트남 기업의 일반 근로자로 취업하기는 참 어렵다. 우선 한국과 베트남 간 임금 격차가 심하다. 한국이 적어도 10배 가까이 임금이 높아 굳이 베트남에 취업할 이유가 없다. 두 번째는 베트남 정부에서도 넘쳐나는 자국 근로자 보호를 위해 일반적인 근로 분야에서 외국 근로자를 고용할 이유가 없다. 다만 베트남인으로 고용하기 어려운 전문직, 예를 들어 고급 기술자, 외국인 영어강사, 전문경영인 및 외국투자기업 등 제한된 범위 내에서 외국인 취업을 허가한다. 우리나라는 취업기피 업종에 외국인 근로자를 많이 충원하고 있다.

어느 나라나 투자비자 받기는 상대적으로 쉬운 편이나 취업허가와 취업비자 받기는 까다롭다. 하지만 베트남의 경우 외국투자기업의 직접투자가 급증하면서 베트남에서 구하기 어려운 숙련된 기술자나 전문직에서 외국인 근로자를 많이 채용하고 있다. 2018년에만 8만 명 이상의 숙련된 외국 기술자들이 베트남으로 들어왔다.

현지에서 자영업(레스토랑, 카페 등)을 하는 교민들은 베트남 기업에 취업할 일이 없다. 따라서 외국인 취업허가 규정을 모르고 지내다 베트남 근로자가 아닌 외국인 근로자를 취업허가 없이 고용하는 경우가 있을 수 있

베트남 투자 여행

다. 이런 경우 주변 고발로 적발되면 고용주 불이익은 물론 적발된 외국인 근로자도 격리되거나 추방되는 수가 있다. 베트남에서 외국인 근로자를 고용할 경우 고용주가 외국인 취업허가 신청 절차를 밟아야 한다.

2016년 4월 1일 발효된 베트남 정부 시행령 11호(Decree No.11/2016/ND-CP)에서 취업허가와 관련된 몇 가지 규정을 개정했다. 이 시행령은 2013년 시행령 102호와 2014년 7월의 결의안(Resolution) 47호를 대체한다.

우선 외국인이 베트남에서 30일 이내 근무하거나 일 년 동안 90일을 초과하지 않는 범위 내에서 근무할 경우 취업허가를 받지 않아도 된다. 이 경우 취업허가를 면제한다는 허가를 별도로 받지 않아도 된다. 유효한 비자만 있으면 된다.

외국인 근로자를 고용하는 고용주(사용자)는 근로예정일 7일 전까지 지방 노동·장애·복지부서(DOLISA, Department of Labour, Invalids and Social Affairs) 웹사이트에서 취업허가를 신청해야 한다. 근로감독기관이 인터넷 신청서류를 확인한 후 고용주는 원본서류를 감독기관에 제출한다. 추가서류는 직접 또는 우편으로 제출 한다. 또한 외국인 근로자의 고용변경이 생길 경우 고용주는 외국인 근로자의 근로일로부터 10일 전까지 고용 사유를 설명하는 노동수요보고서를 제출해야 한다. 국외 거주자(베트남 시민권자)로서 취업허가 신청이 면제되는 경우 고용주는 지방 노동·장애·복지부서에 통보만 하도록 하고 있다.

DOLISA에 취업허가신청서와 함께 제출하는 서류는 ① 건강진단서(A health certificate), ② 범죄기록확인서(A clean criminal record)상 범죄 및 형사소추 사실이 없다는 증명, ③ 베트남 법에서 정한 외국인 근로자의 고용

자격, 예를 들어 매니저, 전문가(Executive Expert), 기술자(Technician) 등 베트남 정부가 필요로 하는 업종 전문가 관련 증명과 추천서, ④ 컬러사진 2매, ⑤ 여권사본 등이다. 취업허가 신청에 첨부하는 건강진단서는 기존 6개월에서 12개월 이내로 확대했다. 범죄사실이 없으며 형사소추 대상이 아니라는 '범죄기록확인서'를 해외 근로자 소속 국가에서 발급받아야 한다. 신청자(외국 근로자)가 베트남에 거주하고 있다면 해당 지역 경찰서에서 발급받는다. 외국인 전문가인 경우 ① 관련 분야 전문가라는 외국 기관이나 기업에서 받은 증명서나 ② 대학 졸업 이상의 학위와 관련 직종에서 3년 이상 종사했다는 추천서가 필요하다. 위 조건은 취업허가를 갱신하거나 임원 또는 경영진으로 취업할 경우에도 적용된다. 취업허가 최대기간은 2년이다. 취업허가 만기가 되면 새로운 취업허가를 신청할 수 있으며 역시 최장 2년 이내에서 연장할 수 있다.

지방 노동·장애·복지부서(DOLISA)는 고용주가 취업허가 신청서를 접수한 후 7일 영업일 이내 취업허가서를 발급한다.

취업허가증 갱신은 기존 취업허가 만기일로부터 45일 전에 신청해야 한다. 갱신 신청할 경우 갱신 당시 유효한 취업허가증이 있어야 한다. 그리고 취업허가증 분실을 인지한 경우 곧바로 해당 노동관서에 신고해야 한다. 그리고 경찰서나 권한이 있는 외국기관으로부터 분실증명을 받아야 한다.

어느 나라를 방문하건 입국을 허락하는 비자가 필요하다. 비자 면제는 예외적인 경우다. 외국인이 베트남에 입국할 경우 사전에 해외 주재 베트남대사관 또는 영사관에서 발급하는 입국비자를 받아야 한다. 친척의 장례, 친척의 심각한 질병, 특수한 프로그램 또는 프로젝트에서 긴급한 기술적 지원, 베트남 영사관이 없는 나라에서 출발할 경우, 외교적 파견 등 특별한 경우에는 베트남 입국 공항에서 입국 비자를 발급받을 수 있다.

베트남과 맺은 조약에 따라 상대국 시민이 일정 기간 베트남에 머무는 경우 베트남 입국비자를 면제한다. 한국인 일반여권인 경우 베트남 무비자 체류 기간은 15일이다. 인근 필리핀 무비자 체류기간은 21일이다. 즉 관광 등 단기 체류의 경우 일정 기간 무비자 입국을 허용하고 있다. 나라 별로 관광객 증가와 외화 유입, 불법체류와 취업 등을 고려해 무비자 여부를 결정한다. 중국은 예외다. 단기·관광여행에도 상호주의라는 이유로 비자 발급을 요구하고 있다.

2015년 1월 1일 이전에는 베트남에 무비자 체류 중 체류 기간 만료 전에 제3국으로 출국한 후 곧바로 재입국하면 비자 없이 계속 체류할 수 있었다. 하지만 2015년부터 베트남 출국일 기준으로 30일 이내 재입국할 경우 비자를 발급받도록 하고 있다.

1년 이상 유효한 취업허가(Work Permits)를 받은 외국인은 취업비자(Work Visa, Employment Visa) 또는 임시거주카드(Temporary Residence Cards, TRC)를 발급받을 수 있다. 베트남에 투자하는 경우에도 TRC를 발급받을 수 있다. 이 대상은 사원이 2명 이상인 유한책임회사의 사원, 사원이 1명인 유한책임회사 오너, 합작투자회사의 이사회 멤버, 법률취업허가를 받은 변호사, 외국인 고용주, 외국기업 대표사무소의 대표, 정부가 인정하는 전문가·학생·훈련생 등이다.

임시거주카드는 베트남 안전부(Department of Public Security, DOPS) 출입국관리사무소(Immigration Division)에서 발급한다. 임시거주카드의 유효기간은 1년에서 최장 5년까지며 취업허가를 받은 경우 취업허가 유효기간에 맞춘다. 임시거주카드는 비자를 대신하므로 편리하다. 임시거주카드를 받은 외국인은 임시거주카드 유효기간 동안 베트남 출입국 시 비자 역할을 대신하고 베트남 거주 시 신분증 역할을 한다.

3개월 이상 1년 이내의 단기 취업허가를 받은 경우 취업비자(B3)를 발급받아야 한다. 취업허가 신청 때와 마찬가지로 베트남 고용주(기업주)가 외국 근로자를 초청하는 초청장(Invitation Letter)이 있어야 한다. 고용주는 베트남에 기반을 둔 기업 또는 법인이어야 한다. 취업비자 신청서류는 ① 취업비자 신청서(Application File), ② 유효기간이 6개월 이상인 여권 사본, ③ 사진, ④ 외국인 근로자를 고용하는 베트남 고용주의 법적 증명서류 등이다.

_ 베트남 거주·체류 외국인, 신고해야

외국인의 베트남 거주·체류에 관한 베트남만의 특이한 제도가 있다. 외국인이 호텔이나 일반 주택에 임시 거주할 경우 호텔 주인이나 주택 임대인이 외국인의 임시거주에 대한 거주·체류 신고를 하도록 하고 있다. 요즘은 호텔이나 임대인이 인터넷으로 신고하도록 하고 있다. 여권에 나와 있는 인적사항 등을 입력한다. 하룻밤을 자더라도 임시 체류에 해당한다. 2016년 12월 28일 베트남 안전부에서 발표한 시행규칙 53호(Circular No.53/2016/TT-BCA)에 따른 것이다. 우리나라도 80년대 무렵까지 호텔이나 여관에 묵으면 숙박기록카드에 실명으로 기록하게 하고 경찰이 심야에 순찰하며 숙박기록카드를 점검하고 수상하면 직접 방문을 열고 신분을 확인하기도 했다. 거동수상자 및 간첩 신고요령이 동네 가게나 이발소에 붙어 있곤 했다. 베트남도 오랜 전쟁으로 외국 스파이에 대한 우려가 행정 관습으로 남은 것으로 보인다. 지금은 인터넷, 미디어로 웬만한 비밀은 공개되고 있다. 첨단 위성·통신장비로 간첩보다 정보를 더 정밀하게 수집하고 있다. 스파이 잠입을 통한 정보수집과 교란은 그리 중요하지 않은 시대가 됐다. 하지만 과거 베트남전쟁은 온갖 재래식 방법을 동원한 첩보전이었다. 남부 월남 패망 후 대통령궁에서 대통령을 보좌하는 고위관리가 간첩이었다는 게 밝혀지기도 했다. 남과 북이 서로 많은 간첩을 심어두었을 것이다. 특히나 적국이었던 미국과 관련된 외국인이라면 더욱 의심했을 것이다. 이러한 신고제도는 오랜 전쟁으로 인한 보안과 안전을 위한 감시체계 소산으로 보인다. 베트남 개방 초기에는 외국인이 많지도 않았지만 외국인을 경계하는 감시체계가 꽤 심했던 모양이다. 지금은 엄청난 외국인이 관광이나 투자를 위해 몰려들고 있다. 옛날처럼 감시할 인력도, 필요성도 많이 희석되었을 것이다. 중국도 개방 이후 오래도록 이런 시스템을 유지했다.

베트남 최저임금과 근로시간 및 수당

_ 4개 지역(Region)으로 나눈 최저임금 구조

사실 우리는 사업을 하든 근로자 생활을 하든 고용과 관련된 법과 규정을 잘 모르는 경우가 많다. 하지만 다른 나라에서 사업을 한다면 고용과 관련된 노동법을 잘 준수할 필요가 있다. 해외 현지 법인 대표 시절 투자 비자를 신청했다. 맨 먼저 노동사무소 근로감독관과 인터뷰를 했다. 노동법을 잘 준수하고 근로자를 학대하거나 고함치지(Shout) 말라는 간곡한 부탁이 있었다. 실제로 뭔가 마음에 들지 않아 목소리를 높였더니 그 직원이 다음 날부터 무단결근을 했다. 겨우 설득해서 3일 만에 출근했다. 무단결근에 대해 경위서를 쓰라고 했더니 그럼 노동부에 고발하겠다고 맞섰다. 결국 없던 일로 했다. 한국인들이 성격이 급하고 화를 잘 내고 고함도 잘 친다는 사실을 그 근로감독관이 알고 있었던 것이다. 어느 나라건 자국 근로자를 잘 대해주길 바란다. 우리나라 근로자가 해외에 나가서 학대를 받는다는 뉴스가 나오면 마음이 편하지않은 것과 같은 이치다.

베트남은 1978년 중국과의 전쟁을 끝으로 지금까지 30년 이상 전쟁 없는 평화의 시대를 이어오고 있다. 따라서 1979년 이후 세대가 전후 세대가 되는 셈이다. 전후 세대, 즉 30대 이하 인구가 전체인구의 약 60%를 차지하고 있다. 이들 젊은 세대들이 이제 전쟁터가 아닌 산업 전선에 뛰어들고

베트남 투자 여행

도시로 몰려들고 있다. 노동력은 풍부하고 인건비는 우리와 비교가 안 될 정도로 저렴하다.

하지만 베트남 경제가 고속 성장하는 만큼 최저임금도 상승하고 있다. 베트남은 최저임금을 4개 지역(Region)으로 구분하여 차등 적용하고 있다. 업종별 최저임금은 적용하지 않고 있다. 필리핀은 지역별, 업종별 차등 적용하고 있다. 우리나라는 지역별, 업종별 구분이 없다.

베트남 최저임금은 같은 도시나 주에서도 중심 지역과 변두리 지역에 따라 달리 적용된다. 최저임금 지역별 행정단위가 구체적으로 명시돼 있다. 도심에서 먼 4지역의 최저임금이 가장 낮다.

〈 베트남 최저임금 적용을 위한 지역 구분 〉

지역	지역별 주요 행정단위
1지역	하노이 도시지역, 하이퐁, 호찌민의 도시지역, 호찌민 도시지역, 동나이, 빈둥, 붕타우
2지역	하노이 및 하이퐁, 호찌민의 1지역 제외 지역, 흥옌, 빈푹, 박닌, 쾅닌, 타이구엔, 푸수 외
3지역	2지역에 포함된 도시와 주에서 제외된 지역
4지역	1, 2, 3지역에 포함되지 않은 나머지 지역

_ 최저임금 결정구조와 연도별 최저임금

베트남도 여느 나라와 같이 매년 최저임금을 합의한 후 결정한다. 베트남 정부는 국가임금위원회의 최저임금 결정을 추인하는 형태다. 베트남

임금위원회는 2020년 최저임금을 5.5% 인상한다고 2019년 7월 12일 발표했다.

베트남 임금위원회는 노동·복지부 부장관과 국가임금위원회 의장, 베트남 노동연맹(VGCL), 베트남상공회의소(VCCI) 등 14명의 위원으로 구성한다.

2018년에 있었던 2019년 최저임금 결정 회의에서 5.3% 인상안을 위원 모두 만장일치로 동의했다. 애초 노동연맹은 6.1% 인상안을, 고용주를 대표하는 상공회의소는 5.1% 인상안을 제시했으나 5.3%로 절충했다.

비록 VGCL과 VCCI 모두 만족하지 못했지만 결과에 승복했다. 2017년 VGCL이 17개 도시와 주에서 실시한 조사에 따르면 노동자의 51% 이상이 겨우 생활비를 충당할 정도의 수입에 의존하며, 20% 이상은 절약하며 살고 있다. 또 12%는 생활비도 충당하지 못할 정도이며, 16% 정도만이 저축할 만큼 벌고 있는 것으로 나타났다. 노동연맹이 최저임금 인상을 요구하는 이론적 배경이다.

우리보다 합리적으로 결정되는 모양새다. 우리는 정부가 선임하는 최저임금위원회 공익위원들이 정부 의도대로 한편으로 손을 들고 있어 결국 정부 의도대로 가고 정부는 선거공약대로 간다.

지역(Region)	2018년	2019년	2020년
1 지역	398만동($171)	418만동($180)	442만동($190.5)
2 지역	353만동($152)	371만동($159)	392만동($168.9)
3 지역	309만동($133)	325만동($140)	343만동($147.8)
4 지역	276만동($118)	292만동($125)	307만동($132.3)
인상률	6.5%	5.3%	5.5%

〈 우리나라 연도별 최저임금 〉

구분	2017년	2018년	2019년	2020년
시급	6,470원	7,530원	8,350원	8,590원
월급	1,362,230원	1,573,770원	1,745,150원	1,795,310원
인상률	7.3%	16.4%	10.9%	2.9%

주) 월급은 209시간 기준임.

최저임금은 최저임금일 뿐이다. 2018년 12월 한 시장조사기관(NUMBEO)의 자료에서 베트남 월 평균급여는 888만여동(한화 약 44만4천원)이다. 2019년 1지역 최저임금의 두 배가 넘는 급여다. 물론 초과근무수당 등이 보태진 급여일 것이다.

우리나라는 선거공약, 소득 불평등 해소를 이유로 2018년도 최저임금을 무려 16.4%(시간당 7,530원) 인상했으며, 2019년에도 10.9%(8,350원) 인상했다. 2020년 최저임금은 2019년에 비해 2.9% 인상한 시간당 8590원에 결정됐다. 월급으로는 179만5310원이다. 급격한 최저임금 인상으로 자영업과 중소기업이 문을 닫거나 어려움에 처했다. GDP 성장률은 고작 2% 남짓이다. 최저임금은 GDP 성장률 대비 2016년 8배, 2019년에는 5배로 지나치게 인상했다.

세계은행 자료에서 2017년 베트남 GDP 성장률은 6.8%이며 2018년에도 6.88% 수준이다. 최저임금 인상률과 비슷한 수준이다. 최저임금 결정에서 베트남이 시장 수급에 맞춘 느낌이다.

우리는 노조와 선거공약이라는 힘에 밀려 매년 인상해 왔음에도 불구하고 정권이 바뀌면서 대폭 인상했다. 지나친 인상은 경제 균형을 깬다. 경제성장을 압도하는 최저임금 인상은 그에 상응하는 실업, 물가상승이라는 부작용을 낳게 마련이다. 기존 취업자 대신 실업자와 사회적 약자가 더 어려워지는 게임이다.

최저임금 수준에 고용하고 있는 자영업과 영세 중소기업에서 실업은 당연지사다. 시장 수급으로 풀어야 하는 임금구조를 '빈부격차 축소'라는 이념적 잣대로 해결하려니 어긋날 수밖에 없다.

한국에서 대형 해상구조물을 건조하던 미국 모 대기업의 경우 경기 불황이 닥치자 선제적 대응으로 임금을 포함한 모든 경비를 20% 삭감했다. 불황이면 기업과 근로자가 같이 침몰하기보다 기업이 살아남아야 다시 고용기회가 생긴다. 20% 삭감을 수용하든지 다른 직장을 구하든지 하는 자율 선택권이다. 그리고 경기가 회복되면 또 근로자를 고용한다. 고용의 경직성이나 두려움이 없어야 고용이 쉬워진다. 이게 노동의 유연성이다. 기업도 살고 근로자도 살아남는 방법이다. 기업(자영업 포함)이 문을 닫아야 할 상황에도 해고나 임금삭감이 어려우면 당연히 고용을 꺼리고 축소하게 된다.

베트남 정부는 2017년 7월 1일 군인을 포함한 공공부문 최저임금을 기존 월 121만동에서 9만동 인상한 130만동(한화 약 6만5000원, 20동/1원 계상)으로 인상했으며 2018년 7월 1일에는 130만동에서 139만동(한화 약 6만9500원)으로 인상했다. 이는 2018년 최저임금이 가장 낮은 4지역 276만동의 절반 수준이다. 우리나라 2018년 최저임금 하루 일당 6만여원(7,530원×8시간 적용)보다 조금 높은 정도다. 2018년 7월 3일 붕타우시 3군 인민위원회 위원장은 언론과 인터뷰에서 "공무원들이 월 220만동($96) 남짓으로 먹고살기엔 너무 어렵다"고 말했다. 월 220만동은 최저임금 139만동에 각종 수당이 보태진 그 지역 공무원의 평균 급여일 것이다. 그렇더라도 2018년 4지역 최저임금 276만동보다 낮다. 이에 대해 정부 관계자는 매년 주어진 예산 범위 내에서 공무원 급여를 채택하기 때문에 급격히 올릴 수 없다는 주장이다. 베트남도 우리나라 60~70년대처럼 세입이 빠듯할 것이다.

'어떻게 먹고 살지' 하는 생각이 들지만 그렇게 살고 있다. 주식인 쌀값을 보면 이해가 간다. 2018년 12월 30일 현재 쌀 소비자 가격은 1kg에 1만8289동(한화 약 914원, 20동/1원)이다.

대도시 거주자들은 도이모이 선언 이전부터 공무원이나 국유기업에서 안정적인 생활을 하고 있었다. 농촌에서 도시로 몰려든 젊은 인력은 도시의 공무원이나 국유기업에 취업할 수 없었다. 자연스럽게 민간기업이나 해외투자기업에 취업했다. 하지만 급여에서 역전 현상이 일어났다. 해외투자기업을 선두로 민간기업의 임금이 계속 올랐다. 공무원 급여가 민간기업 급여를 따라가지 못하는 이유다.

우리나라 공무원 급여도 과거엔 민간 대기업 급여를 따라잡기 위해 매년 올렸다. 공무원 월급이 적다는 말이 입버릇이 됐다. 지금은 상황이 바뀌었다. 높은 수준의 공무원연금으로 평생을 보장해 젊은이들이 제일 선호하는 직업군이 됐다. 경기가 불황이면 민간기업은 임금을 올리기는커녕 체불하기도 하고 해고하기도 한다. 공무원과 공기업은 불황의 무풍지대에서 정년을 보장받는다. 처음 시작은 급여가 작을지 몰라도 물가상승 따라, 호봉 따라 매년 오른다. 불황이라고 내리는 법이 없다. 지금 우리나라 공무원 급여가 적다고 말하지 않는다. 나라가 부도나지 않는 한 가장 안정적인 직업이다. 경제가 성장하면서 베트남 공무원 급여도 차츰 호전될 것이다.

_ 근로시간 및 추가근무 시간·수당

베트남도 우리와 비슷한 노동법 체계를 가지고 있다. 베트남 노동법은 1994년 6월 23일 베트남 국회를 통과하면서 제정됐다. 2012년 6월 18일 노동법이 개정(Labor Law No.10/2012/QH13)돼 2013년 5월 1일 발효됐다. 이어서 2015년 정부 시행령 5호(Decree No.05/2015/ND-CP)와 시행규칙 23호(Circular No.23/2015/TT-BLDT-BXH)가 발표됐다. 그리고 2016년에는 외국인 취업과 관련한 시행령 11호(Decree No.11/2016/ND-CP)가 발표됐다. 베트남 노동 관련 규정은 위 4가지 법·시행령·시행규칙이 기준이다. 각각의 법령 코드에 제·개정연도가 표시돼 있다. 이 연도 표시로 제·개정 과정을 확인할 수 있다.

베트남은 1주일에 1일 휴일로 한다. 아직 토요일까지 근무한다는 이야기다. 1년간 총 10일(법 제115조)의 유급휴가가 있다. 일일 근로시간은 8시간이며 주당 근로시간은 48시간이다. 우리도 오랫동안 토요일까지 근무했다. 2000년대에 접어들면서 주 40시간, 주 5일제를 단계적·점진적으로 실시했다. 종업원이 많은 사업장부터, 주 40시간 범위에서 주 5일 또는 주 6일, 격주 토요 휴무제 등 여러 실시 단계를 거치면서 노동시장과 기업의 충격을 완화시켰다.

베트남 추가근무 시간(Over time work)은 1일 4시간, 월 30시간, 연간 200시간(의류 등 정부가 특별히 인정한 분야는 연 300시간)을 초과하지 않아야 한다. 또 추가근무를 포함해 1일 12시간을 넘지 않아야 하며 또 1일 12시간 근무가 연속 5일을 넘지 않아야 한다. 2019년부터 추가 근무시간이 연간 400시간으로 늘어났다. 연간 추가근무 시간은 이웃 나라 태국이나 싱가포르보다 낮다며 기업주들이 줄곧 노동시간 연장을 요구했고 노동계의 의견을 반영해 국회와 정부가 결정한 것이다. 야간근무 시간(Night working time)은 저녁 10시부터 다음 날 오전 6시까지다. 추가근무 수당은 개인소득세에서 제외된다.

베트남 노동법 97조에 따른 추가근무, 야간근무, 야간 추가근무 수당은 다음과 같다.

추가근무 형태(Type of OT)		최저 추가근무수당
주중 낮 시간대 추가근무 (OT in daytime of regular days)		150%
쉬는 날 낮 시간대 추가근무 (OT in daytime of weekly rest days)		200%
법정공휴일 또는 유급휴가일 낮 시간 추가근무 (OT in daytime of public holidays or paid leave days)		300%
야간근무가 정규근무인 사람 (Night work allowance(where regular hours are during night hours)		130%
야간 추가근무 : OT on night work(For the definition of night work, see Section10.4)	주중(for regular days)	150%+30% +(20%×100% or 150%)
	쉬는 날(for rest days)	200%+30% +(20%×100% or 200%)
	법정공휴일 또는 유급휴가일(for public holidays or paid leave)	300%+30% +(20%×300%)

주) OT는 Overtime.

주) 시간급과 생산 단가에 따라 급여를 받는 사람은 추가근무 시간에 대해 1일 정규 급여의 300%를 받아야 한다.

_ 베트남 법정 유급공휴일… 음력 설날(Tet)은 5일

베트남 노동법에서 정한 법정 유급공휴일은 다음과 같다.

구분	세 구분	날짜·기간
1. 유급 법정공휴일	양력 새해 첫날	매년 1월 1일(1일)
	음력 설날(Tet Holidays)	5일
	승리의 날(Victory day)	매년 4월 30일째 날(1일)
	노동자의 날	매년 5월 1일(1일)
	국경일(National Day)	매년 9월 2일(1일)
	흥왕 기념일 (Hung Kings Commemoriations)	매년 음력 3월 10일(1일)

2. 베트남에서 근무하는 외국인은 위 1호 유급 법정공휴일 외 음력 설날 추가 1일과 그들 국가 국경일 1일을 추가한다.

3. 위 1호 법정공휴일과 주말 공휴일이 겹치면 근로자는 연속해서 유급휴일을 선택한다.

2013년 5월 1일 개정 발효된 노동법(Law No.10/2012/QH13) 115조에서 법정 공휴일은 연간 9일에서 10일로 늘었으며 그중 음력 설날 공휴일이 4일에서 5일로 늘었다. 또 지방정부에 따라 법정 공휴일이 더 많을 수도 있다. 법정 공휴일이 일요일과 겹치면 다음 날을 쉬도록 했다. 베트남도 음력 설날이 가장 큰 전통 명절임을 알 수 있다. 같은 법 157조에는 여성들의 출산휴가(Maternity Leave)를 4개월에서 6개월로 확대했다. 동 법 28조에서 수습기간 중인 근로자의 최저임금을 해당 직군에서 지급하는 급여의 70%에서 85%로 상향했다.

법 103조의 보너스 지급조건에서 "고용주는 연간실적과 근로자의 숙련도에 기초해서 근로자에게 보상한다. 보너스 관련 규정은 고용주가 결정하고 노동단체 대표기구와 협의 후 해당 작업장에서 공개한다"고 명시하고 있다.

주요 노동계약 조건과 3대 보험

_ 노동법에 규정된 주요 노동계약 조건

　해외에서 외국인이 사업(식당, 관광업 등 포함)을 할 경우 대표자 1인 근로가 아니라면 반드시 현지 근로자를 고용해야 한다. 대기업의 경우 체계적으로 사업계획서를 만들고 현지 변호사 등의 자문을 받아 투자를 한다. 하지만 개인으로서 외국인은 그러하지 못하다. 머릿속으로만 생각하고 믿을 수 있을지 없을지도 모를 주위의 조언으로 사업을 시작한다. 특히 현지 근로자를 한국식으로 일을 시키고 고함치고 윽박지르면 고발당하거나 보복당하기 쉽다. 해외 진출이 가장 많았던 중국과 필리핀에서 현지 노동 관련 규정을 잘 몰라서 그리고 한국식 관행으로 처리하다 피해를 보는 경우가 더러 있었다. 사회주의 국가의 노동 관련 규정은 기업주와 노동자 모두에게 엄격하다. 노동자·농민을 대표하는 공산당 영도하에 있었기 때문이다.

・ 고용 방법과 신고

　　베트남 노동법(Labour Code)에 따르면 외국투자기업(FIE)은 직접 베트남 근로자를 고용하거나 노동사무소를 통해 모집할 수 있다. 외국투자기업은 지방정부 노동부서에 고용하는 근로자 명단을 등록해야 한다. 그리고 주기적으로 노동부서에 직원의 변동과 활용에 대한 보고서를 제출해야 한다.

• 노동계약

노동법 22조에서 노동계약은 아래와 같은 조건 중 하나로 계약해야 한다. ① 기간의 정함이 없는 노동계약, ② 고용 기간을 정한 노동계약, ③ 12개월 미만의 계절적(임시) 근로 또는 특별한 근로조건이 있는 노동계약 중 하나를 선택한다. 고용주는 근로자와 최대 두 번까지 기간을 정한 노동계약을 할 수 있다. 계약연장은 계약 기간 만료 30일 이내 이루어져야 한다. 우리의 기간제 근로계약인 셈이다. 그 후 근로자가 계속 일하기를 원하면 기간의 정함이 없는 근로계약을 체결해야 한다. ③번의 경우 군 복무, 출산, 질병, 사고 등 특별한 경우를 제외하고 정상적인 근로조건 하에서 12개월 이하의 노동계약 체결을 금지하고 있다.

• 노동계약 해지통보

노동법 38조에서 고용주는 다음과 같은 경우 일방적으로 근로계약을 해지할 수 있다. ① 근로자가 노동계약 조건에 따른 업무수행에 반복적으로 실패할 경우, ② 근로자가 아프거나 상처가 나서 일할 수 없는 경우 기간의 정함이 없는 노동계약의 경우 12개월, 기간의 정함이 있는 노동계약의 경우 6개월, 계절적 노동계약에서 계약 기간의 절반 이상 지난 후에도 일할 수 없는 경우, ③ 고용주는 자연재해, 화재 또는 다른 불가항력의 사유가 발생할 경우 생산을 줄이거나 일자리를 감소시킬 수 있다. ④ 근로자가 법에 규정된 계약 기간 만료일에 작업현장에 출석하지 않을 경우 노동계약을 일방적으로 해지할 수 있다. 무단 결근 등 반복적으로 근로하지 않는 경우 화를 내기 보다 자필한 진술서 (또는 경위서)를 받아두는 게 좋을 것이다.

고용주가 일방적으로 노동계약을 해지할 경우 다음 조건에 따라 먼저 근로자에게 문서로 통보해야 한다. 문서를 근로자 본인에게 건네는 경우 2부를 작성해 1부는 건네고, 1부는 근로자로부터 수령했다는 사인을 받아두면 된다. 고용주는 ① 기한을 정함이 없는 고용계약의 경우 적어도 45일 전, ② 기간을 정한 고용계약의 경우 적어도 30일 전, ③ 근로자가 아프거나 상처가 나 오랫동안 일할 수 없는 경우, 12개월 이내의 계절적 또는 특별한 고용계약인 경우 적어도 3영업일 전에 통보해야 한다. 하지만 노동법에서 근로자가 연차휴가, 개인휴가, 출산휴가 기간에는 일방적인 해고를 금지하고 있다.

- **연차휴가(Annual Paid Leave)**

베트남 근로자는 정상적인 근로조건 하에서 1년에 12일 유급 연차휴가를 가진다. 매 5년 단위로 연차휴가 1일을 더한다. 위험한 작업을 하거나, 특정 나이(18세 이하) 또는 장애인 근로자는 14일, 극도로 위험하고 고된 작업을 하는 근로자는 16일의 연차휴가를 가질 수 있다.

- **퇴직금과 정리해고수당**

기업은 근로자가 12개월 이상 근무할 경우 고용계약이 만료되는 시점에 지급할 퇴직수당을 준비해야 한다. 실업보험과 별개로 지급한다.

고용주가 적립하는 퇴직급여충당금은 매년 고용계약 근로자에 대해 최근 6개월 동안 월 평균급여의 50%보다 적어서는 아니 된다. 월 평균 급여 계산에서 자투리 고용 기간은 다음과 같이 계산한다. ① 1개월 미만 기간은 제외하고, ② 1개월 이상 6개월 이하는 6개월로 계산하고, ③ 6개월 이상 12개월 이하는 1년으로 계산한다.

법 48조에서 고용주는 12개월 이상 근무한 근로자를 해고할 경우 매 1년에 1/2개월의 퇴직금을 지급한다. 퇴직금은 퇴직 전 6개월 동안의 평균급여로 계산한다. 근로자가 12개월 미만 근무했거나, 근로자가 불법적 일방적으로 고용계약을 해지했을 때, 근로자가 회사 내부 규정을 위반해 해고됐을 경우에는 퇴직금을 지급하지 않아도 된다.

동 법 49조에서 고용주는 아래 두 가지 조건이면 근로자를 정리해고(Layoff)할 수 있다. ① 장비, 기계, 기술적 프로세스의 일부 또는 전부 교체와 같은 기술적인 변화, ② 합병, 통합, 한 부문 또는 여러 부문의 운영중단 등 구조조정 또는 고용주가 경제적 어려움에 처했을 때 정리해고할 수 있다. 이때 2명 이상을 해고할 경우 '근로사용계획(Labor usage plan)'을 만들어 기초단위 노동조합과 협의한 후 30일 이내 지방노동사무소에 통보하고 해고해야 한다. 해고가 유연함을 알 수 있다. 고용주는 12개월 이상 근무한 근로자를 해고하면 해고수당(Job-loss allowance)을 지급해야 한다.

해고수당은 근로자가 근무했던 매 1년에 한 달 급여에 해당되며 2개월 치 이상의 해고수당을 지급해야 한다. 해고수당 근무기간 계산에서 근로자가 의무 실업보험에 가입한 기간은 제외한다. 실업보험 가입 기간의 해고수당은 고용주가 아닌 사회보험기금(Social Insurance Fund)에서 지급한다. 해고수당 지급용 평균급여는 실업일로부터 최근

6개월간의 고용계약 상의 평균급여로 계산한다.

• 노동분쟁해결

2013년 개정 노동법에서 노동분쟁에 대한 조정과 중재절차를 규정하고 있다. 노동법은 노동조합이 스트라이크를 할 수 있는 권한과 책임을 부여하고 있다. 그리고 스트라이크의 절차상 제한을 규정하고 있다. 노동쟁의로부터 발생하지 않거나 법에 규정된 절차를 따르지 않는 스트라이크는 불법이다. 정치적 쟁의를 엄격히 금지하고 있다는 의미다.

_ 근로자 3대 보험(Statutory Insurance): 사회복지, 건강, 실업보험기금

베트남은 2014년 11월에 개정된 사회보험법(Law on Social Insurance) 58호(No.58/2014/QH13)에 따라 고용주와 베트남 근로자는 1개월 이상 근로계약을 한 경우 사회보험(Social Insurance, SI), 3개월 이상 근로계약을 한 경우 건강보험(Health Insurance, HI), 실업보험(Unemployment Insurance, UI) 등 3대 보험료를 납부해야 한다.

사회보험은 병가수당, 출산수당, 산업재해 또는 직업관련 질병, 퇴직연금, 사망수당 등을 포괄하는 보험이다. 3대 의무가입 보험 중 사회보험 납부율이 가장 높다. 사회보험은 2012년부터 시작했으며 국가사회보험기금에 납부해야 한다. 2014년 이전에는 근로자 7%, 고용주 17%였으나 2014년부터 근로자 8%, 고용주 17.5%로 인상했다. 특히 고용주 부담이 매우 높은 것을 알 수 있다.

사회보험 중 병가 및 출산급여(고용주 3%), 산업재해 및 직업별 질병 급여(고용주 0.5%)는 2018년 12월 1일부터 베트남 고용계약에 따라 고용된 외국인에게도 부과한다. 또 퇴직연금과 유족급여(고용주 14%, 근로자 8%)는 2022년 1월 1일부터 외국인 근로자에게 적용된다. 이때 고용계약은 1년 이상 기한을 정하거나 무기한으로 정한 계약을 말한다. 또 외국인 근로자가 법정 퇴직연령인 남자 60세, 여자 55세를 넘으면 부과대상에서 제외한다.

건강보험은 베트남인과 베트남 고용계약으로 고용된 외국인 모두에게 부과된다. 실업보험은 베트남인에게만 부과된다.

2018년 1월 1일부터 SI, HI, UI 부과 대상은 급여와 근로계약에 명시된 각종 수당을 포함한다.

〈 3대 보험 납부율 〉

구분	SI	HI	UI	합계
근로자 부담	8%	1.5%	1%	10.5%
고용주 부담	17.5%	3%	1%	21.5%
합	25.5%	4.5%	2%	32.0%

근로자와 고용주의 부담 비율을 보면 근로자보다 고용주 부담이 2배 이상 크다. 근로자는 급여에서 10.5%를 부담하고 고용주는 근로자에게 지급하는 급여 외 21.5%를 추가로 지급한다. 즉 고용주가 부담하는 보험은 근로자의 소득에 포함되지 않고 기업주 입장에선 추가 인건비 부담이 된다.

우리는 국민연금, 건강보험, 실업보험, 산재보험을 합해 4대 보험으로 부른다. 베트남은 3대 보험이다. 사회보험 속에 질병·임신·직업관련 질병과 사고·퇴직과 사망보험이 모두 포함돼 있다. 사회보험이 우리의 국민연금과 산재보험 범위와 비슷하다.

사회보험, 건강보험, 실업보험 분담금은 고용주가 매월 원천 공제해서 지방사회보험당국에 납부한다.

베트남 투자 여행

펴낸날 2020년 1월 28일

지은이 황상석
펴낸이 주계수 | **편집책임** 이슬기 | **꾸민이** 전은정

펴낸곳 밥북 | **출판등록** 제 2014-000085 호
주소 서울시 마포구 양화로 59 화승리버스텔 303호
전화 02-6925-0370 | **팩스** 02-6925-0380
홈페이지 www.bobbook.co.kr | **이메일** bobbook@hanmail.net

© 황상석, 2020.
ISBN 979-11-5858-632-4 (03320)

※ 이 도서의 국립중앙도서관 출판시도서목록(CIP)은 e-CIP 홈페이지(http://www.nl.go.kr/cip)에서 이용하실 수 있습니다. (CIP 2020002350)